Diagnose Burnout

Angela Gatterburg und Annette Großbongardt (Hg.)

DIAGNOSE BURNOUT

Hilfe für das erschöpfte Ich

Nicola Abé, Christina Berr, Jörg Blech,
Jochen Brenner, Cinthia Briseño, Annette Bruhns,
Markus Deggerich, Markus Dettmer, Cathrin Gilbert,
Maik Großekathöfer, Barbara Hardinghaus,
Wolfgang Höbel, Heike Le Ker, Joachim Mohr,
Bettina Musall, Rick Noack, Jochen Pioch,
Johannes Saltzwedel, Michaela Schießl, Elke Schmitter,
Eva-Maria Schnurr, Christoph Schwennicke,
Julia Stanek, Janko Tietz, Felix Zeltner

Deutsche Verlags-Anstalt

Die Texte dieses Buches sind erstmals in den Heften
»Patient Seele« (Heft 1/2012) und »Das überforderte Ich« (Heft 1/2011)
der Reihe SPIEGEL WISSEN erschienen.

Das für dieses Buch verwendete FSC®-zertifizierte Papier
Munken Premium Cream liefert Arctic Paper Munkedals AB, Schweden.

1. Auflage
Copyright © 2012 Deutsche Verlags-Anstalt, München,
in der Verlagsgruppe Random House GmbH
und SPIEGEL-Verlag, Hamburg
Alle Rechte vorbehalten
Typografie und Satz: DVA/Brigitte Müller
Gesetzt aus der Dante
Druck und Bindung: GGP Media GmbH, Pößneck
Printed in Germany
ISBN 978-3-421-04563-8

www.dva.de

Inhalt

11 Vorwort

TEIL I
DAS ERSCHÖPFTE ICH

17 **Im Krater der Seele**
Ein Mann hat Erfolg, da läuft sein Leben
aus dem Ruder – Geschichte einer Krise
und ihrer Überwindung
Von Annette Bruhns

30 **»Der Chef als Löwe«**
Gespräch mit dem Psychiater Hans-Peter Unger
über die verschiedenen Formen der Erschöpfung
und den Burnout-Streit
Von Angela Gatterburg und Annette Großbongardt

43 **So ein Stress**
Wie soll das Gesundheitssystem mit dem
neuen Volksleiden umgehen?
Von Heike Le Ker

52 **Die Melancholie am Kühlregal**
Wie unser Leben zur Arbeitsfläche wurde
Essay von Elke Schmitter

60 **Gestörtes Netzwerk im Gehirn**
Ständiger Stress beeinträchtigt die Nervenzellen
und kann depressiv machen
Von Jörg Blech

TEIL II
WIE DER STRESS ENTSTEHT

73 Vernetzt in den Wahnsinn
Die Arbeitswelt erwartet heute
permanente Flexibilität und Einsatzbereitschaft
Von Markus Dettmer und Janko Tietz

87 »Keine Nachrichten am Wochenende«
Interview mit Arbeitsministerin
Ursula von der Leyen über psychische Belastungen
Von Markus Dettmer und Janko Tietz

93 »Schwäche ist tabu«
Pfleger und Ärzte sind besonders stressgefährdet
Von Felix Zeltner

102 Gelbe Karte für den Körper
Menschen in der Überforderung – Fallgeschichten
Von Cinthia Briseño

112 »Ich brauch doch gute Noten!«
Ist das Bildungssystem daran schuld, dass
Studenten Schlafstörungen haben?
Von Rick Noack

120 Kindheit im Fulltime-Job
Schüler leiden an chronischem Stress, Schulen
setzen auf Prävention
Von Bettina Musall

130 Todesangst im Laufstall
Der Kinder- und Jugendpsychiater Karl Heinz Brisch
über die Bedeutung sicherer emotionaler Bindungen
Von Bettina Musall

136 **»Das ist ja nicht ansteckend«**
Zwei Fußballer schildern ihre seelische Erkrankung
Von Cathrin Gilbert und Maik Großekathöfer

145 **Ausgestreckt am Expander**
Vom Tabu in der Politik, über Schwäche zu sprechen
Von Christoph Schwennicke

152 **Der Feind in dir**
Wenn Menschen Kränkungen nicht verwinden
Von Markus Deggerich

157 **Das Leiden der anderen**
Der stille Kampf einer Frau an der Seite
ihres depressiven Ehemanns
Von Barbara Hardinghaus

TEIL III
HILFE FÜR PSYCHE UND KÖRPER

167 **Revolution im Kopf**
Erschöpfungskranke brauchen oft eine Psychotherapie
Von Eva-Maria Schnurr

180 **Die Mühsal des Nichts**
Wie geht das, stundenlang stillsitzen?
Achtsamkeitstraining im Selbstversuch
Von Annette Bruhns

189 **»Ich nehme mir meine Zeit«**
Es gibt ein Leben nach dem Zusammenbruch
Von Nicola Abé

197 **Riechen, sehen, lauschen**
Green Care heißt der neue Trend, ausgebrannten
Menschen wieder Kraft zu geben
Von *Michaela Schießl*

208 **»Runter von der hohen Drehzahl«**
Coaching – Wo liegen die Grenzen der Profi-Ratgeber?
Von *Angela Gatterburg*

218 **Enge in der Brust**
Was bringt ein Sabbatical?
Von *Joachim Mohr*

222 **Schnauben wie ein Pferd**
Lustvolle Methoden der Entstressung
Von *Julia Stanek*

TEIL IV
GESÜNDER IN DIE ZUKUNFT

231 **»Wer wollen wir morgen sein?«**
Unternehmen entwickeln Vorsorgeprogramme
für die Gesundheit ihrer Mitarbeiter
Von *Jochen Brenner*

242 **Bei Anruf Rat**
Sorgentelefone im Betrieb
Von *Eva-Maria Schnurr*

245 **»Wir brauchen Inspiratoren«**
Interview mit dem Neurobiologen Gerald Hüther
über das Geheimnis gehirngerechter Führung
Von *Felix Zeltner*

249 Gewitter der Seele
Ein Essay über die segensreiche Kraft der Melancholie,
die viele große Künstler und Denker beflügelt hat
Von Johannes Saltzwedel

258 Vom Glück der kleinen Dinge
Wie Prominente ihre Balance halten
Von Christina Berr, Jochen Pioch und Wolfgang Höbel

ANHANG
271 Test: Bin ich Burnout-gefährdet?
276 Buchhinweise
279 Web-Adressen
280 Autorenverzeichnis
282 Dank
283 Sach- und Personenregister

Vorwort

Stress gehört zum Leben, doch viele Menschen haben den Eindruck, dass die Belastung zugenommen hat. Vor allem im Job fühlen sie sich gehetzt und unter wachsendem Druck. Viele klagen über Beschleunigung der Arbeitsprozesse durch Technikfortschritt und Digitalisierung, höhere Komplexität, durch den Konkurrenzkampf der Globalisierung, Überlastung durch Arbeitsverdichtung, aber auch Unterforderung.

Überfordert, entnervt und ausgebrannt sind Manager und Führungskräfte, aber auch »durchschnittliche« Arbeitnehmer, zunehmend auch jüngere Männer und Frauen und – beunruhigend genug – sogar Studenten und Schüler. Prominente wie der Torwart Markus Miller und Fernsehkoch Tim Mälzer reden öffentlich über ihre psychischen Krisen. Und ein Zustand macht plötzlich Karriere: Burnout.

Wann beginnt der Stress, uns krank zu machen? Wie kommt es zu diesem Gefühl des Ausgebranntseins, das häufig von verringerter Leistungsfähigkeit und auch einer starken Distanzierung vom Beruf begleitet wird?

Gerade Menschen, die einen hohen Leistungsanspruch an sich haben und zur Perfektion neigen, sind gefährdet. Die Zahl der Menschen, die wegen einer seelischen Erkrankung arbeitsunfähig geworden sind, hat nach Angaben der Deutschen Rentenversicherung seit 1993 um mehr als ein Drittel zugenommen. Doch auch Faktoren am Arbeitsplatz selbst, wie mangelnde Anerkennung und fehlende Abgrenzung zum Privatleben, gehören zu den Ursachen.

Eine neue Debatte um »psychisch gesunde« Arbeitsplätze hat begonnen. Die Weltgesundheitsorganisation (WHO) sieht

VORWORT

in beruflichem Stress »eine der größten Gefahren des 21. Jahrhunderts«. Stresserkrankungen werden nach Schätzungen der WHO im Jahr 2020 weltweit die zweithäufigsten Erkrankungen sein, übertroffen nur noch von Herz-Kreislauf-Störungen. Laut einer Studie der DAK schlucken 800 000 Menschen regelmäßig Tabletten, um Stress und Konflikte auszuhalten – was natürlich keine Lösung ist.

Das Phänomen der Zeitkrankheit Stress zu ergründen, ist der Gegenstand dieses Buches. Im Mittelpunkt steht die kranke Seele, das »erschöpfte Selbst«, wie es der französische Soziologe Alain Ehrenberg nennt. Betroffene, mit denen die Autoren dieses Buches sprachen, fühlen sich tatsächlich am Ende ihrer Kraft, viele leiden unter Informationsüberflutung und unter dem Anspruch, ständig erreichbar zu sein. Wie so häufig hängen individuelle und gesellschaftliche Bedingungen zusammen. Tatsächlich haben sich Berufsalltag und Lebenstempo in den letzten Jahren enorm verändert. Millionen Deutsche klagen über Niedergeschlagenheit und innere Leere, viele leiden unter regelrechten Depressionen.

Derweil ist um den Begriff Burnout ein heftiger Streit unter Experten ausgebrochen. Ist das eine ernstzunehmende Erkrankung oder nur eine »Modediagnose«, wie Kritiker unter den Psychiatern beklagen? Fachleute definieren Burnout als gefährliche Dauererschöpfung, die zu schweren Folgekrankheiten wie Angststörungen, Tinnitus oder Medikamentensucht führen kann. Für andere ist es nur ein beschönigender Begriff, hinter dem sich in Wahrheit eine Depression verbirgt. Für Stressgeplagte ist aber entscheidend, dass sie Behandlung und Hilfe finden, um Körper und Seele wieder ins Gleichgewicht zu bringen.

All diese Aspekte behandelt das vorliegende Buch, das sich den seelischen Folgen von chronischem Stress in seiner ganzen Vielfalt widmet. Die Beiträge schildern exemplarische Fälle von Betroffenen und ihren Angehörigen, leuchten den Arbeitsalltag in den Unternehmen aus, klären darüber auf, wie man der Überforderung vorbeugen kann und stellen in Reportagen, Interviews und Essays die neusten Erkenntnisse aus Soziologie, Neurobiologie, Arbeitspsychologie und Stressforschung vor.

»Wir sind auf Dauerstress evolutionär nicht vorbereitet«, erklärt der Hamburger Psychiater und Burnout-Spezialist Dr. Hans-Jürgen Unger in einem ausführlichen Gespräch über unsere Psyche in der Hochbeschleunigungsspirale. Die heilsame Wirkung des Achtsamkeitstrainings, das er empfiehlt, hat eine SPIEGEL-Autorin im Selbstversuch ausprobiert. Eine Kollegin hat sich den neuesten Trend der »Green Care« angesehen, der für erschöpfte Seelen Heilung draußen in der Natur, im Umgang mit Tieren verspricht. Prominente erzählen, wie sie sich entstressen – und enthüllen dabei, wie tröstlich oft die kleinen Dinge des Alltags sind.

Was kann Meditation leisten? Wie sehen die unterschiedlichen Therapien in Kliniken aus? Was tut Bundesarbeitsministerin Ursula von der Leyen gegen die wachsende psychische Belastung der Menschen am Arbeitsplatz? Wie sieht »gehirngerechte Führung« aus? All diese Fragen wollen die Beiträge in verschiedenen Kapiteln beantworten. Auch die Unternehmen sind gefragt: Da psychische Krankheiten erheblichen wirtschaftlichen Schaden verursachen, haben Firmenleitungen begonnen, mit Vorbeugungsprogrammen gegenzusteuern. In einem Test kann man die eigene Stressanfälligkeit ermitteln.

Dieses Buch will nützliche Informationen zum Thema Stress, Burnout und Depression liefern, die auch helfen sollen, die Warnsignale unserer Psyche besser zu verstehen. Wichtig ist, dass es wirksame Gegenstrategien gibt – für manche liegen sie beim Sport, für andere beim Tanzen oder dem Singen im Chor, wieder andere brauchen vielleicht ein längeres Sabbatical, eine Auszeit im Kloster und etliche sicher eine Therapie, ob ambulant oder in einer Klinik. Jedenfalls, da sind sich Therapeuten und Forscher einig, kann jeder Mensch »seinem« Stress etwas entgegensetzen.

Hamburg, im Mai 2012   Angela Gatterburg
                                    Annette Großbongardt

TEIL I
DAS ERSCHÖPFTE ICH

Im Krater der Seele

Ein Mann glaubt, alles richtig zu machen: Top-Karriere, tolle Frau, schönes Haus. Plötzlich läuft sein Leben aus dem Ruder. Die Geschichte einer Krise – und ihrer Überwindung.

Von Annette Bruhns

Burnout ist wie Übergewicht. Wann und wie das Unheil beginnt, merkt man selten. Auch David Martins registrierte es kaum, als sein Wochenpensum im Job weiter anschwoll, bis er Anfang 2005 schließlich auf 80 Stunden kam. Und als er ein Jahr später Geschäftsführer wurde, nahm er die Flut an neuen Aufgaben als naturgegeben.

Nach vier Monaten ebbte die Welle ab, und der Mann stand immer noch. Aber etwas für ihn Unheimliches war passiert: Er hatte begonnen, sich zu verändern. Sein Leben war ins Rutschen geraten. »2006 war ein verhängnisvolles Jahr«, glaubt Martins heute, »ganz viele Tröpfchen kamen ins Fass. Aber es lief nicht über, und ich hätte damals weit von mir gewiesen, dass irgendetwas mit mir nicht stimmt.«

Der Mann trägt einen Anzug mit weißem Hemd, keinen Schlips. Er könnte ein deutscher Neffe von Michael Douglas sein, scharfkantig, sehnig, er hat sehr blaue, wache Augen. Seine Stimme ist angenehm tief, die Sprache deutlich und artikuliert. Er fährt ein BMW 3er Cabrio. Ein Understatement-Auto, mit geschlossenem Dach sieht man dem Wagen weder die 306 PS noch das Cabrio an. Martins schätzt Diskretion. Auch in Bezug auf seine Krankenakte: »Ich möchte weder bei

Mitarbeitern noch bei den Vorgesetzten den Eindruck erwecken, dass ich meinen Aufgaben nicht gewachsen bin.«

Sein Vorstand weiß zwar, dass er Mitte 2010 aus Erschöpfung als Geschäftsführer zurücktrat und kündigte. Aber keiner in der Firma ahnt, dass er danach vollkommen zusammenbrach, wochenlang im Krankenhaus war und ein Jahr lang Antidepressiva schluckte. David Martins ist daher auch nicht sein richtiger Name. Der Manager ist Geschäftsführer in der Elektronikbranche. Früher war er für mehr als hundert Mitarbeiter verantwortlich. Heute ist er wieder Geschäftsführer, aber seine Belegschaft ist nur noch halb so groß. Mit Verständnis sei nicht zu rechnen, wenn er sich mit Burnout oute: »Gerade wir Männer sind nicht so erzogen worden, dass wir uns in solche Dinge hineinversetzen können.«

Er selbst verstand damals ja selbst nicht, was los war. Er reagierte bloß, anstatt zu handeln, fühlte sich wie ein vom eigenen Leben Getriebener. Inzwischen hat er das Kapitel »abgehakt«. Seit vier Monaten lebt er ohne Psychopharmaka; beim Therapeuten war er zuletzt vor fast einem Jahr. Es reizt ihn, die schlimme Zeit mit dem Wissen von heute zu betrachten. »Alle Burnout-Patienten sind schließlich rückfallgefährdet.«

Im Mai 2008 tat David Martins etwas, was er sich bis dahin nicht hätte träumen lassen. Er sah sich als Mann, der zu keinem Abenteuer fähig war, ein glücklich verheirateter Vater – nun stürzte er sich in eine Affäre. Sie war eine Kollegin, gleich alt, beruflich sehr tough und Single. Sie hatte sich verliebt – und er fühlte sich im Recht. Seine Frau hatte sich seit ihrem 40. Geburtstag verändert. Sie haderte mit sich und ihrem Leben als Hausfrau, Mutter und Hundehalterin, sie verweigerte Geschäftsessen, lud kaum noch Freunde ein, ignorierte Wünsche ihres Mannes. »Ich empfand das als Liebesentzug«, sagt Martins. »Meine Frau war immer die Emotionale in unserer

Beziehung, ich der Rationale. Ich fühlte mich hilflos gegenüber ihren Problemen.« Doch hinter der Affäre steckte mehr als eine Reaktion auf die Ehekrise.

Seitenweise breitet Martins Notizen vor sich aus: Es ist die Rekonstruktion seines mehrjährigen Ausbrennens, darunter ein Brief, den er an sich selbst schrieb, vergangenes Jahr in der Klinik. Und ein Diagramm, das er von dort mitgebracht hat, mit einem »Sieben-Phasen-Modell« des Burnout-Prozesses. Martins tippt auf das Schema. »Als ich die Affäre begann, war ich, ohne es zu wissen, schon in Phase 3.« Er liest vor: »emotionale Reaktionen, Schuldzuweisungen, Niedergeschlagenheit«. Die Liebschaft, so sieht er es, war ein Ventil für den angestauten Frust. Sie habe den Burnout-Prozess zunächst sogar aufgehalten. »Plötzlich war da jemand, mit dem ich über alles reden konnte. Sie kannte ja den Laden.«

Wann genau die Krise begann, weiß Martins nicht. Er tippt auf 2005. Nicht nur wegen der Überstunden, sondern wegen des Ärgers. Damals war Martins 34 und damit zu jung, fand sein Vorgesetzter, um ihn zum Geschäftsführer zu machen. »Ich fühlte mich ausgebremst und war zum ersten Mal in meinem Leben im Job frustriert.«

Als er ein Jahr später dann doch den ersehnten Posten bekam, genoss er zwar die Anerkennung. Aber dann brach der Tsunami an Zusatzaufgaben über ihn herein. Er bekam Schlafprobleme. Nachts wachte er auf, grübelte, machte sich Notizen für den nächsten Tag. »Ich fand das damals ganz normal bei dem Stress.«

In dem Sommer schaffte sich Familie Martins einen Welpen an, einen Collie. »Wir hatten uns das so schön ausgedacht, meine Frau und ich«, erzählt er, »wie wir dann jeden Abend gemeinsam mit dem Hund spazieren gehen.« Doch im Alltag ging der Plan nicht auf: »Auf einmal war da noch ein Termin, den ich einhalten musste. Ich kam schweißgebadet zu Hause an oder mit einem schlechten Gewissen, wenn es mal wieder zu spät war.«

2007 wurde Martins auch noch Chef einer 300 Kilometer entfernten Niederlassung. »Da kam irgendwann das Gefühl: Ich renne bloß noch im Hamsterrad.« Mit dem Zeigefinger malt Martins seine Dienstwege quer durch Deutschland auf den Tisch, immer schneller kreuzen sich die Linien. »In dem Jahr, also schon vor der Affäre, war die absolute Verliebtheit zwischen mir und meiner Frau nicht mehr da.«

Fatalerweise machte er aber seine Frau allein für die Abkühlung verantwortlich. Nur einmal kam ihm der Gedanke, das Problem könne auch bei ihm liegen. »Im Urlaub in der Schweiz entdeckte ich im Hotel ein Buch mit dem Titel ›In den Krallen des Raubvogels‹. Darin beschrieb Daniel Zanetti, ein Vertriebstrainer, den ich gekannt hatte, seinen Burnout.« Neugierig begann er zu schmökern. »Mir war alles merkwürdig vertraut, was ich da las, ich sagte zu meiner Frau: Schau mal, ich bin schon in Phase 3.« Martins hielt das damals für einen gelungenen Scherz.

Ein halbes Jahr später begann er, von zu Hause zu flüchten: Er nutzte dazu Firmenveranstaltungen, freiwillige Incentive-Reisen mit Hotelnächten und viel Alkohol. »Meine Devise war: Spaß haben, was erleben! Ich war gefrustet. Privat, im Job, alles schien festgefahren.« Heute weiß David Martins, dass er damals die Welt verzerrt sah. Durch diese typische Brille des »Burnies«, wie er Burnout-Betroffene liebevoll nennt. Eine Brille, die Misserfolge vergrößert und Erfolge zu Fliegendreck schrumpfen lässt.

Ein Burnout, sagen Experten, kann entstehen, weil Menschen »Ausbrenner« sind. Weil sie die Grenzen ihrer Belastbarkeit ständig ignorieren, um hochgesteckte Ziele zu erreichen. Er kann aber auch entstehen, wenn äußere Faktoren den Stresslevel ins Unerträgliche steigern. Die meisten Burnout-Fälle sind Mischfälle. Hochleister werden durch unerwartete Belastungen – Krankheit, Hausbau, neue Aufgaben – aus der Bahn geworfen. Auf eine innere Veranlagung treffen also äußere Stressoren. Und die wirken dann wie Brandbeschleuniger.

Martins hat im Rückblick drei Brandbeschleuniger identifiziert: die Anschaffung des Welpen, die Midlife Crisis seiner Frau und seine Affäre. Das Holz für den Brand habe er aber selbst aufgeschichtet, und zwar turmhoch. »Ich habe mir stets sehr, sehr hohe Jahresziele gesteckt. Nehmen wir 2006: Da wollte ich eine Ertragssteigerung von 100 Prozent. Geschafft habe ich aber nur die Hälfte. Also 300 000 statt 600 000 Euro.« Dass der Umsatz sich aber wie erhofft verdoppelt hatte, dass ihm sogar ein Turnaround gelungen war, nachdem die Firma zuvor rote Zahlen geschrieben hatte – all das sah David Martins durch seine Brille nicht. Die Erfolge schienen ihm Peanuts. Stattdessen ärgerte er sich über sein persönliches Scheitern: das verfehlte Ertragsziel. Uneinsichtig verordnete er sich für 2007 noch höhere Ziele. »Nach dem Motto: Jetzt erst recht.« Er lacht. »Typisch Burnie, was?«

David Martins durchschaut inzwischen seine Muster. In vielen Therapiesitzungen hat er sie herausgearbeitet. Als Junge fehlte ihm der Vater. Der saß meistens so lange im Büro, dass der Sohn ihn vor dem Zubettgehen nicht mehr sah. »Von ihm habe ich den Ehrgeiz«, glaubt Martins. Als noch prägender aber sieht er seine Mutter. Sie managte zu Hause alles allein, klagte nie, war immer stark. »Sie trug ein inneres Korsett. Das habe ich von ihr übernommen.« Er ballt seine schmalen Hände zu Fäusten: »Ich muss stark sein. Ich darf nie nein sagen. Ich bin verantwortungsvoll. Ich meide Konflikte. Ich mache alles mit mir selbst aus.« Die inneren Leitsätze der Mutter wurden die des Sohns.

Anerkennung gab es in Martins' Familie wenig. »Ich bin Laisser-faire erzogen worden. Ich wurde in keinem Verein angemeldet, zu keinem Schüleraustausch geschickt, habe kein Instrument gelernt.« Er hätte sich mehr Anregung gewünscht und mehr Regeln. »Ich war stets besorgt: Erfülle ich die Erwartungen meiner Umwelt? Welche sind das? Was soll ich tun?«

Als er 16 war, verkündete seine Mutter, dass sie sich scheiden lassen wolle. Für den Sohn kam diese Entscheidung aus heiterem Himmel. Der Jugendliche stürzte sich in die Welt der Computer, »ich war nicht der typische Nerd, aber auch nicht gerade ein Cliquengänger«. Dass er Elektrotechnik und nicht Informatik studiert habe, sei eher Zufall gewesen.

Beim Berufseinstieg half ihm überraschend sein Vater. »Seitdem habe ich dreimal die Firma gewechselt«, sagt Martins, »ich habe es mir und meinem Vater bewiesen, dass ich es kann.« Aber der Erwartungsdruck blieb. Dazu trug auch bei, dass sein Schwiegervater ein sehr erfolgreicher Manager war. Ohne das Abstreifen der Kindheitsmuster, erklärten ihm die Therapeuten, könne er sich nur schwer von seinem Drang lösen, im Job stets »200 Prozent« zu geben. Und damit 100 Prozent zu viel.

Die Affäre, die seinen Burnout anfangs bremste, verkehrte sich nach fünf Monaten ins Gegenteil. Die Geliebte begann Fragen zu stellen, die üblichen: »Was wird aus uns? Wann trennst du dich von ihr?« Er seufzt. »Ich war in der Schweiz, als ich das erste Mal mit meiner Freundin Schluss gemacht habe, am Telefon«, er zieht die Stirn kraus, »faktisch ist uns die Trennung aber nie gelungen.«

Neben dem Stress in der Firma und mit seiner Frau hatte er jetzt auch noch den mit der Freundin. »Plötzlich war die Logistik für unsere Rendezvous, die ich zuvor spielerisch bewältigt hatte, Schwerstarbeit. Ich grübelte viel. Man hat sich – ich habe mich – noch viel, viel stärker unter Druck gesetzt.« Von sich selbst in der »man«-Form zu reden, hat sich Martins in der Klinik abgewöhnt. »Aber wenn ich über Dinge aus der Zeit vor der Klinik erzähle, falle ich manchmal noch in das distanzierte ›man‹.« Seine Finger nesteln nervös am Schoko-Bonbon neben dem Espresso.

Ende 2008 fühlte er sich so müde und ausgelaugt, dass er mit seinem Chef redete. Der empfahl ihm Urlaub. David Martins blieb den ganzen Januar daheim. »Erst in den letzten zwei, drei Tagen spürte ich ansatzweise eine Entspannung. Doch schon am ersten Tag bei der Arbeit ging die wieder flöten.«

Er greift nach dem Diagramm. »Anfang 2009 war ich dann schon in Burnout-Phase 5, die der Verflachung. Ich unterdrückte meine Gefühle. Bloß keine Emotionen!« Er verabredete sich nicht mehr mit Freunden. »Ich war extrem reizbar. Meine Tochter habe ich wegen Banalitäten angebrüllt – wenn sie nicht aufgeräumt hatte, Widerworte gab: egal. Ich ging in die Luft.« Auch seine Kunden versuchte er zu meiden. »Die waren doof, die sorgten ja dafür, dass die Ergebnisse so schlecht waren.« Die Mitarbeiter nervten. Er wollte seine Ruhe, sie störten bloß. Er begann, mehr zu trinken, »gut und gern eine Flasche Wein am Tag«.

Im Sommer begann der Hausbau. Seine Frau wollte ein Heim nach eigenem Geschmack, großzügig, mit Garten. Seiner Freundin begann er jetzt Dinge zu verheimlichen oder sie, wie er sagt, »optimiert darzustellen«. Verriet ihr nicht, dass seine Ehe für ihn längst nicht am Ende war, behauptete, dass nur seine Frau und nicht er umziehen wolle. »Ich war ein Schwein, ich habe beide Frauen belogen.« Er lacht dabei nicht. Kerzengerade sitzt er da, die Augen riesig, als staune er.

David Martins suchte schließlich eine Psychotherapeutin auf. »Ich dachte, die sagt mir jetzt, was mit mir los ist, was ich tun soll, und dann wird alles gut.« Die Therapeutin diagnostizierte »Anpassungsschwierigkeiten«. Martins war enttäuscht. »Das war doch alles nicht meine Schuld, fand ich. Ich war doch nur ein Spielball.« Er ging nie wieder zu der Frau. Stattdessen verdoppelte er die Anstrengungen, sich aus seiner äußeren Verstrickung zu lösen. Trennte sich, versöhnte sich, trennte sich. »Meine Freundin begann zu trinken. Ich konnte sie einfach nicht im Stich lassen.«

Den Einzug ins neue Haus erlebte Martins wie aus der Ferne, so als läge auf Augen, Ohren und seiner Seele eine Wachsschicht. Das einzig echte Gefühl war der Missmut darüber, dass er sich nicht freute.

Gegen Ende 2009 schaffte er es kaum noch, in der Firma sinnvoll zu arbeiten. Er verschanzte sich in seinem Chefzimmer, füllte Excel-Tabellen aus. Heimlich begann er sogar zu daddeln. »The West« und »Die Stämme« hießen seine Lieblingsspiele. »Da trifft man andere Spieler im Netz und versucht, deren Dörfer einzunehmen. Das lenkt ab. Und es frisst endlos viel Zeit!« Bald spielte David Martins in jeder möglichen Sekunde, auch zu Hause. Oft kroch ein banges Gefühl in ihm hoch: »Was mache ich da eigentlich?« Und dann saß er trotzdem wieder am PC, wieder und wieder, »frustrierend«.

Seine körperlichen Beschwerden wurden massiv. Nachts lag er jetzt regelmäßig stundenlang wach. Sein Nacken war schmerzhaft verspannt; er hatte Schweißausbrüche; der Darm rebellierte. »Typischerweise hatte ich sonntags Durchfall.« Erst später fiel ihm das Muster auf, »es ging immer am Tag los, bevor ich wieder in die Firma musste«. Wegen der Schlafschwierigkeiten besuchte er einen Hals-Nasen-Ohren-Arzt. Der tippte auf psychosomatische Gründe. »Das gefiel mir nicht, ich wollte körperliche Ursachen für mein Leid.«

Zum Jahreswechsel 2010 holte er zum Verzweiflungsschlag aus. Er bat seinen Vorstand, einen Nachfolger zu bestellen.

Alle Bitten seiner Vorgesetzten, in der Firma zu bleiben, schlug Martins aus. Er war sich sicher: Er musste ganz frei sein. Frei von Job, Freundin, Frau.

Bis der Neue gefunden und eingearbeitet war, vergingen vier Monate, in denen er seine Arbeit unter körperlichen Qualen erledigte. Seine Konzentrationsfähigkeit war aufgebraucht. Er konnte kaum einen klaren Gedanken fassen. Immerhin: Er registrierte, dass seine Frau jetzt ernsthaft um ihn besorgt war. Die verbleibende Vertragszeit nutzte Martins für eine vierwöchige Fortbildung im Ausland. Vorher beendete er die Affäre. Sie hatte jetzt zwei Jahre gedauert; über das Alkoholproblem der Kollegin munkelte man schon in der Firma.

Und dann war er frei. Und bemerkte seinen fürchterlichen Fehler: Sein Leben hatte noch auf dieser letzten Säule geruht, dem Job. Die anderen Pfeiler, seine Ehe, seine Freundschaften, hatte er ja bereits zerschlagen, »mit der Axt«, wie er sagt. Haltlos trieb er jetzt dahin wie ein von einem Hochwasser aus seinen Fundamenten geschwemmtes Haus.

Der Sommer 2010 wurde zum Sommer der Katastrophen. Die erste Katastrophe führte er selbst herbei: Er beichtete seiner Frau die Affäre. Sollen wir uns scheiden lassen, fragte sie, verzweifelnd. Er weinte. Er wusste es nicht, immer noch nicht.

Damals fing er an, sich Hilfe zu suchen, ging zur Hypnosetherapie, zur Paartherapeutin, zum Männerarzt. Der tippte auf Burnout und schlug ihm einen Klinikaufenthalt vor. Aber Martins war immer noch nicht so weit.

Er zog von zu Hause aus, probehalber, für einen Monat. Um Ruhe zu finden. Aber seine Frau ließ sich nicht abstellen, sie rief an, schimpfte, heulte, flehte.

»Was ich gemacht habe?« Er blättert in seinen Aufzeichnungen. »Löcher in die Luft geguckt. Abgehangen. Verdammt, was habe ich drei Wochen lang gemacht, ich muss doch etwas gemacht haben?« Er ist ernsthaft verwirrt. »Ich wollte Sport treiben. Und schaffte es dann kaum die Treppe hinunter. An mehr erinnere ich mich nicht.« Nur eines weiß er: »Damals begann das eigentliche Unheil, die richtige Katastrophe.« Sie nahm von ihm Besitz wie ein bösartig wuchernder Tumor.

»Eines Morgens wachte ich auf und hatte das Gefühl, dass ich in einem Loch stecke. Ich versuchte, mich auszugraben. Aber ich fand keinen Halt. Die Ränder des Kraters rissen ein, noch während ich mich an ihnen hochzog. Und je mehr ich strampelte, desto tiefer wurde das Loch.« Seine Finger liegen ruhig auf der Tischkante. »Ich dachte, dass es am besten wäre, wenn ich mich gar nicht mehr bewegte.«

Der Psychotherapeut, zu dem er sich schließlich schleppte, fragte ihn: »Haben Sie Selbstmordgedanken?« »Nein!« Wie ein Reflex fiel die Antwort aus seinem Mund. »Doch«, sagt er heute. Er redet inzwischen seit fast drei Stunden und wirkt hellwach. »Der Mann hatte recht. Mir war bis zu seiner Frage nur nicht klar, dass ich schon so weit war.«

Nach drei Wochen seiner Auszeit von zu Hause bat er den Arzt um eine Kliniküberweisung. Zu seiner Frau sagte er: »Ich weiß nicht, ob ich Kontakt will. Wenn, dann melde ich mich.« Die Kontaktsperre nach Hause hält er im Nachhinein für einen wesentlichen Heilungsfaktor. Martins wählte eine psychosomatische Klinik weit im Norden, in Bad Bramstedt. Dort diagnostizierten sie eine Depression als Höchststufe seiner chronisch gewordenen Erschöpfung. Er, der nie zum Weinen geneigt hatte, wurde inzwischen von wahren Heulkrämpfen geschüttelt.

»Der zweite Schlüssel zu meiner Wiederherstellung war das Antidepressivum«, sagt er, »ich habe genau gemerkt, als das Fluvoxamin anschlug.« Das Medikament dämpfte die Ausschläge seiner Seele. »Ich saß immer seltener unten in meinem

Loch. Das war zu einer Zwangsvorstellung geworden. Jetzt begann ich mir auszumalen, was ich gern tun würde, wenn ich nicht im Loch stecken würde.«

Am 43. Tag seines Klinikaufenthalts schlug er morgens die Augen auf und fühlte sich gut. »Es machte klick, und mein alter Optimismus war wieder da.« Am selben Tag rief er seine Ex-Freundin an. Es sei jetzt endgültig vorbei. »Sie verstand das nicht. Aber für mich war die Beziehung damit wirklich zu Ende.«

Am 11. November 2010, sieben Wochen nach seiner Ankunft, verließ David Martins die Klinik und kehrte zurück nach Hause. Alle waren erleichtert, besonders seine Frau. Nur seine Mutter fragte: »Warum hast du denn nie etwas erzählt?« Er schüttelt lächelnd den Kopf. »Die Antwort hätte sie am besten kennen müssen. Sie hatte das doch vorgelebt.«

Vier Monate lang gewöhnte er sich wieder ein, in sein Leben, sein altes, aber irgendwie neues Leben. Ein Psychotherapeut begleitete ihn dabei. Dann, im März, fing er wieder an zu arbeiten – in der alten Firma, als Geschäftsführer, aber in einer anderen, kleineren Filiale: »Ich schaffe jetzt die Arbeit in einer 40-Stunden-Woche.« Heute kommt er ohne Psychotherapeut und Medikamente zurecht. »Ich beobachte mich selbst genau«, sagt er, »ich gehe achtsam mit mir um.« Das Innehalten, Wahrnehmen, das Hören, Schmecken, Fühlen hat er in der Klinik gelernt.

Martins weiß jetzt, wie es ist, wenn man in Phase 7 des Burnouts ist, wenn man hoffnungslos deprimiert ist. Von Tests am Biofeedback-Gerät in der Klinik weiß er, wie lange es dann dauert, bis der Puls sich beruhigt, wie der Stress auch beim ruhigen Atmen kaum sinkt. Und er weiß, wie schnell er sein Stresslevel abbauen konnte am Ende der Klinikzeit, »das war, als legte man einen Kippschalter um auf Entspannung«. Heute versucht er, diesen inneren Schalter so oft wie möglich umzulegen.

Im März kam ein Brief. Absender war die Klinik, Verfasser: er selbst. »Lieber David«, schreibt er, »es ist Zeit, Deine Selbstverpflichtung zu prüfen.« Kümmerte er sich genug um die Familie? Trieb er Sport, pflegte er seine Hobbys – Golfen, Kochen, Lesen? »Denk an den Fallschirmsprung«, mahnt der Brief, »lebe Deine Träume, und höre auf Deine Gefühle.«

Im Frühsommer, am 4. Juni, war es so weit. In aller Herrgottsfrühe stand David Martins auf. Als er um 8 Uhr beim Flugplatz ankam, lag die Temperatur bei 18 Grad. Die Sonne strahlte. Zwei Stunden später stieg sein Flieger auf, und kurz darauf sprang Martins ab – und schwebte aus 4100 Metern zur Erde. »Das war das geilste Gefühl meines Lebens.« Er hatte sich einen Jugendtraum erfüllt.

»Einen Burnout braucht keiner«, sagt Martins. »Aber im Nachhinein, so grotesk das klingt, war er eine Bereicherung.« Zeitlebens sei er sich selbst schrecklich fade vorgekommen, war er einer, wie er sagte, »dessen Biografie ich nicht lesen würde« – keine Sportskanone, kein Schauspieler, kein tolles Hobby. Früher, gesteht er, habe er sich sogar dafür geschämt, dass er nicht zu One-Night-Stands fähig war. »Heute finde ich das gut an mir. Ich will ja auch keine Frau, bei der ich permanent Sorge hätte, dass sie morgen mit einem anderen ins Bett steigt.«

Er lacht befreit. Die Welt, findet er, brauche auch Langweiler wie ihn.

Die Erschöpfungsspirale

Wie sich die Psyche auf dem Weg in die Depression verändert –
Merkmale eines Prozesses in drei Stufen

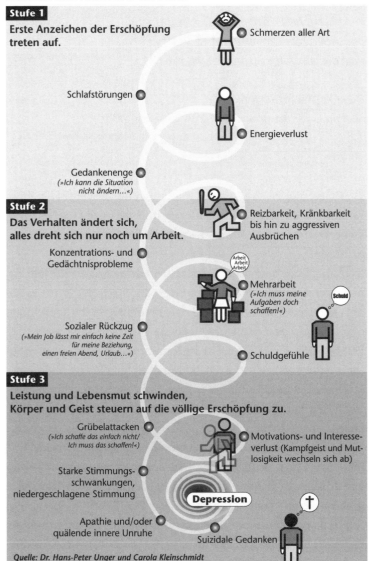

Quelle: Dr. Hans-Peter Unger und Carola Kleinschmidt

»Der Chef als Löwe«

Der Psychiater Hans-Peter Unger über verschiedene Formen der Erschöpfung, den richtigen Umgang mit Stress und die aktuelle Burnout-Debatte

Das Gespräch führten Angela Gatterburg und Annette Großbongardt.

SPIEGEL: Herr Dr. Unger, Ursula von der Leyen hat sieben Kinder, einen strapaziösen Beruf und steht unter medialer Dauerbeobachtung. Warum wirkt sie dennoch nicht Burnout-gefährdet?
UNGER: Meinen Patienten stelle ich häufig Angela Merkel als positives Beispiel vor: Sie kann sich durchsetzen, wirkt meistens gelassen, manchmal guckt sie brummig in die Welt, aber man hat nie den Eindruck, dass sie gleich umkippt. Das ist Selbstkohärenz. Der Begriff bedeutet in der positiven Psychologie: Ich bewahre Ruhe, auch in schwierigen Situationen, und lasse mich von Gefühlen wie Angst und Ärger nicht überwältigen. Ich habe die emotionale Kontrolle und kann klar und zielgerichtet denken.
SPIEGEL: Und wie bekommt man diese Selbstkohärenz?
UNGER: Dazu braucht es Wissensressourcen und einen klugen Blick auf sich selbst, aber auch emotionalen Rückhalt durch Partnerschaft und Familie, was Frau Merkel, glaube ich, durch ihren Mann hat. Auch Ursula von der Leyen hat diese Unterstützung durch ihre Familie. Dazu kommt bei beiden wohl der Spaß an der Aufgabe und der Rückenwind der Macht.

Dies alles trägt dazu bei, Belastungen, Bedrohungen und Enttäuschungen auszubalancieren. Selbstkohärenz lässt sich lernen, ebenso wie Resilienz, also seelische Widerstandsfähigkeit. Beides ist das Gegenteil von Verletzlichkeit, Verwundbarkeit, Stressempfindlichkeit.
SPIEGEL: Wann hatten Sie Ihre ersten Burnout-Patienten?
UNGER: Vor etwa acht Jahren. Zum Auftakt unseres lokalen Bündnisses gegen Depression in Hamburg-Harburg schrieben wir damals Betriebe an, um sie über psychische Erkrankungen zu informieren. Von allen großen Unternehmen kam als Antwort: »Depressionen und psychische Erkrankungen sind bei uns ein Thema. Aber wir wissen nicht so richtig, wie wir damit umgehen sollen.«
SPIEGEL: War das neu?
UNGER: Ja, das hat uns überrascht, aber es half uns, die Patienten besser zu verstehen. Wir erprobten damals gerade über einen Versorgungsvertrag mit der DAK ein neues Behandlungskonzept für Depressionskranke: eine ambulante Behandlung

HANS-PETER UNGER
ist Facharzt für Psychiatrie und Psychotherapie und Chefarzt des Zentrums für seelische Gesundheit an der Asklepios Klinik in Hamburg-Harburg. Dort leitet er auch die Tagesklinik für Stressmedizin und Depressionsbehandlung. Er ist Experte für die Behandlung von Erschöpfungszuständen und Vorstandsmitglied im Deutschen Bündnis gegen Depression. Unger, Jahrgang 1955, berät Firmen in Sachen Gesundheitsmanagement und ist Autor des Buches »Bevor der Job krank macht«. Der Vater zweier Söhne lebt mit seiner Frau in Hamburg.

über fünf Tage mit 90 Minuten Gruppentherapie oder Achtsamkeitstraining täglich. Die Hausärzte wiesen eine für uns neue Patientengruppe ein: depressive Menschen mit einer Stressdepression, die wir so bisher gar nicht kannten in der Psychiatrie. Diese Leute sahen ihre Probleme zum großen Teil am Arbeitsplatz.
SPIEGEL: Das waren die Burnout-Fälle?
UNGER: Ja, wenn Sie so wollen. Ich spreche hier lieber von Erschöpfungsprozessen, um simple Schuld- und Ursachenzuweisungen zu vermeiden. Es wurde schnell klar, dass sich die Patienten in unterschiedlichen Stadien des Burnouts oder des Erschöpfungsprozesses befanden. Für die schweren Fälle mit Arbeitsunfähigkeit richteten wir die Tagesklinik ein, für die noch nicht so weit fortgeschrittenen Erschöpften boten wir eine Gruppe um 17.30 Uhr zur kognitiven Stressbewältigung und Achtsamkeitstraining an.
SPIEGEL: Gut getaktet zum Arbeitsalltag.
UNGER: Ja, und viele Patienten reagieren tatsächlich in den ersten Sitzungen so, als ginge es um Arbeit. Sie versuchen, alles besonders gut zu machen, etwa die Hausaufgaben des Achtsamkeitstrainings. Und ärgern sich, wenn sie keine Zeit für die Übungen finden. Das heißt, sie geraten in den gleichen Stress wie bei der Arbeit. Wir machen ihnen klar, dass Belastungen möglicherweise nicht verschwinden, sie aber ihre Haltung zum Stress verändern können.
SPIEGEL: Angeblich leiden bereits neun Millionen Menschen unter einer Form der schweren Erschöpfung bis hin zur Depression.
UNGER: Ich bin skeptisch bei diesen Zahlen. Was wir wissen, ist: Depressionen sind häufig, in unterschiedlichen Ausprägungen. Jede vierte Frau und jeder achte Mann erkrankt einmal im Leben an einer Depression. Bei den Männern ist es kompli-

zierter mit der Diagnose, da überdecken häufig Alkoholmissbrauch und riskantes oder aggressives Verhalten die depressive Stimmung. Depressionen können unterschiedliche Ursachen haben. Burnout ist bislang keine eigenständige Diagnose und wird als Krankheit nicht anerkannt, deshalb akzeptieren es die Kassen auch nicht als Grund für Arbeitsunfähigkeit.
SPIEGEL: Was ist Burnout Ihrer Meinung nach?
UNGER: Ein chronischer Erschöpfungsprozess, der durch eine emotionale Verstrickung mit Arbeit gekennzeichnet ist und der schließlich zu klar definierten Krankheiten führen kann wie etwa Depressionen, Angststörungen, Herzinfarkten oder auch chronischen Schmerzsyndromen.
SPIEGEL: Das »Deutsche Ärzteblatt« geißelte den Burnout kürzlich als Modediagnose, räumte aber ein, er gehe mit erheblichem subjektiven Leiden einher und reduzierter Arbeitsleistung.
UNGER: Ich glaube, in der aktuellen Burnout-Diskussion zeigt sich ein grundsätzlicher Konflikt in der Medizin. Unsere Vorstellungen von Krankheiten kreisen um Infektionen, deshalb war der Erreger Ehec so faszinierend: Gesunde werden innerhalb von Stunden krank, dann sucht man nach der richtigen Behandlung. Es geht sehr nach dem Schwarzweißprinzip: Da bin ich krank, da bin ich gesund. Doch unsere Volkskrankheiten sind häufig stark stressinduziert und haben eine lange Vorlaufzeit. Die Leute leben ungesund, sie rauchen, ernähren sich schlecht, bewegen sich zu wenig. Das fördert Arteriosklerose. Dazu kommen noch psychosoziale Stressoren. Und am Ende steht auf dem Schein: Herzinfarkt. Oder Depression.
SPIEGEL: Also für Sie ist Burnout ein Vorläufersyndrom?
UNGER: Ja, es beschreibt einen Prozess zwischen klar definierter Gesundheit und klar definierter Krankheit. Und der Mensch reagiert dabei unterschiedlich: Der eine geht spontan

wieder zurück und ist wieder ganz gesund, der andere marschiert schnell die ganze Erschöpfungsspirale durch bis zum Zusammenbruch, wieder einer bleibt vielleicht lange in der Mitte hängen. Nur: Wie sollen wir das nennen?

SPIEGEL: Was fehlt denn, um Burnout als Krankheit zu deklarieren? Ist das Bild zu diffus?

UNGER: Man müsste den Stressprozess sowohl neurobiologisch wie auch psychologisch noch genauer erforschen. Das Burnout-Konstrukt ist ja in den siebziger Jahren entstanden. Die Faktoren hat die Amerikanerin Christina Maslach benannt: unter anderem emotionale Erschöpfung sowie eine veränderte Haltung zur Arbeit. Etwa wenn ich mich als Arzt von meinen Patienten distanziere, ständig genervt bin, vielleicht sogar zynisch werde.

SPIEGEL: Man verliert die Freude an seinem Beruf?

UNGER: Es verändert die Werte, die Haltung zum Job. Als weiterer Faktor kommt dazu, dass ich mich als unfähig erlebe, ich bin nicht mehr in der Lage, die gesetzten Ziele zu erreichen. Diese Insuffizienz und Zynismus machen den Unterschied zu einem üblichen Erschöpfungszustand. Dieser arbeitsplatzbezogene Prozess startet in Gesundheit und kann in Krankheit enden. Die Medizin versucht jetzt, nach einem Schwarzweißprinzip eine Diagnose festzulegen.

SPIEGEL: Und den Burnout dabei auszusortieren? Ihr Kollege Ulrich Hegerl sagt jedenfalls, man brauche den Begriff gar nicht, er hält ihn sogar für schädlich, weil er die Depression verwässere.

UNGER: Hegerl hat recht mit seinem Vorwurf, dass viele Leute inzwischen Burnout als gleichbedeutend mit Depression setzen. Viele Depressionen haben nichts mit Erschöpfung oder mit dem Arbeitsplatz zu tun. Und werden möglicherweise falsch behandelt.

SPIEGEL: Sie haben den Burnout-Prozess als eine Art Spirale dargestellt.
UNGER: Ja, erst am Ende der Spirale zeigt sich die Überschneidung mit Symptomen der Depression. Nach einer finnischen Studie enden gut 50 Prozent von Burnout-Fällen am Ende in der Depression – aber 50 Prozent entwickeln eben keine Depression. Ist etwas nicht mehr in der Balance, kann man da ansetzen, es gibt persönliche Risikofaktoren, aber eben auch Schutzfaktoren wie soziale Bindungen, Sport, Bewegung, gesunde Führung im Unternehmen.
SPIEGEL: Wie gehen andere Länder mit dem Burnout um?
UNGER: Die skandinavischen Gesellschaften sind da viel offener, sie haben die meisten Risikostudien dazu vorgelegt. Bei uns ist die Forschung sehr aufs Biologische konzentriert oder aufs Psychologische, weniger auf das Soziale. Diese Beziehung zwischen Ich und Gesellschaft wurde von der Medizin – in ihrer Begeisterung für das Gehirn, die Neurowissenschaften, den Kernspintomografen – nicht mehr gesehen. Erst jetzt geraten die sozialen Stressoren wieder stärker in den Blickwinkel der Forschung. Holland hat Burnout längst in den Diagnosekatalog aufgenommen, als »stress-related mental disorder«, also stressbezogene mentale Störung. Solche Begriffe haben wir leider nicht, ich finde sie total sinnvoll.
SPIEGEL: Und warum machen wir das nicht?
UNGER: Unsere Medizin verdient ihr Geld mit der Behandlung von Krankheiten und vernachlässigt Präventionsgesichtspunkte. Ich wünsche mir eine gesellschaftliche Debatte etwa darüber, wie wir mit dem kollektiv verordneten Ideal umgehen, das da heißt: Mach gefälligst was aus deinem Leben! »Yes, we can«, heißt es heute immerzu. Aber was kann ich wirklich? Wo drohe ich hinter den Anforderungen zurückzubleiben? Dann gerate ich in negative Gefühle. Scham spielt heute eine große Rolle.

SPIEGEL: Stress und die Folgen sind zum Dauerthema in den Medien geworden. Es sieht so aus, als sei die Psyche der Menschen anfälliger geworden.
UNGER: Unsere Psyche hat einen unglaublichen gesellschaftlichen Veränderungsprozess zu verkraften. Los ging es ja schon Mitte der sechziger Jahre. Autonomie und Selbstverwirklichung verbanden sich in den Siebzigern mit Deregulierung. In den achtziger Jahren kam die Ökonomisierung dazu und die Globalisierung setzte ein, schließlich auch die digitale Revolution.
SPIEGEL: Das klingt, als sehnten Sie frühere Zeiten zurück.
UNGER: Nein, überhaupt nicht. Dieser Tenor stört mich auch bei der momentanen Diskussion um Burnout: Die moderne Arbeitswelt macht krank, sagen viele. Ja, und früher nicht? Denken wir doch mal an Bergwerke, Minen, überhaupt, diese autoritären Arbeitsstrukturen. Gerade Intellektuelle hegen diese seltsam naive Annahme, damals sei alles besser gewesen. Das stimmt einfach nicht.
SPIEGEL: »Burnout ist keine eigenständige Krankheit, sondern eine meist berufsbezogene Form der Depression«, sagt die Berliner Psychiaterin Isabella Heuser.
UNGER: Ja, aber wo fängt auf der Burnout-Spirale die Depression an? Burnout stellt unser Konzept von Krankheit in Frage. Bei stressassoziierten Störungen sind Sie am Anfang noch nicht krank, Sie gehen noch zur Arbeit, sind aber nicht mehr voll leistungsfähig und haben Symptome wie Schlafstörungen. Wenn ich morgens um vier Uhr wach werde, meine Gedanken rasen, und gleichzeitig habe ich auch noch Magenprobleme und Kopfweh, dann sind das Warnzeichen. Damit muss ich aber nicht zum Psychotherapeuten. Sondern ich gehe zum Hausarzt, und der sagt mir: Herr Unger, Sie sind gesund, aber was ist los mit Ihnen? Da lässt sich mit relativ einfachen Mitteln viel erreichen. Mit Sport etwa und regenerativen Therapien

lässt sich die Balance wieder herstellen. Doch ich habe keine Depression und brauche auch keine Psychotherapie.
SPIEGEL: Sie teilen die Klage über eine Burnout-Hysterie also nicht?
UNGER: Mich stört da eher eine falsche Interpretation: Wenn man behauptet, Burnout entsteht, weil die Welt überfordernd ist, und ich selbst kann nichts ändern. Aber bei Stress-Erkrankungen können sowohl ich als auch die Welt etwas ändern. Im Notfall muss ich bei mir anfangen. Mir missfällt dieses Kausalitätsdenken: hier der arme, entrechtete, ausgelieferte Mensch ...
SPIEGEL: ... da die grausame Arbeitswelt.
UNGER: Genau, die Arbeitswelt heute hat Vor- und Nachteile. Jeder muss auch für sich Verantwortung übernehmen. Der Philosoph Byung-Chul Han sagt: Wir leben in einer Gesellschaft des Zuviel. Heute gibt es unendlich viele Möglichkeiten, wir müssen dauernd Entscheidungen treffen. Die gesellschaftliche Maxime heißt: alles mitnehmen, nichts anbrennen lassen, fitter werden, schöner werden, klüger werden.
SPIEGEL: Und bei allem die Angst, sich vielleicht falsch zu entscheiden?
UNGER: Ja, falsche Entscheidungen bleiben nicht aus. Deshalb ist die Burnout-Diskussion eine sinnvolle, sie sollte nur ins richtige Fahrwasser kommen. Es ist auch sinnvoll, wenn Prominente sich outen mit ihrer Erschöpfung, das trägt zur Entstigmatisierung bei. Aber wenn es heißt: Die schlimme Fußballwelt fördert die Suizidneigung, dann nützt das nichts. Die Verhältnisse sollten sich ändern, klar, aber ich muss auch etwas ändern, beide Ebenen sind wichtig.
SPIEGEL: Was hilft, in unserer Welt des Zuviel zurechtzukommen?
UNGER: Wichtig ist, zu einer anderen Haltung zu finden. Umfängliche Achtsamkeit, Selbstbeobachtung produzieren

keine Lösungen. Aber wenn ich es schaffe, mein Verhalten und meine Gefühle wahrzunehmen und nicht gleich zu bewerten, dann bin ich gut in der Gegenwart verankert.

SPIEGEL: Macht es der Begriff Burnout leichter, sich zu outen und zuzugeben: Ich kann nicht mehr?

UNGER: Ja, leichter als die Diagnose Depression. Das Problem ist, dass die Behandlung falsch sein kann. Ich sehe Patienten, die haben eine klassische Depression, werden aber wochenlang auf Burnout behandelt, ohne dass sich etwas bessert. Wir schauen uns hier ihren Antidepressiva-Spiegel an, erhöhen die Dosis deutlich, und nach einer Woche sind sie fast gesund. Manche irren sehr lange herum mit einer falschen Diagnose. Konflikte oder Störungen am Arbeitsplatz können ja auch der Auslöser sein für eine Depression.

SPIEGEL: Ähneln sich die Behandlungen von Burnout und Depression?

UNGER: Die Frage ist: welche Behandlung für welche Depression? Daher ist eine genaue Anamnese so wichtig. Gibt es in der Familie Depressionen, hat sich vielleicht sogar schon mal jemand umgebracht? Gab es früher im Leben schon einmal eine Depression? Wie schnell beginnt und endet eine depressive Phase? Gibt es Traumata in der Vergangenheit oder akut belastende Familiensituationen? All das ist wichtig, um die richtige Form der Depression zu diagnostizieren. Frau Heuser ist eine super Stressforscherin, vertritt aber in diesem Punkt das Modell der Einheitsdepression. Ich sehe da Unterschiede.

SPIEGEL: Unter Stress geraten ja häufig gerade die Engagierten. Und viele Chefs erwarten, dass ihre Leute permanent erreichbar sind, noch mehr arbeiten.

UNGER: Die Arbeitsverdichtung setzt uns zu. Trotzdem habe ich oft mehr Möglichkeiten, mich abzugrenzen, als ich denke. Jeder kann entscheiden, wie erreichbar er im Urlaub sein will,

auch wenn die Firma das von ihm verlangt. Ich bin da auch gefährdet. Meine Frau sagt im Urlaub: »Wenn du das Handy anmachst, gibt's Ärger.« Hätte ich sie nicht, könnte das für mich fatal sein. Volkswagen hat hierzu eine Betriebsvereinbarung geschlossen. Das entlastet die Partner.
SPIEGEL: Ist es nicht verständlich, dass Menschen unter zu großem Druck zusammenklappen?
UNGER: Ja, nur: Warum kippen nicht alle aus den Latschen? Wir müssen die persönlichen und die gesellschaftlichen Faktoren zusammen betrachten.
SPIEGEL: Wie zeigt sich die Volkskrankheit Stress bei Ihnen in der Klinik?
UNGER: Diejenigen, die stationär zu uns kommen, leiden unter mittelschweren bis schweren Depressionen, haben zum Teil sogar Suizidgedanken. Die Patienten in der Tagesklinik leiden unter Konzentrationsstörungen, Grübelneigung, Schlafstörungen, Schmerzen. Und führen diese Verstimmungen, zum größten Teil mit Recht, auf Belastungen am Arbeitsplatz zurück. Aber private Probleme kommen häufig dazu. Bei Männern zeigt sich eine starke Reiz- und Kränkbarkeit. »Ich könnte dem Chef an die Gurgel gehen«, sagen die und Schlimmeres.
SPIEGEL: Stellt sich Erschöpfung unterschiedlich dar?
UNGER: Es gibt zwei Typen. Die Kämpfer, die kommen und beben vor Wut. Die sind in ihrer Kampfposition sozusagen festgefroren. Die anderen, das sind die Automaten, die arbeiten zehn Stunden und mehr und funktionieren Tag für Tag mechanisch. Außer Arbeit gibt es nichts.
SPIEGEL: Beides bedeutet Dauerstress?
UNGER: Ja, und der gefährdet unsere Regenerationsfähigkeit. Ich spiele zum Beispiel einmal pro Woche Tennis. Das ist wie ein Stress-Thermometer. Wenn in der Klinik viel los ist, bin ich versucht, den Termin abzusagen. Aber gerade dann ist er

wichtig für meine Erholung. Wir brauchen heilige Termine für uns selbst. Wenn ich an diesem Punkt nicht achtgebe und genau die Dinge vernachlässige, bei denen man sich regeneriert, nämlich Sport, Musik, Geselligkeit, bin ich bald im Hamsterrad. Und je länger wir im Dauerstress sind, desto weniger entscheiden wir das bewusst. Wir handeln automatisch, wie fremdgesteuert.

SPIEGEL: Warum?

UNGER: Die Stressreaktion ist ja zunächst eine biologische, die akut und automatisch einsetzt: Ein Löwe kommt auf Sie zu, Sie laufen weg. Sie können die Situation nicht analysieren, sonst sind Sie tot.

SPIEGEL: Die Arbeitswelt ist aber nicht lebensbedrohlich.

UNGER: Wenn ich mit meinem ärgerlichen Chef telefoniere, ist es unsinnig, dass mein Blutdruck steigt, meine Muskeln sich verspannen. Trotzdem passiert es. Selbststeuerung, Entscheidungsfähigkeit, Abwägen, das klappt nicht mehr. Wenn Sie sich einem Löwen gegenüber wähnen, und das ist in dem Fall der Chef, verliert Ihr Frontalhirn seinen steuernden Einfluss, Sie verlieren den Überblick, Ihr Alarmsystem dominiert Sie.

SPIEGEL: Das heißt, ich fühle mich von den Umständen bestimmt?

UNGER: Die Sie als Gefahr interpretieren, und je tiefer Sie in die Spirale reingeraten, desto schwerer fällt es Ihnen, Stopp zu sagen und auszusteigen. Das nennen die Achtsamkeitstherapeuten den Getriebenen-Modus. Wir denken, wir entscheiden frei, aber tatsächlich fahren wir auf Autopilot. Wir sind auf Dauerstress evolutionär nicht vorbereitet. Der Autopilot verstärkt den Stress-Vorgang. Der Mandelkern im Gehirn, der für negative Emotionen und Kampf- und Fluchtverhalten zuständig ist, glüht immer mehr und wird größer, andere Steuerungsorgane, die mit Selbstwahrnehmung, Selbstfürsorge zu tun haben, sind schlechter miteinander vernetzt. All das führt dazu, dass wir aus der Spirale nicht rauskommen.

SPIEGEL: Auch wenn die Veränderungen der Arbeitswelt bereits in den siebziger Jahren begannen, so hat man doch den Eindruck, dass es in den letzten Jahren noch mal eine Verschärfung gab.

UNGER: Ja, Mitte der neunziger Jahre hat der ökonomische Druck noch mal erheblich zugenommen. Der Arbeit, so schrieben Zeitungen, stand plötzlich eine doppelt so große Gruppe von Arbeitnehmern gegenüber. Das hat den Wert der Arbeitsleistung inflationär auf die Hälfte heruntergesetzt. Löhne wurden eingefroren, der Konkurrenzdruck stieg. Und weiter zum Stress beigetragen haben die neuen Medien, Internet, der Anspruch, dauernd erreichbar zu sein. Das hat uns einfach überrollt.

SPIEGEL: Weshalb?

UNGER: Uns fehlen Spielregeln, eine Kultur zum Umgang mit den Technologien, dafür war die Entwicklung einfach zu rasant. Denken Sie nur an die E-Mails und den Anspruch, alles zu lesen und umzusetzen. Nach dem Urlaub hat man 1000 Mails, die man nacharbeiten muss. Es müsste in Firmen und Behörden klar durchdacht werden: Welche Kommunikation ist sinnvoll, welche nicht.

SPIEGEL: Was sollte sich in der Arbeitswelt ändern?

UNGER: Gut ist: In vielen großen Firmen diskutiert man über Stress und Arbeitsverdichtung und erkennt, wie wesentlich die Gesundheit der Mitarbeiter für den Erfolg ist. Wichtig ist dabei, dass die Führungskräfte Gesundheitsmanagement persönlich nehmen. Dass sie merken, Mensch, ich bin selbst auf der Stress-Spur. Es darf nicht auf einer abstrakten Ebene bleiben, sonst nehmen die Mitarbeiter es nicht ernst. Ich bin optimistisch, dass dies immer mehr Führungskräfte erkennen.

Zu uns hier kommen alle: Angestellte, Chefs, Bankdirektor, Kassierer, Lehrer.
SPIEGEL: Sie sind ja ein großer Verfechter von Tageskliniken. In nur rund acht Wochen verbessern Ihre Patienten ihre seelische Widerstandskraft?
UNGER: Ja, aktuelle Studien belegen, dass etwa Achtsamkeitstraining die Selbstkohärenz stärkt und sich der Mandelkern verkleinert. Wir haben derzeit eine Studie laufen, die zeigt, dass sich während der acht Wochen hier die depressiven Symptome fast komplett zurückbilden. Und die Patienten sagen: Ich habe meine Haltung zum Stress verändert. Die meisten gehen, in gestufter Wiedereingliederung, an ihren Arbeitsplatz zurück und entscheiden dann, wie es weitergeht. Wer getrieben ist, entscheidet häufig falsch. Auch Freunde sind keine guten Ratgeber: »Schmeiß hin, geh nach Mallorca und pflanz Tomaten an«, sagen die. Meistens ist das keine gute Idee.
SPIEGEL: Menschen in Gesundheitsberufen sind besonders stressgefährdet. Was tun Sie für Ihr Personal?
UNGER: Ob Ärzte, Krankenschwestern oder Pfleger: Wir haben uns hier auch ein Achtsamkeitstraining verpasst. Und wir achten auf gesunde Führung, beziehen Mitarbeiter in wichtige Entscheidungen mit ein.
SPIEGEL: Hatten Sie selbst schon mal einen Burnout?
UNGER: Bis zur mittleren Phase kenne ich alles, Reizbarkeit, Aggressivität, ein Gefühl von Freudlosigkeit. Mir helfen soziale Beziehungen und das Tennisspielen. Außerdem machen meine Frau und ich einen Tanzkurs mit Freunden. Manchmal denke ich: oh nee, heute Abend tanzen? Aber dann gehen wir hin, und es ist jedes Mal super. Einen solchen heiligen Termin in der Woche und einmal am Tag 15 Minuten Achtsamkeit, das kann ich wärmstens empfehlen.
SPIEGEL: Herr Unger, wir danken Ihnen für dieses Gespräch.

So ein Stress

Millionen Menschen fühlen sich chronisch erschöpft, schon ist eine neue Volkskrankheit ausgerufen. Nun streiten Ärzte und Therapeuten, wie das Gesundheitssystem damit umgehen soll.

Von Heike Le Ker

Pfarrer nennen es Elia-Müdigkeit, Manager haben Burnout, Therapeuten sprechen von emotionaler Erschöpfung oder Depression. Fast kein Berufsstand scheint ausgenommen vom Zeitleiden Stress, ob Promi-Köche, Fußballer, Handwerker, Vorstandsvorsitzende, Außendienstler. In einer Flut von Ratgebern, Studien und Sachbüchern finden sich Abhandlungen zum »Burnout in der Luxushotellerie«, bei »Sozialarbeitern in der hessischen Landkreisverwaltung« oder zum »Stressmanagement bei Zahnärzten«.

Obwohl der Befund keine anerkannte Diagnose ist, notieren Ärzte ihn immer häufiger als Grund für eine Krankschreibung, mahnte kürzlich das »Deutsche Ärzteblatt«. Allein 2010 brachten es knapp 100 000 gesetzlich Versicherte auf insgesamt mehr als 1,8 Millionen Fehltage wegen eines Burnouts, so eine Hochrechnung des Wissenschaftlichen Instituts der AOK. In einer Umfrage der Bundesanstalt für Arbeitsschutz und Arbeitsmedizin gaben schon 2006 rund sieben Prozent der Erwerbstätigen an, unter Burnout zu leiden.

Doch wie krank ist ein erschöpfter, ausgelaugter, verzweifelter Mensch, und was ist ein Burnout genau? Erstaunlicherweise gibt es trotz der vielen Betroffenen keine klaren Antworten, denn Psychiater, Psychologen, Betriebsärzte und Wissenschaftler können sich nicht auf eine verbindliche Definition einigen. Ist Burnout aber deshalb, wie das »Ärzteblatt« titelte, eine bloße »Modediagnose«?

Einem ausgebrannten Menschen, der sich am Ende seiner Kraft sieht, ist die Frage nach der wissenschaftlichen Definition vermutlich erst einmal egal. Sein Leidensdruck ist groß, er fühlt sich leer und sieht keinen Ausweg aus der Krise. Nicht nur der Berufsalltag ist gestört, auch das Privatleben leidet.

Emotionale Erschöpfung gehört zum typischen Bild der Beschwerden, eine zunächst verbissene, dann verringerte Arbeitsleistung und schließlich eine Distanzierung zum Job bis hin zur inneren Leere oder Freudlosigkeit, so beschreiben es Psychiater und Psychologen, die sich mit dem Prozess beschäftigt haben. »Burnout kann zu völliger Arbeitsunfähigkeit bis hin zum Suizid führen«, konstatiert die gesetzliche Unfallversicherung VBG. Über 130 Symptome können zu den Beschwerden zählen.

Der Neurologe Frank Bergmann, Vorsitzender des Berufsverbandes Deutscher Nervenärzte, bringt das Dilemma auf den Punkt: »Die Palette der Störungen reicht von einer nicht krankheitswertigen Erschöpfung bis hin zu schwersten behandlungsbedürftigen depressiven Zuständen mit Suizidalität.«

Im medizinischen Abrechnungssystem ist Burnout keine eigenständige Diagnose. Ärzte und Psychologen können den Befund lediglich als Zusatzziffer vermerken, die nicht ohne eine Hauptdiagnose wie Depression, Angststörung, Rückenschmerzen oder Tinnitus auskommt.

Im Klartext heißt das: Wer aufgrund einer schweren berufsbedingten Belastung eine längere Krankschreibung, Medikamente, eine Psychotherapie oder gar eine stationäre Rehabilitation benötigt, muss auf dem Schein etwa gleichzeitig depressiv sein, tablettenabhängig oder psychosomatische Beschwerden haben.

Es gibt zwar eine Vielzahl von Untersuchungen, doch vielen mangelt es an methodischer Qualität, wie ein Bericht über die Diagnostik des Burnout-Syndroms des Deutschen Instituts für Medizinische Dokumentation und Information verdeutlicht. Darin wird empfohlen, »weitere, vor allem hochwertige Studien durchzuführen, um das Burnout-Phänomen näher zu ergründen«. Die wissenschaftliche Psychiatrie, so das »Ärzteblatt«, habe es jedenfalls »bisher weitgehend vermieden, sich mit dem Phänomen Burnout zu beschäftigen«.

So sind Ärzte und Patienten im Alltag vornehmlich auf sich selbst und ihre eigene Expertise gestellt. Häufig plagen Gestresste zunächst Rückenschmerzen, Schlafstörungen oder Klingeln im Ohr. Der erste Gang führt die Betroffenen daher meist zunächst zum Hausarzt, Orthopäden oder HNO-Arzt.

Hier treten mindestens zwei Probleme auf. Zum einen muss der Arzt Zeit für den Patienten haben und zuhören können, um zu verstehen, was hinter der quälenden Pein im Kreuz oder den durchwachten Nächten stecken könnte. Zum Zweiten gibt es, anders als bei der klar definierten Depression, für das Burnout-Syndrom keine Leitlinien für Diagnose und Behandlung.

So spulen viele Ärzte ihr Routineprogramm ab: Sie nehmen Blut ab, machen Röntgenaufnahmen, verschreiben Tabletten. Vieles davon ist zwar sinnvoll, denn hinter den Symptomen können organische Krankheiten stecken. Gleichzeitig ist dieses Vorgehen aber auch teuer, und nicht selten landen Ausgebrannte – wenn überhaupt – erst nach unzähligen Check-ups ohne pathologischen Befund beim Psychologen oder Psychiater.

Je stärker die Beschwerden werden, desto mehr Hilfe braucht der Betroffene. Eine Krankschreibung oder ein Kurzurlaub hilft einem chronisch Erschöpften nicht, wenn er

DAS ERSCHÖPFTE ICH

bereits in einer Depression steckt. Psychiater empfehlen dann Antidepressiva und Psychotherapie, die ist jedoch nicht immer gleich zu haben.

»Meine Patienten müssen manchmal sechs Monate auf einen Psychotherapieplatz warten«, klagt Hausarzt Hans Michael Mühlenfeld, der in seiner Bremer Praxis oft Burnout-Fälle weitervermitteln muss. »Das System ist total verstopft.« Gerade für dringend Bedürftige bleibe oft kein Platz. »Natürlich gibt es für Suizidgefährdete die Notfallambulanzen in psychiatrischen Kliniken«, sagt Mühlenfeld, »aber so akut gefährdet sind wiederum nur wenige Burnout-Patienten.«

Mitunter müssen Ärzte den Patienten auch erst überzeugen, dass die Arbeitssituation die Beschwerden ausgelöst hat. Denn dies bedeutet das schwierige Eingeständnis, dass man im Job überfordert ist.

»Man braucht viel Empathie für einen ausgebrannten Patienten«, sagt Mühlenfeld. »Manche lassen die Diagnose Burnout erst zu, wenn ich erzähle, dass es vielen anderen Menschen auch so geht.« Andere wiederum seien erleichtert, dass ihr Problem endlich einen Namen hat.

Andererseits scheint ein Burnout auch leichter akzeptiert zu werden als die Diagnose Depression. Dass sich Prominente wie der TV-Koch Tim Mälzer oder der Fußballer Sebastian Deisler öffentlich zu ihren Erschöpfungskrisen bekannten und das Thema ein Dauerbrenner in den Medien ist, hat die Akzeptanz psychischer Problemlagen deutlich verbessert. »Mit einem Burnout können sich viele Menschen besser identifizieren, weil er beinhaltet, dass man vorher engagiert und gut war, eben gebrannt hat«, erklärt der Psychiater Wolfgang Maier vom Universitätsklinikum Bonn. »Da die Ursache meist im Arbeitsleben liegt, kann die Verantwortung für die eigene Gesundheit auch auf den Arbeitgeber abgeschoben werden.«

Beim Streit um den Burnout geht es auch um Zuständigkeit – die Frage, inwieweit der Kampf gegen die Erschöpfung vom Gesundheitssystem getragen werden muss. So warnt die Deutsche Gesellschaft für Psychiatrie, Psychotherapie und Nervenheilkunde (DGPPN), das Problem Burnout dürfe nicht auf das Gesundheitssystem »abgewälzt« werden.

Bereits nach den derzeit gültigen Diagnosekriterien hat mehr als jeder Dritte in Europa einmal im Jahr eine klinisch bedeutsame psychische Störung, berechnete kürzlich ein Team um den Psychologen Hans-Ulrich Wittchen von der Technischen Universität Dresden – dazu wurden auch Schlafstörungen und Alkohol- oder Drogenabhängigkeit gerechnet. Käme Burnout als anerkannte Diagnose dazu, würde die Zahl weiter steigen – mit immensen Folgekosten.

Der Verbrauch von Antidepressiva ist schon jetzt kräftig gewachsen. In den vergangenen zehn Jahren habe sich die Verschreibung von Antidepressiva mehr als verdoppelt, in den letzten 15 Jahren sogar mehr als verdreifacht, so die Pharmakologen Martin Lohse und Bruno Müller-Oerlinghausen im »Arzneiverordnungsreport 2011«.

Die Frage, wer diese Medikamente von wem und mit welcher Indikation bekomme, müsse erst noch beantwortet werden. »Freilich dürfte die auf allen Ebenen der Beeinflussung arbeitende Werbestrategie der Hersteller auch eine bedeutsame Rolle spielen«, so die Autoren. Unklar ist der Anteil der Burnout-Patienten am Antidepressiva-Verbrauch, sicherlich tragen sie jedoch zu den steigenden Verordnungszahlen bei.

Umso dringlicher wird eine Klärung. Das sah offenbar auch das »Ärzteblatt« so, als es riet, das Problem »wegen seiner großen gesundheitspolitischen und sozioökonomischen Bedeutung« von der Psychiatrie als »wissenschaftliche, diagnostische und therapeutische Herausforderung« aufzugreifen.

Die DGPPN berief sogar eine Task-Force zur Bewertung des Burnout-Phänomens ein.

Die Arbeitsgruppe kam nun zu dem Ergebnis, dass Burnout mehr ist als eine Arbeitsüberlastung mit Stresssymptomen. Es handele sich vielmehr um einen Gefährdungszustand, so heißt es in dem gerade verabschiedeten Positionspapier, der sich »zu einer voll ausgebildeten Erkrankung wie einer Depression, einer Angststörung, einem Tinnitus oder einem chronischen Schmerzsyndrom entwickeln« kann.

Ausdrücklich warnen die Psychiater davor, das Problem »nicht ausreichend zu beachten oder gar zu negieren«. Tatsächlich hatten sich zuvor einige ihrer Berufskollegen zu Wort gemeldet, die den Burnout für ein Konstrukt des Zeitgeistes halten, das man getrost ignorieren könne.

Die Autoren des Papiers – Wolfgang Maier von der Universitätsklinik Bonn, der Freiburger Mathias Berger und Michael Linden von der Berliner Charité – sehen dennoch eine Gefahr: den unkritischen Gebrauch des Begriffs Burnout für »quasi sämtliche psychischen Störungen, die im Zusammenhang mit Arbeitsleistungen auftreten«.

Es gilt, die genaue Störung oder bereits eingetretene Erkrankung und die dafür spezifisch wirksame Therapie herauszufinden. Neben Risikotypen wie solchen, die mit überhöhten Erwartungen an ihren Beruf herangehen und vor allem darüber ihren Selbstwert definieren, die zu Perfektionismus und hohem Verantwortungsbewusstsein neigen, sich aber schlecht abgrenzen können und leicht kränkbar sind, beschreibt die DGPPN auch externe Faktoren, die eine Überforderung begünstigen, darunter: zu viel Kontrolle durch Vorgesetzte und zu wenig Eigenverantwortung, zu viel Kritik und Kränkungen, zu wenig Anerkennung, unklare Aufgabenzuteilungen, unbegrenzte Arbeitszeiten, ständige Erreichbarkeit, aber auch die heutige stark kontrollierte, qualitätsgesicherte, getaktete Arbeitsorganisation. »Diese Bedingungen erfordern den perfekten und stets leistungsstarken Mitarbeiter.«

Auch die Krankenkassen sehen die »zunehmenden beruflichen Belastungen in unserer Gesellschaft, sie sind ein ernstzunehmendes Problem, da langfristige Überforderung und chronischer Stress Auslöser psychischer und körperlicher Erkrankungen sein können«, sagt AOK-Sprecher Udo Barske. Auf diese Veränderungen der Arbeitswelt müssten Arbeitgeber, Krankenkassen, Rentenversicherer und Gesundheitspolitik »mit strukturellen und präventiven Interventionen reagieren«.

Einige Maßnahmen gibt es bereits, Aufklärungsbroschüren, Seminare für Führungskräfte sowie Fitness- und Ernährungskurse. Mitglieder lernen bei der AOK in Gruppen Stressmanagement und Entspannungsverfahren. In Workshops erfahren Barmer-GEK-Mitglieder, wie sie sich selbst und Mitarbeiter »gesund führen«. Die Techniker Krankenkasse schickt beispielsweise Berater in über 400 Unternehmen, die dabei helfen sollen, gesunde Arbeitsplätze zu gestalten. Arbeitsklima und Wertschätzung gehören zu den Themen, aber auch offene Kommunikation, Stressabbau und Verhaltenstraining. Die Kassen wünschen sich eine bessere Abgrenzung zwischen beruflicher Erschöpfung, Burnout und Depression. »Nur so können wir optimale Versorgungsangebote schaffen, die sich an den Bedürfnissen der Patienten orientieren«, so eine Sprecherin der Techniker Krankenkasse.

Psychologen wie Matthias Burisch, Begründer des Burnout-Instituts Norddeutschland, sehen vor allem zu Beginn des Erschöpfungsprozesses deutliche Unterschiede: »In Kliniken beobachtet man meist nur sehr weit fortgeschrittene Burnout-Fälle, und die sind unbestritten von schweren Depressionen nicht mehr zu differenzieren.« In früheren Stadien ließen sich dagegen Unterscheidungskriterien nennen. Ausbrenner kämpften im Gegensatz zu Depressiven etwa mit Problemen, die ganz praktisch lösbar seien.

Burisch selbst litt schon mehrmals unter Burnout. Beim ersten Mal, berichtet er, »hatte ich mir mit meiner Doktorarbeit ein bis heute ungelöstes mathematisches Problem zur Aufgabe gestellt«. In seinem kleinen Büro an der Hamburger Universität hockte er vor Zahlen, die keinen Sinn ergaben. Zu Hause sei er reizbar gewesen, schob die Probleme aber beiseite. Die Ehe scheiterte. »Für mich gab es nur einen Weg aus der Falle: eine neue Doktorarbeit mit einem anderen Thema.« Das half.

Aus seiner Beratungsarbeit kennt Burisch viele Menschen, die vor lauter Druck und Versagensangst naheliegende Lösungen nicht mehr sehen können. Deswegen sei aber längst nicht immer eine Psychotherapie notwendig. »Manch einem reichen schon ein Coaching und einfache Fragen wie ›Können Sie mit Ihren Fähigkeiten auch einen anderen Job oder sich selbständig machen?‹«, sagt der Psychologe. »Das Wissen um Alternativen schafft Freiheit und hilft manchen aus der Krise.«

Der Ausweg kann in jedem Fall anders aussehen. Der Prophet Elia flüchtete in die Wüste und fiel dort in einen tiefen Schlaf, nachdem er bis zur Erschöpfung für seinen Gott gekämpft und Wunder vollbracht hatte. Des Lebens überdrüssig, wollte er sterben. »Es ist genug, so nimm nun, Herr, meine Seele.« Doch ein Engel speiste ihn, er bekam einen Helfer und einen neuen Auftrag des Herrn, durch den er auch seine bisherige Einstellung korrigierte. So schöpfte er neue Kraft. Vor allem aber hatte er gefunden, was vielen Menschen fehlt: das eigene Maß.

Die Melancholie am Kühlregal

Wie unser Leben zur Arbeitsfläche wurde

Von Elke Schmitter

Wir haben kein Schicksal, wir haben Probleme. Das macht natürlich Stress.

Wenn Sie sehr unter Zeitdruck sind, brauchen Sie nicht mehr weiterzulesen, denn Sie können sich das Folgende auch so denken – am Flughafenterminal, in der U-Bahn, im Bus oder im Zug, wenn Sie dort ohne Begleitung sind und gerade mal nicht telefonieren, Mails oder Nachrichten versenden, chatten, twittern, Musik hören oder lesen. Oder auf einem Spaziergang.

Wenn Sie zu Spaziergängen schon lange keine Zeit mehr haben, würde der Weg zum Supermarkt reichen. Die langsame, körpergerechte Bewegung – Sie erinnern sich: linkes Bein, rechtes Bein, linkes Bein ... – bringt Ihnen automatisch die Ruhe, Ihre Gedanken schweifen zu lassen. Gehen Sie dabei folgendermaßen vor: Ersetzen Sie jedes Problem, das Sie haben, durch ein Wort mit Gefühl.

Ihr *significant other* geht fremd? Dann haben Sie erst einmal Kummer; darüber hinaus sind Sie vermutlich wütend, verzweifelt, enttäuscht. Ihr Selbstwertgefühl ist erschüttert, Sie werden misstrauisch, ängstlich oder rachsüchtig. Wenn die Sache vorbei ist, mit welchem Ausgang auch immer, sind Sie um eine Erfahrung reicher. Sie werden kein Problem gelöst haben, denn die Liebe ist keine Rechenaufgabe, bei der es die eine richtige Lösung gibt. (Das gilt auch für alle anderen Beteiligten an diesem Spiel, möglicherweise mit dem Surplus eines Gewissenskonflikts.)

Sie werden älter und wollen es nicht? Mit einem gewissen Aufwand von Zeit und Geld können Sie die Grenzen manipulieren (ein Fitnesscenter, Kosmetika, der Schönheitschirurg), aber am Ende werden Sie, wie alle, die letzten Strecken mit einem Rollator gehen. Das Erschrecken, dass Sie sich jünger fühlen, als Sie behandelt werden, bleibt Ihnen nicht erspart – so wie es keinem Kind erspart bleibt, darauf zu warten, dass es endlich laufen, skaten, Auto fahren kann.

Glücklicherweise gibt es für dieses Leiden üppigen Trost. Es wird Ihnen leichtfallen, Ihr persönliches Hilfsalphabet zu bilden, zum Beispiel: Alkohol, Badewanne, Chopin, Dick & Doof, Enkel, Fontane, Gartenarbeit, Haschisch, Indiana Jones ... Die Welt ist voller Schönheit und Sinn. Wenn das alles nicht hilft, lesen Sie die Tagebücher von Thomas Mann oder die der Brüder Goncourt. Die dort angestaute Summe aus Weltekel und Selbstmitleid übertrifft Ihr Leiden mit Sicherheit, und Sie werden sich glücklich schätzen.

Ihr Kind lässt sich nicht regieren, ein vertrauter Mensch ist gestorben, ein anderer ist krank, Ihre Kollegen mögen Sie nicht, Sie mögen Ihre Kollegen nicht? Ihre Schulden machen Ihnen Angst, Sie fühlen sich zu dick, Ihre Arbeit ödet Sie an? Verfahren Sie bei allem, was Ihnen einfällt, auf die beschriebene Weise: Ersetzen Sie das »Problem« durch ein Gefühl – und dann laufen Sie nicht davon. Legen Sie sich auf Ihr Sofa oder ins Bett und fühlen Sie Ihre Angst, Verzweiflung, Unruhe, Kummer und Zorn, Hilflosigkeit und Frustration. Vielleicht schlafen Sie darüber ein. Das ist nicht die schlechteste Lösung.

Wenn Sie wieder aufgewacht sind, benutzen Sie Ihr Gehirn und ersetzen jedes negative Gefühl gedanklich durch das Bedürfnis, das es verstellt. (Wenn Sie sich verlassen fühlen, zum

Beispiel, ist Ihr Bedürfnis nach Nähe die Antwort.) Anders als die Spielzeugindustrie es möchte, ist die Liste der elementaren Bedürfnisse nicht unendlich, sondern von großer Übersichtlichkeit. Allerdings gehören Phänomene dazu, die im täglichen Leben leicht untergehen – zum Beispiel Schönheit, Inspiration, Geborgenheit und das Bewusstsein, etwas Wertvolles zu tun.

Wenn Sie diesen Schritt gedanklich vollzogen haben, bekommen Sie es möglicherweise mit einem Rest (= dem Rest-Problem) zu tun, der sich operativ beschreiben und also verändern lässt. Man kann sich entschuldigen, einen Brief schreiben, den Keller aufräumen, etwas verschenken oder zu einer Erziehungsberatung gehen. In jedem Fall sind Sie nach dieser Übung nicht mehr im Stress. Sie haben eine Erfahrung gemacht, die zu üben das Leben erleichtert. Als Gebet gefasst, gehört sie zu den modernen Klassikern; sie funktioniert aber auch ohne die Anrede des Göttlichen: Herr, gib mir die Gelassenheit zu ertragen, was ich nicht ändern kann; den Mut zu verändern, was ich verändern kann; und die Weisheit, das eine vom anderen zu unterscheiden.

Was bleibt dann noch an Belastung?

Es gibt ein diffuses Hintergrundrauschen der Allzuständigkeit. Auf der trivialen Ebene: die permanente Reizüberlastung. Die lässt sich nicht völlig beheben, aber regulieren. Wir alle wissen das, aber die Entscheidung, beim Abendessen das Mobiltelefon und den Fernseher auszuschalten, müssen wir trotzdem selbst treffen. Man kann sein Gehirn wie eine Bahnhofshalle öffnen, aber man muss es nicht.

Nicht trivial ist eine soziale Allzuständigkeit des Ich, die zu Rastlosigkeit oder Apathie führt, wenn man sie nicht reguliert. Ich wähle ein einfaches Beispiel: Der typische Arbeitnehmer der sechziger Jahre war Mitglied einer Familie, dauerhaft angestellt bei einer Firma, gewerkschaftlich (oder vergleichbar) organisiert und möglicherweise Kirchenmitglied. Er/sie spielte einmal die Woche Skat oder sang im Chor, und ein Umzug war eine Seltenheit.

Dieser Mensch war, ohne sie selbst geschaffen zu haben, Teilnehmer stabiler sozialer Verbände. Familie, Nachbarschaft, der Verein, die Kirchengemeinde und der Arbeitsplatz wurden vielleicht nicht als euphorisierend erlebt, aber sie waren da: als konstante Spiegelung der Person, als Bestätigung ihrer Eigenschaften und ihrer Bedeutsamkeit. Die Erfahrung, Teil einer beständigen Gruppe zu sein, ist immer auch eine Entlastung vom Ich, das seine inneren Zustände, seine Wünsche und Enttäuschungen mit dem abgleichen muss, was in der Gruppe möglich ist. Und wie immer die Situation bewertet wird – das missglückte Weihnachtsfest, der mühsame Arbeitsalltag, die öde Gemeindesitzung –, die Verantwortung dafür trägt nicht der Frustrierte allein.

Wir sollen uns indes daran gewöhnen, für alles zuständig zu sein. Die Rentensicherheit ist dahin und mit ihr das meiste von dem, was für die Nachkriegsgeneration noch Selbstverständlichkeit war. Man war schwarzhaarig oder blond, man war glücklich verheiratet oder eben weniger, man hatte einen Charakter, der eher Schicksal als Arbeitsfläche war. Die Pensionskassen waren voll, drei Fernsehsender waren o. k. und Joghurt mit Vanillegeschmack eine Innovation. Das Telefon stand im Flur und klingelte am Abend höchstens viermal (niemals während der »Tagesschau«!), und in den Ferien fuhr die Familie in den Schwarzwald oder an die Adria. Verglichen mit dem Meer an Möglichkeiten, in dem wir heute den Kopf über Wasser zu halten versuchen, verglichen mit dem Ausmaß an Verantwortlichkeit, das wir für unsere Lebensläufe und unser Glück übernehmen, war das Leben noch vor 30 Jahren ein Dasein steinzeitlicher Unterkomplexität.

1978 schrieb Susan Sontag einen Essay namens »Krankheit als Metapher«, in dem sie mit Furor gegen den Zeitgeist argumentierte, der den Krebs (an dem sie selbst litt) bestimmten Persönlichkeitsmerkmalen zuordnete. Man war demnach nicht nur krank, sondern auch noch selbst schuld. Die Logik, die diesem Denken zugrunde liegt, hat sich inzwischen epidemisch durchgesetzt: Es gibt kaum noch einen Bereich, an den die Atheisten unter uns ein wenig Verantwortung abwälzen können. Wer mit seinem Aussehen nicht zufrieden ist, kann es technisch verbessern. Wer in seiner Ehe unglücklich ist, möge einen Therapeuten aufsuchen oder sich einen neuen Partner suchen. Wer sich beruflich nicht weiterentwickelt, braucht einen Coach. Wer sich nicht um sein Vermögen kümmert, wird im Alter verarmen. Beruf, Konsum, Besitzstand, Lebensglück und Psyche fordern zur permanenten Optimierung auf.

Gut erforscht ist die Entscheidungsmelancholie, die den Käufer vor dem Supermarktregal angesichts von 33 Sorten Tiefkühlpizza befällt: Egal, welche er nimmt, er wird das Gefühl nicht los, es hätte eine bessere Wahl geben können. Und so verhält es sich mit der Wahl des Fernsehprogramms (oder wäre ein DVD-Abend schöner?), des Telefontarifs, des Urlaubsorts, des Autos, der Schlafcouch und schließlich dessen, der darauf nächtigt – alles könnte auch anders sein, weil es sichtbar, bezahlbar und zumindest theoretisch erreichbar ist. Und ist es nicht optimal (was im Leben die Regel ist), dann empfindet der moderne Mensch zusätzlich zur Unzufriedenheit noch das Gefühl von Versagen oder Unzulänglichkeit.

Ja, das ist Stress. Und der geht auch nicht mehr weg.

Wir kriegen die alte Welt nicht zurück. Selbst wenn die demoralisierte Sozialdemokratie sich zu einem Comeback ermächtigt und einige Deregulierungen im Kapitalmarkt und im Arbeitsrecht rückgängig macht, selbst wenn es den europäischen Gesellschaften gelingt, einige Zonen zu etablieren, in denen ihre Bürger nicht von Werbung und Wettbewerb behelligt werden (das scheinen gegenwärtig nur die Hospize zu sein), ist das Biedermeier des Nervensystems unwiderruflich dahin. Die Globalisierung schreitet voran, die Naturwissenschaften werden die technischen Möglichkeiten weiter differenzieren, und die Konsumindustrie wird uns mit immer neuen Beglückungen drangsalieren.

Am schwersten wiegt wohl die Aufgabe, glücklich zu sein. Als Garant dafür gelten gelingende Beziehungen, allen voran: die Liebe. Sie hat sich in der allgemeinen Vorstellung von einer Himmelsmacht zu einer irdischen Erfahrung gemausert, auf die es ein allgemeines Anrecht gibt. Und zwar nicht als Ausnahmezustand, sondern als eine dauerhafte Erscheinung. Und nicht als die exklusive Begegnung zweier sich eigentlich fremder Wesen, sondern als umfassendes Programm: Männer und Frauen, so sie sich lieben, sollten idealerweise lebenslang zusammen sein, Kinder erfolgreich großziehen, zu einer sozialen Einheit verschmelzen. In dieser Einheit sollen die gegensätzlichen Bedürfnisse nach Autonomie und Intimität, nach erotischer Spannung und verlässlicher Freundschaft, nach Initiative und Ruhe, nach Überraschung und Vertrautheit zu ihrem Recht kommen. Damit nicht genug, sollen die äußeren Faktoren – Milieuunterschiede der Herkunftsfamilien, unterschiedliche Besitzstände und berufliche Ambitionen – friedlich zu einem Ganzen verschmelzen.

Die Statistik spricht gegen den Ehrgeiz. Die Geschichte übrigens auch: Wo Familienverbände stabil sind und waren, blieb im Allgemeinen die Liebeserwartung auf einem bescheidenen Niveau. Sie ging gewissermaßen zu Fuß: Man hielt seinen Kram einigermaßen zusammen, verbrachte nicht allzu viel Zeit miteinander, und wenn kein größeres Unglück geschah, war schon alles in Ordnung. Männer wurden von Männern gestützt und gespiegelt (bei der Arbeit, beim Stammtisch, beim Sport), und Frauen suchten und fanden Verständnis, Ermutigung und Orientierung bei ihresgleichen.

Davon kann heute nicht mehr die Rede sein. Die Kompetenzen der Geschlechter nähern sich immer weiter an; von Frauen wird Autonomie gefordert – psychisch und ökonomisch –, von Männern der Nachweis weiblicher Qualitäten: Sie sollen zuhören können und emotional kompetent sein. Eine permanent wachsende Branche von Therapeuten, Coaches und Ratgebern (inklusive Reality-Shows, Selbsthilfebüchern, Institutionen) »hilft« und bestätigt so den Bedarf: Das Glück in Beziehungen ist zu einer Arbeitsaufgabe geworden, und so läuft man sich im Hamsterrad der Erwartungen die Pfoten wund.

Insofern ist Stress die passende Krankheit unserer Zeit – quälend, diffus, in seinen Erscheinungen wechselhaft.

Die Einzelnen müssen trainieren, Probleme von Schicksal zu trennen. Die für sie richtige Diät bei Nachrichten, medialer Kommunikation, Konsum zu finden. Möglichkeitsverwaltung als innere Kompetenz zu etablieren. Mehrfach am Tag etwas zu tun, das sich der Beschleunigung, der Optimierung und der Steigerung entzieht: Musik machen, spazieren gehen, schlummern, sich langweilen, mit den Kindern spielen, Adalbert Stifter lesen. Sich so an die Hand zu nehmen, wie man es mit kleinen Menschen und Gebrechlichen macht: freundlich, behutsam, mit Nachsicht.

Und es werden, wenn es gutgeht, neue Formen von verbindlicher Geselligkeit entstehen, und einige alte wieder gestärkt. Neben der Globalisierung schreitet auch eine Re-Regionalisierung wieder voran, denn es wächst das Bewusstsein dafür, dass der politisch handelnde Mensch zunächst ein engagierter Nachbar ist. Ob es die Bürgerinitiative ist, die Wohngenossenschaft, das Gartenkollektiv, das Streichquartett oder die selbstverwaltete Schule: Jede soziale Erfahrung, in welcher der Einzelne nicht Konsument, Konkurrent oder Gegner ist, entlastet das Ich von seiner inneren Konferenz. Es ist seinen Stimmungen nicht mehr gänzlich ausgeliefert, denn es bewegt sich wie ein Fisch im Wasser seiner frühesten Erfahrung: dass wir alle soziale Wesen sind, so bedürftig wie kompetent. Beides ist jenseits von Stress.

Gestörtes Netzwerk im Gehirn

Ständiger Stress beeinträchtigt die Funktion der Nervenzellen und kann eine Depression bewirken. Mit richtiger Diagnose und Therapie lässt sich die Erkrankung besiegen.

Von Jörg Blech

Der Immobilienmakler Javier Sayes Gomez, 37, sah im Fernsehen einen Bericht über Patienten mit Burnout und dachte: Mensch, das bin ja ich! Diese stetig wachsende Anforderung im Job, die irgendwann in tiefer Erschöpfung mündet; dieses Gefühl, von Termin zu Termin hetzen zu müssen; diese Antriebslosigkeit, die den Einkauf im Supermarkt zum Kraftakt macht.

»Ich wollte immer der Beste sein«, sagt Sayes Gomez, und der rechte Fuß wippt dabei im Takt seiner Worte. Der Sohn spanischer Gastarbeiter holte das Abitur auf dem zweiten Bildungsweg nach und studierte Wirtschaftsingenieurwesen in Köln. Nach dem Bachelor ging er für ein Jahr ins Callcenter von Lego in London, wurde Verkäufer von Filteranlagen im Rheinland, wechselte in die Immobilienbranche nach Berlin und nahm parallel dazu noch ein Zweitstudium auf.

»Immer Vollgas«, sagt Sayes Gomez – und kommt auf die andere Seite zu sprechen: die innere Unruhe, das Gefühl, nicht glücklich zu sein. Fünf Jahre lang sei das so gegangen, bis er den Burnout-Bericht im Fernsehen sah. Nach der Sendung begab sich Sayes Gomez zur Behandlung in die Berliner Charité und erfuhr nach einer eingehenden Untersuchung durch den Psychiater Mazda Adli, dass er sich seine Beschwerden mitnichten eingebildet hatte. Er hatte eine handfeste Depression. Der Geschichte des Maklers lassen sich Tausende zur Seite stellen. Menschen gehen mit Verdacht auf Burnout zum Arzt – und der diagnostiziert eine pathologische Schwermut.

Dass Patienten mit Depression über den Umweg Burnout zum Arzt finden, begrüßen Experten wie Adli oder Mathias Berger, Ärztlicher Direktor der Abteilung für Psychiatrie und Psychotherapie des Universitätsklinikums Freiburg. »Der Begriff öffnet Schleusen, über psychische Erkrankungen zu reden, ohne sich zu schämen«, sagt Berger. »Das ist schon einmal ein unglaublicher Fortschritt.« Ähnlich sieht es der Psychiater und Autor Asmus Finzen. »Wenn dadurch das Stigma weggeht, ist das gut. Ich bin überzeugt davon, dass das Etikett Burnout vielen Menschen mit Depressionen erstmals erlaubt, Hilfe zu suchen.«

Es ist ein neuer Umgang mit seelischen Erkrankungen, und er schlägt sich bereits in den Statistiken nieder. Psychische Störungen sind seit einigen Jahren der häufigste Grund für Behandlungen im Krankenhaus – vor Herzinfarkt, Schlaganfall und Rückenschmerz.

Vermutlich haben auch die wachsenden Anforderungen im Job ihren Anteil an dem Anstieg. Eine Langzeitstudie der Bundesanstalt für Arbeitsschutz und Arbeitsmedizin deutet darauf hin, dass E-Mail und BlackBerry, die ständige Erreichbarkeit sowie die seit Jahren steigende Arbeitsverdichtung den Menschen aufs Gemüt geschlagen haben. Knapp die Hälfte der Befragten gab etwa an, beim Arbeiten ständig gestört und unterbrochen zu werden. Auch das Multitasking raube ihnen den Nerv.

In seinem Freiburger Büro hat Berger das Bild eines Eisbergs gezeichnet. An dessen Spitze hat er geschrieben »diagnostizierte Patienten«, an den Klumpen unter der Wasseroberfläche: »unerkannte Patienten mit depressiven Störungen«. Gegenwärtig sinke das Wasser, so Berger: »Dadurch kommt mehr zum Vorschein, und das ist auch gut so.«

Trotzdem verfolgt Berger mit Sorge, welches Eigenleben der Begriff Burnout in den vergangenen Jahren entwickelt hat. Um das B-Wort herum ist eine eigene Seelenindustrie entstanden. Nicht nur Ärzte und Psychologen, sondern auch Heilpraktiker, Wellness-Hoteliers und Urschrei-Therapeuten spezialisieren sich auf die neue Klientel.

Doch wie verbreitet ist das vermeintlich neue Leiden, das im medizinischen Sinne gar keine eigenständige Krankheit ist? Weil es so viele Anfragen von Journalisten zu Burnout gab, sind Mitarbeiter des Wissenschaftlichen Instituts der AOK (Wido) auf die Idee gekommen, dem Phänomen nachzuspüren. Burnout ist keine medizinische Diagnose, dennoch können Ärzte als zusätzliche Information auf einer Krankschreibung das Kürzel »Z73« vermerken. Dahinter verbergen sich »Probleme bei der Lebensbewältigung« wie »Einschränkung von Aktivitäten durch Behinderung«, »sozialer Rollenkonflikt«, »unzulängliche soziale Fähigkeiten« – oder, als einer von neun Punkten, eben auch »Ausgebranntsein (Burnout)«.

Die Wido-Mitarbeiter haben nun auf zehn Millionen Krankmeldungen nach dem Kürzel Z73 gesucht. Es tauchte zuletzt zwar etwas öfter auf. Die absolute Verbreitung allerdings ist sehr gering. Noch immer findet sich der Vermerk Z73 auf nicht einmal 0,4 Prozent aller Krankschreibungen. In ihrer Pressemitteilung jedoch bauschten die Wido-Leute ihren Befund auf, als ginge es um ein neues Volksleiden: »Burnout auf dem Vormarsch«. Irreführende Meldungen wie diese sind es, an denen sich Experten wie Isabella Heuser, 58, Direktorin der Klinik für Psychiatrie und Psychotherapie der Charité Berlin, stoßen. Burnout sei ein medizinisch wertloser Begriff, denn

Unter Strom
Wie eine anhaltend hohe Ausschüttung
von Stresshormonen den Körper schädigt

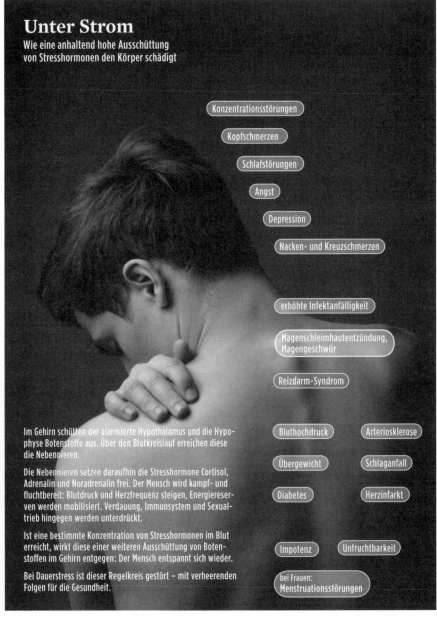

- Konzentrationsstörungen
- Kopfschmerzen
- Schlafstörungen
- Angst
- Depression
- Nacken- und Kreuzschmerzen
- erhöhte Infektanfälligkeit
- Magenschleimhautentzündung, Magengeschwür
- Reizdarm-Syndrom
- Bluthochdruck
- Arteriosklerose
- Übergewicht
- Schlaganfall
- Diabetes
- Herzinfarkt
- Impotenz
- Unfruchtbarkeit
- bei Frauen: Menstruationsstörungen

Im Gehirn schütten der alarmierte Hypothalamus und die Hypophyse Botenstoffe aus. Über den Blutkreislauf erreichen diese die Nebennieren.

Die Nebennieren setzen daraufhin die Stresshormone Cortisol, Adrenalin und Noradrenalin frei. Der Mensch wird kampf- und fluchtbereit: Blutdruck und Herzfrequenz steigen, Energiereserven werden mobilisiert. Verdauung, Immunsystem und Sexualtrieb hingegen werden unterdrückt.

Ist eine bestimmte Konzentration von Stresshormonen im Blut erreicht, wirkt diese einer weiteren Ausschüttung von Botenstoffen im Gehirn entgegen: Der Mensch entspannt sich wieder.

Bei Dauerstress ist dieser Regelkreis gestört – mit verheerenden Folgen für die Gesundheit.

Juliane Werner

ein behandlungswürdiger Burnout und eine Depression seien ein und dasselbe. Gerade das Gefühl tiefer Erschöpftheit, wie es jetzt als typisch für die Modekrankheit gehandelt wird, habe schon immer zu den Krankheitszeichen einer Depression gehört.

Neue Befunde der Neurobiologie bestätigen dieses Bild. Ständiger Stress stumpft das Gehirn ab und kann depressiv machen. Ob der Stress vom Arbeitsplatz oder der Familie, von Überlastung oder Unterforderung herrührt, ist unerheblich. In der Debatte werden die Erkrankung und das Überforderungsphänomen munter vermischt. »Das ist gefährlich, weil dadurch alle pathologisiert werden«, warnt der Freiburger Psychiater Berger.

Die Sorge der Experten ist verständlich. Wird die Grenze zwischen normal und psychisch krank nicht klar gezogen, können die Folgen fatal sein: Auf der einen Seite stehen dann seelisch Kranke, die fehldiagnostiziert und folglich falsch oder gar nicht behandelt werden. Das andere Extrem sind Menschen mit harmlosen Befindlichkeiten, die überflüssige oder gar schädliche Therapien erhalten.

Ulrich Hegerl, 58, Direktor der Klinik für Psychiatrie und Psychotherapie der Universität Leipzig, befürchtet, dass beides längst passiert. »Selbsternannte ›Burnout-Kliniken‹ springen auf den Zug auf und hoffen auf eine Klientel von Managern mit Privatversicherung«, sagt er. Womöglich bekämen Patienten den Rat, sich mal freizunehmen, länger zu schlafen, Urlaub zu machen – alles Tipps, die ihre seelischen Probleme verschärfen können. Hegerl: »Menschen mit depressiven Erkrankungen reagieren auf längeren Schlaf oft mit einer Zunahme der Erschöpftheit, und ihre Stimmung verschlechtert sich.«

Zum anderen bedürfe nicht jeder, der sich ausgebrannt fühle, einer Therapie: »Stress und gelegentliche Überforderung

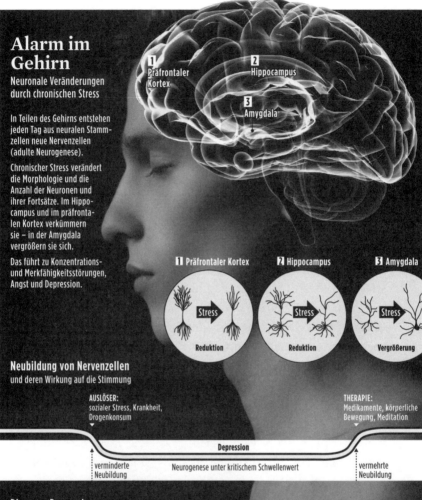

Alarm im Gehirn
Neuronale Veränderungen durch chronischen Stress

In Teilen des Gehirns entstehen jeden Tag aus neuralen Stammzellen neue Nervenzellen (adulte Neurogenese).

Chronischer Stress verändert die Morphologie und die Anzahl der Neuronen und ihrer Fortsätze. Im Hippocampus und im präfrontalen Kortex verkümmern sie – in der Amygdala vergrößern sie sich.

Das führt zu Konzentrations- und Merkfähigkeitsstörungen, Angst und Depression.

1 Präfrontaler Kortex
2 Hippocampus
3 Amygdala

Stress → Reduktion
Stress → Reduktion
Stress → Vergrößerung

Neubildung von Nervenzellen
und deren Wirkung auf die Stimmung

AUSLÖSER: sozialer Stress, Krankheit, Drogenkonsum

THERAPIE: Medikamente, körperliche Bewegung, Meditation

Depression

verminderte Neubildung — Neurogenese unter kritischem Schwellenwert — vermehrte Neubildung

Diagnose Depression nach der internationalen statistischen Klassifikation der Krankheiten der WHO (ICD-10)

Der Patient leidet seit mindestens zwei Wochen unter mindestens zwei der folgenden Hauptsymptome:

- depressive Stimmung
- erhöhte Ermüdbarkeit
- Verlust von Interesse oder Freude

Außerdem treten mindestens zwei der folgenden Symptome auf:

- verminderte Konzentration und Aufmerksamkeit
- vermindertes Selbstwertgefühl und Selbstvertrauen
- verminderter Appetit
- Schlafstörungen
- Schuldgefühle und Gefühle von Wertlosigkeit
- Suizidgedanken oder -handlungen, Selbstverletzungen
- Zukunftsängste

Juliane Werner

sind Teil des Lebens und müssen nicht medizinisch behandelt werden«, sagt Hegerl. Doch gerade auf die harmlosen Fälle stürzen sich Therapeuten gern – während die wahrhaft Bedürftigen oft keinen Therapieplatz bekommen.

Während der Begriff Burnout in anderen Kulturen oft gar nicht existiert, ist im deutschsprachigen Raum die Auffassung entstanden, er sei eine Krankheit der Leistungsträger. Der Münchner Psychiater Werner Kissling hat Hunderte Manager und Führungskräfte gesprochen, die sich erschöpft fühlen. »Dass er Depressionen habe, sagt keiner von ihnen«, so Kissling. »Aber Burnout haben sie gern. Das tragen viele von ihnen wie ein stolzes Abzeichen vor sich her.«

Auch um die Depression von ihrem Stigma zu befreien, möchten viele Ärzte den Burnout nun aus dem Vokabular streichen. Der Leipziger Psychiater Hegerl etwa plädiert dafür, »eine Depression auch Depression zu nennen«. Seine Berliner Kollegin Heuser sagt: »Ich würde mich freuen, wenn prominente Menschen, anstatt im Fernsehen über Burnout-Erfahrungen zu erzählen, sich zu ihrer Depression bekennen. Das könnte helfen, das falsche Bild dieser Erkrankung aus der Welt zu schaffen.«

Bei der Abgrenzung depressiver Erkrankungen von Befindlichkeitsstörungen ist es hilfreich, dass Neurowissenschaftler inzwischen recht gut verstehen, was im Gehirn der Erkrankten geschieht. Immer klarer wird: Für das reibungslose Funktionieren des komplexen Netzwerks unter der Schädeldecke ist es entscheidend, dass die Nervenzellen formbar oder plastisch sind.

Doch ständiger Stress stört dieses Gefüge. Er erhöht den Spiegel von Stresshormonen und verändert die Aktivität bestimmter Gene im Gehirn. Als Folge davon verkümmern Zellen, oder es werden keine neuen gebildet. Dadurch sinkt der Stoffwechsel in bestimmen Arealen; das Gehirn stumpft ab.

Dieser Vorgang sei eine natürliche Reaktion, vermutet der Psychiater Christoph Nissen vom Universitätsklinikum Freiburg. »Die veränderte Plastizität führt dazu, dass die Nervenzellen nicht mehr richtig miteinander sprechen können«, sagt er. Das Gedächtnis lässt nach, die Neugier erlischt – der Mensch gleitet ab in die Schwermut.

Im Kernspin können Forscher diese Veränderungen zeigen: Zum einen ist der fürs planende Denken zuständige präfrontale Kortex bei Menschen mit Depression geschrumpft. Die Nervenzellen sind verkleinert, viele Gliazellen, die das wichtige Stützgewebe bilden, fehlen. Zum anderen ist der Hippocampus, der fürs Lernen von Bedeutung ist, bei Menschen mit Depression kleiner als bei Gesunden. Im Normalfall entstehen in diesem Areal jeden Tag Tausende frischer Nervenzellen; der Mensch braucht sie, um neue Eindrücke ins Gedächtnis ablegen zu können. Bei Depressiven bringen die Stresshormone die Vermehrung der Nervenzellen zum Erliegen.

All das spiegelt sich im Verhalten der Patienten wider: Am Ende einer Buchseite haben sie oftmals bereits vergessen, was sie gelesen haben. Sayes Gomez etwa sagt: »Ich habe eigentlich ein fotografisches Gedächtnis. Aber an meinen schlechten Tagen war es wie weggeblasen.«

Oft sind Menschen, die gerade eine depressive Phase durchmachen, ängstlicher. Das haben Nissen und sein Kollege Claus Normann in einer Studie untersucht. Für ihre Experimente führten sie 23 Menschen mit schwerer Depression und 35 gesunde Vergleichspersonen in einen Kellerraum ihres Instituts. Dort stand ein Bildschirm, auf dem die Probanden Bilder betrachten sollten. Bei bestimmten Motiven bekamen sie einen unangenehmen Stromschlag versetzt. Sie schraken zusammen und schwitzten stärker, was die Forscher mit Elektroden maßen. Anschließend bekamen die Testpersonen die

Motive erneut zu sehen, allerdings ohne Stromschlag. Dennoch brachen die depressiven Patienten verstärkt in Schweiß aus – sie waren stärker auf die Furcht konditioniert.

Und doch haben die Neurowissenschaftler auch erbauliche Nachrichten: Die Spuren im Gehirn sind nicht unveränderlich. Ein wunderbares Beispiel, wie sich der Niedergang der Plastizität umkehren lässt, gibt der Feldhamster ab. Während des Winterschlafs schaltet er sein Gehirn auf Ruhestellung. Die Nervenzellen bilden ihre Fortsätze zurück, die Hirnleistung sackt ab. Diese Art der Winterdepression ermöglicht es dem Hamster, Energie zu sparen. Doch wenn der Hamster im Frühjahr das Nest verlässt, fährt er das Gehirn binnen weniger Stunden wieder hoch. Die Nerven wachsen wie Triebe im Frühjahr.

Wie aber lässt sich ein Mensch aus seinem seelischen Winterschlaf aufwecken? Antidepressiva scheinen die Plastizität zu stärken und sogar das Wachstum neuer Nervenzellen anzukurbeln. Ihre Wirkung setzt nämlich meistens erst nach drei bis sechs Wochen ein – genauso lange dauert es, bis im Hippocampus frische Nervenzellen heranwachsen.

Allerdings braucht es nicht immer pharmakologische Hilfe, um die Produktion neuer Nervenzellen, die Neurogenese, auf Touren zu bringen – dazu genügt schon körperliche Bewegung. Regelmäßige Ertüchtigung – mindestens dreimal wöchentlich je eine halbe Stunde – wirkt genauso gut gegen mittelschwere Depressionen wie gängige Medikamente.

Aber nicht nur Chemie und Bewegung, sondern auch Psychotherapien hinterlassen Spuren in den grauen Zellen. Menschen mit Depressionen können sich, unter Anleitung eines guten Therapeuten, die Formbarkeit des Hirns zunutze machen. Indem sie Gedankengänge gezielt einüben, regen sie bestimmte Hirnregionen an und normalisieren so das gestörte Netzwerk.

Dieses Schauspiel wollen deutsche Forscher jetzt im Kernspintomografen sichtbar machen. Am Universitätsklinikum Freiburg haben sie 60 Teilnehmer für eine Studie ausgewählt. Es handelt sich um Menschen mit schweren Depressionen. Diesen Menschen zu helfen, hat sich die Psychologin Elisabeth Schramm zum Ziel gesetzt. Vielleicht, so Schramm, könnten sie ja doch lernen, »die Hilflosigkeit zu besiegen«.

Um die Wirkung der Behandlung genau zu erfassen, teilten die Forscher die Patienten in zwei Gruppen: Die eine Hälfte bekam ein Antidepressivum, die andere erhielt eine neue Form der Psychotherapie. Ziel ist es dabei, den Patienten die Konsequenzen ihres Verhaltens klarzumachen. Auch sollen sie lernen, sich besser in andere Menschen hineinzuversetzen.

Die Ergebnisse der Studie sind zwar noch nicht veröffentlicht; aber das, was Schramm verraten darf, klingt ermutigend. Viele Patienten sprächen auf die Therapie an – und die Gehirnscans bestätigten es. Schramm: »Wir sehen spezifische Veränderungen im Gehirn.«

Studien wie diese tragen dazu bei, dass Ärzte und Psychologen sich einander annähern. Bisher standen sich Gesprächstherapeuten einerseits und pharmakologisch ausgerichtete Nervenärzte andererseits oftmals unversöhnlich gegenüber. Doch die Grabenkämpfe sind gar nicht nötig: Pillen und Gespräche zielen auf das gleiche Netzwerk im Gehirn – und am besten wirken sie zusammen.

Javier Sayes Gomez, der Fernsehzuschauer, der nach einem Burnout-Bericht zum Arzt ging, hat es erfahren. Gegen seine Depression bekam er Medikamente, Psychotherapie, und er begann Halbmarathon zu laufen. Heute verkauft Sayes Gomez wieder Immobilien. Und als Nächstes will er sein Zweitstudium abschließen.

TEIL II
WIE DER STRESS ENTSTEHT

Vernetzt in den Wahnsinn

Die Arbeitswelt erwartet heute große Flexibilität und permanenten Einsatz. Grenzen werden überschritten – geografische, zeitliche und menschliche.

Von Markus Dettmer und Janko Tietz

Heinz-Joachim Thust ist lange genug bei Volkswagen, um über die Befindlichkeiten seiner Kollegen Bescheid zu wissen. 1976 kam er zum heute größten Autobauer Europas, dort arbeitete er lange im Qualitätsmanagement. Seit 20 Jahren ist er Betriebsrat. Der gelernte Schlosser hat miterlebt, wie sich die Arbeitswelt im Laufe der Jahre veränderte. Wie der Leistungsdruck stieg. Wie ein ständiges Mehr an Qualifikation und Einsatz abverlangt wurde, wie eine Aufgabe zum Multitasking und eine Besprechung zur globalen Schaltkonferenz über mehrere Zeitzonen mutierten. Wie sich Arbeitszeiten trotz tarifvertraglicher Reglementierung immer weiter ausdehnten und auch ins Private hineinreichten. Schließlich: wie die schleichenden Veränderungen die VW-Mitarbeiter immer häufiger gesundheitlich belasteten.

»Arbeitszeit muss Arbeitszeit bleiben und Freizeit freie Zeit«, sagt Thust, der dem Betriebsausschuss des Arbeitnehmergremiums angehört. Und so setzte er mit seinen Betriebsratskollegen vor ein paar Wochen etwas durch, das Arbeitnehmer wie Arbeitgeber, aber auch Arbeitsmediziner und Ökonomen aufhorchen ließ.

Die vielbeachtete Neuigkeit ist eine Betriebsvereinbarung, die erstmals die Nutzung der Firmen-BlackBerrys für E-Mails begrenzt. Das heißt: Nach Feierabend dürfen keine Mails mehr an die Beschäftigten verschickt werden. Die VW-Leute sollen nach getaner Arbeit ihre Ruhezeit als solche auch genießen können.

Zwar hatte schon die Deutsche Telekom seit Mitte 2010 in einer Selbstverpflichtung ein Smartphone-Verbot am Wochenende erlassen. Doch bei VW wurde nun erstmals eine Regelung unter den Tarifparteien getroffen. Es ist ein Anfang; in den sechs Werken der Volkswagen AG nutzen derzeit 1154 von insgesamt 90 000 Beschäftigten unter Tarifvertrag ein dienstliches Smartphone.

Eine halbe Stunde nach Ende der Gleitzeit wird nun bei VW also der Server für die BlackBerrys heruntergefahren, das bedeutet, diese Smartphones können zwischen 18.15 Uhr und 7 Uhr morgens keine E-Mails empfangen. So werde sichergestellt, dass die Tarifbeschäftigten nicht rund um die Uhr zur Verfügung und in Bereitschaft stehen, sagt Thust. »Man schaut einfach immer wieder drauf und kann gar nicht mehr abschalten. Manche Chefs erwarten das auch«, sagt er. Zum Telefonieren kann man das Handy dagegen weiter benutzen.

Der Vorstoß soll einen Kontrapunkt setzen in einer Entwicklung, die viele Beschäftigte in Deutschland zunehmend überfordert, nicht wenige von ihnen auch psychisch krank macht. Leistungsdruck, Konkurrenz und Tempo sind die beherrschenden Parameter des Berufslebens in der globalisierten Welt. Die Auswirkungen auf die Gesundheit sind weltweit zu besichtigen. Die Organisation für wirtschaftliche Zusammenarbeit und Entwicklung (OECD) erklärt den beruflichen Stress zu »einer neuen Spitzenherausforderung am Arbeitsmarkt«. Einer aktuellen OECD-Studie zufolge wird ein Drittel bis zur Hälfte aller Frührenten wegen psychischer Erkrankungen beantragt. Wachsende Jobunsicherheit und Druck am Arbeitsplatz könnten dazu beitragen, so die OECD, »dass sich diese Entwicklung in den kommenden Jahren noch verschärft«. Die Weltgesundheitsorganisation WHO glaubt, dass bis 2030 die Depression weltweit die am häufigsten vorkommende Krankheit sein wird – vor Herz-Kreislauf-Störungen und Aids.

In Deutschland leidet nahezu jeder dritte erwachsene Bundesbürger innerhalb eines Jahres an einer psychischen Störung. Seit 1990 haben sich die Krankschreibungen wegen psychischer Belastungen fast verdoppelt. Die Fehlzeiten der Beschäftigten aufgrund solch psychischer Erkrankungen haben seit 1994 um mehr als 80 Prozent zugenommen, ermittelte das Wissenschaftliche Institut der AOK.

Für die Wirtschaft sind solche Zahlen verheerend, denn ein Krankheitstag kostet ein Unternehmen im Schnitt rund 400 Euro. Fällt ein Mitarbeiter wegen eines Burnouts für sechs bis acht Wochen aus, addieren sich die Kosten schnell auf bis zu 16 000 Euro. Die verminderte Leistungsfähigkeit vor dem Ausfall ist dabei noch gar nicht einkalkuliert. Der wirtschaftliche Schaden ist immens. Jährlich summieren sich die Kosten vor allem für Arbeitsausfall und Behandlung auf bis zu acht Milliarden Euro. Stress kostet Geld.

Bundesarbeitsministerin Ursula von der Leyen bereitet deshalb eine großangelegte Kampagne zur psychischen Belastung am Arbeitsplatz vor. »Das Thema wird in der Wirtschaft noch nicht ernst genug genommen«, sagt von der Leyen, »nicht aus bösem Willen, sondern meist aus Unwissenheit und Hilflosigkeit.«

Die Arbeitswelt ist der Taktgeber des modernen Lebens, sie prägt gesellschaftliche Normen. Dabei sind auf den ersten Blick die Arbeitsplätze von heute weit angenehmere Orte als in der Vergangenheit. Noch in den fünfziger Jahren war die Sechs-Tage-Woche die Regel. Der damals übliche Lärm und Dreck sind in vielen Fabrikhallen von heute ebenso auf das unvermeidbare Minimum gemindert wie die körperliche Schwerstarbeit. Angestellte arbeiten auf ergonomisch geformten Bürostühlen unter DIN-geprüftem Licht.

Doch im gleichen Maß, wie die körperlichen Beanspruchungen geringer wurden, stiegen die psychischen Belastungen. In den schlanken Betrieben mit ihren reduzierten Kernbelegschaften steigt der Druck auf den Einzelnen. Das Erfolgsrezept der deutschen Wirtschaft im globalen Kampf um Marktanteile gilt auch für die Arbeitnehmer – sie müssen ständig besser, schneller und flexibler werden. Oft wird nur noch auf kurzfristige Anfrage produziert – »just in time«, so, wie die Aufträge gerade hereinkommen. Höherer Leistungsdruck und Arbeitsverdichtung sind die Folge.

Es ist ein Rezept, das in allen Wirtschaftsbereichen gilt; im Supermarkt ebenso wie in der Bankfiliale oder der Spedition. Doch am sichtbarsten ist es noch immer in der klassischen Industrie.

73 Sekunden dauert beispielsweise ein Arbeitsschritt in der C-Klasse-Produktion des Sindelfinger Mercedes-Benz-Werks. Der Bau von Lastkraftwagen ist Handarbeit, eine Massenproduktion von Kleinserien. 176 Lkw laufen im MAN-Werk in Karlsfeld bei München am Tag vom Band. 63 verschiedene Varianten werden hier parallel im Zwei-Schicht-Betrieb produziert. Es ist eine Vielfalt, die jeden Industrieroboter und jede Software überfordert.

Wer wissen will, was »just in time« in der Arbeitswelt bedeutet, kann es in Karlsfeld besichtigen. Bereits 18 Tage im Voraus steht bis auf die Sekunde fest, welcher Lkw wann die Werkshalle verlassen soll. Exakt 8 Stunden und 15 Minuten dauert der Bau einer Zugmaschine. Bis zur dritten Qualitätskontrolle wird auf zwei Bändern produziert: Auf der einen Seite der

Halle werden aus jeweils zwei schwarzen Stahlträgern Schritt für Schritt Fahrgestelle montiert, auf der anderen Seite die Fahrerkabinen. Erst nach der »Hochzeit« der beiden passenden Teile geht die Montage an einem Band weiter.

Es ist ein Ablauf, der keine Störungen und Fehler verzeiht. 6 Minuten und 10 Sekunden sind für jeden Arbeitsschritt am Fahrwerk eingeplant, bevor ein orangefarbener Schlitten die Stahlträger auf dem Band weitertransportiert, bei den Kabinen sind es 3 Minuten und 45 Sekunden. Über jedem Arbeitsplatz hängt ein Monitor, der den Produktionsstand anzeigt und meldet, wenn die Arbeit in Verzug ist. Schwere Werkzeuge wie Elektroschrauber schweben griffbereit an Drahtseilen in Brusthöhe über dem Band. Jeder Arbeitsschritt an einem Lkw wird durch die Arbeiter in einem Qualitätsprotokoll dokumentiert.

Seit das Rauchen am Band verboten ist, steht alle paar Meter am Rand ein Aschenbecher für die schnelle Zigarette zwischendurch. »Der Arbeitstakt wird noch kürzer werden«, sagt MAN-Personalvorstand Jörg Schwitalla, »das ist der Produktivitätsfortschritt.« Er weiß, dass der Druck nicht abnehmen wird. Nicht für die weltweit über 20 000 MAN-Mitarbeiter in der Produktion und auch nicht für die anderen der insgesamt über 50 000 Beschäftigten.

Die Beschleunigung und Verdichtung der Arbeitswelt werden die Unternehmen weiter verändern, sie greifen tief in deren Kultur ein. Schwitalla selbst erlebt das etwa, wenn er montags eben mal 10 000 Kilometer zur Sitzung des Aufsichtsrats nach São Paulo in Brasilien fliegt, am Dienstagvormittag schon wieder auf der Betriebsrätekonferenz in Augsburg am Tisch sitzt.

Die größere Mobilität und die modernen Kommunikationsmittel bieten den Mitarbeitern mehr Freiheiten, etwa auch von zu Hause aus zu arbeiten. Aber zugleich verlangen sie ihnen auch mehr ab. In der modernen, komplexen Wirtschaftswelt, weltweit vernetzt und getaktet, können selbst kleinste Fehler eine Kettenreaktion mit großen Kosten verursachen. Die Verantwortung des Einzelnen steigt.

»Bei der Fülle von Aufgaben, die täglich auf uns einprasseln, kommt es darauf an, dass jeder Mitarbeiter selbst Prioritäten setzen und entscheiden kann, was sofort bearbeitet werden muss und was liegenbleiben kann«, sagt Schwitalla. Das Anweisungsregime der alten Industriegesellschaft wird zunehmend in Frage gestellt.

Dabei gerät der »Stressfaktor Chef« in den Blickpunkt. Denn ebenso wie sich die Arbeitsbedingungen für die Mitarbeiter verändern, unterliegen die Führungsaufgaben der Vorgesetzten einem Wandel. Heute reicht es nicht mehr aus, dass sich Vorstände und Führungskräfte allein mit Unternehmensstrategien und Renditezielen auseinandersetzen, sie müssen sich auch um das Klima in ihren Firmen kümmern. »Wir müssen offen darüber sprechen, ob die Vorgesetzten jeweils Teil der Lösung oder Teil des Problems sind«, sagt Schwitalla. Reichen sie einfach die Vorgaben nach unten durch und schauen zu, wie ihre Untergebenen damit fertig werden? Oder filtern sie den Druck und setzen selbst Prioritäten? Akzeptieren sie, dass ihre Mitarbeiter neben dem Beruf auch noch ein Privatleben haben?

Studien belegen, dass der Krankenstand von den Führungskräften abhängt. Bereits vor Jahren hat Volkswagen in seinen Werken probeweise Vorgesetzte aus Bereichen mit überdurchschnittlich hohen Krankheitsraten in solche mit niedrigen Fehlzeiten versetzt. Das Ergebnis: Schon nach kurzer Zeit schossen die Fehlzeiten in den ehemals vorbildlichen Abteilungen nach oben. Nach einem Jahr hatten die neuen Chefs wieder ihren alten Krankenstand erreicht.

In einer Umfrage des Fürstenberg-Instituts fühlten sich mehr als zwei Drittel der Arbeitnehmer in Deutschland psychisch belastet. »Stress und Erschöpfung haben im Vergleich zum Vorjahr stark zugenommen«, resümiert das Institut in seinem Performance Index 2011. Das Institut wird von Unternehmen engagiert, um Mitarbeiter in psychosozialen Fragen zu beraten.

84 Prozent gaben Probleme am Arbeitsplatz an, genauso viele jedoch sprachen von der Schwierigkeit, Beruf und Privatleben zu vereinbaren. Die Wechselwirkungen zwischen privaten und geschäftlichen Problemen schmälerten die Leistung und das Commitment der Beschäftigten erheblich, konstatiert Fürstenberg: »Arbeitnehmer sind eben nicht nur Funktionsträger, sondern Menschen, die in soziale Systeme eingebunden sind, die nicht mit dem Arbeitsbeginn enden.« Genauso selten endet die Arbeit, wenn das Privatleben beginnt.

Doch es gibt in einer entgrenzten Welt keinen Weg zurück in die vermeintlich heile Arbeitswelt mit ihren starren Zeitgerüsten. Dabei ist die Globalisierung kein neues Phänomen. Seit dem Beginn der Industrialisierung strebten die deutschen Unternehmen auf die Weltmärkte. Bereits 1887 erließen die Briten ein Handelsmarkengesetz und drückten deutschen Waren den Stempel »Made in Germany« auf, um die heimische Wirtschaft vor Importen zu schützen.

Doch in den vergangenen 20 Jahren wandelten sich viele Firmen in globale Unternehmen. »Es hat ein Verlust von ökonomischer Heimat stattgefunden«, sagt der ehemalige SPD-Vorsitzende Björn Engholm, der heute als Anti-Burnout-Berater tätig ist. Die Änderungen sind einschneidend, wenn ein Arbeitstag tatsächlich 24 Stunden lang dauert. Die Filiale in Mumbai läuft schon auf Hochtouren, wenn in deutschen Büros morgens die Arbeit beginnt, und am frühen Nachmittag melden sich die ersten Kollegen aus dem gerade erwachenden New York oder aus São Paulo.

WIE DER STRESS ENTSTEHT

Der Handelsraum der Deutschen Bank in Frankfurt am Main

»Sie könnten heute bei MAN rund um die Uhr sinnvoll arbeiten, weil in dem Unternehmen immer irgendwo in der Welt gearbeitet wird«, sagt Schwitalla. Wer in dieser neuen Berufswelt seine Grenzen nicht kennt, droht zu verbrennen. Je weiter der Rahmen gesteckt ist, desto größer auch die Gefahr der Selbstausbeutung.

Es sind solche exemplarischen Fälle, wie sie der Autor Claas Triebel in seinem Buch »Mobil, flexibel, immer erreichbar – Wenn Freiheit zum Alptraum wird« schildert. Dort kommt ein Börsenhändler zu Wort, dessen Arbeitsalltag ihn in den Burnout trieb. »Ich habe in einem Bereich gearbeitet, in dem man sich darüber definiert, dass man arbeitet. Dass man viel arbeitet und den Erfolg in Zahlen messen kann – in Umsatzzahlen und in der Höhe des Gehalts. Das Problem dabei ist, dass es immer noch einen gibt, der bessere Zahlen hat oder mehr verdient. Die Grenzen sind nach oben praktisch offen. Deshalb setzt du dir das Ziel, im nächsten Quartal den Umsatz noch ein bisschen zu steigern. Und dann noch ein bisschen und noch ein bisschen.«

Der Börsenhändler schildert seinen Tag als rastlose Tretmühle. »Morgens bin ich früh aufgestanden und habe mir schon vor dem Frühstück die ersten Kurse aus Asien angeschaut. Dann bin ich ins Büro und habe mich sowieso den ganzen Tag damit beschäftigt. Wenn die europäischen Börsen geschlossen haben, habe ich mich vor allem mit der Wall Street beschäftigt. Wenn die geschlossen hatte, ging es wieder mit Asien los. Das Ganze hat mich bis in die Nacht hinein verfolgt. Selbst wenn ich im Urlaub war. Ich war einer der Ersten, die einen BlackBerry mit UMTS-Verbindung hatten. Ganz egal, wo ich war – und ich bin nur an Orte gefahren, an denen ich Internetzugang hatte –, schaute ich alle paar Minuten auf mein Display, um zu sehen, ob eine wichtige Mail gekommen war.«

Selbst auf einer Mont-Blanc-Wanderung hing er am Telefon. Ein Mann, der wireless in den Wahnsinn abdriftete.

Die Veränderungen im Laufe der beschleunigten Globalisierung der vergangenen 20 Jahre haben weitreichende Folgen für die Beschäftigten: Faktisch existieren in Deutschland zwei Arbeitswelten parallel nebeneinander. Die eine verschwindet nicht, aber sie wird kleiner. Es ist die Welt des gesicherten und langfristigen Normalarbeitsverhältnisses, auf der das Sozialstaatsmodell mit seinen Sicherungssystemen basiert.

Auf der anderen Seite ist eine zweite Sphäre entstanden, flexibler und vielfältiger, aber auch härter. In ihr gibt es keine lebenslangen Jobs mehr, sondern die unterschiedlichsten Beschäftigungsformen: Teilzeitarbeit und projektbezogene Vollzeitarbeit, Leiharbeit und Minijobs, in denen man für 400 Euro nur ein paar Stunden oder vielleicht sogar 40 Stunden in der Woche arbeiten muss. Sie kennt auch erzwungene Selbständigkeit. Es sind nicht etwa nur die schlecht Qualifizierten, die hier zu Hause sind. Schon heute arbeiten Vorstandschefs auf Zeit und Bankmanager, hochqualifizierte Facharbeiter und Ingenieure in ungesicherten Arbeitsverhältnissen.

Die deutsche Wirtschaft hat von diesem Wandel profitiert. Noch vor wenigen Jahren galt der Arbeitsmarkt als verkrustet, jetzt ist er flexibel und wettbewerbsfähig wie kaum ein anderer. Weltweit hat keine andere Volkswirtschaft die vergangene Wirtschaftskrise so gut überstanden – große Arbeitslosigkeit gibt es nur woanders. Auch für die Beschäftigten hat die neue Beweglichkeit durchaus Vorteile – Familie und Beruf etwa lassen sich leichter vereinbaren.

Nur für einen kleinen Teil aller abhängig Beschäftigten ist der Normalarbeitstag von 9 bis 17 Uhr die Regel. Jahre zuvor galt das noch für 27 Prozent. Bei allen anderen überwiegen Arbeitszeitformen wie Nachtarbeit, Teilzeit, Gleitzeit und

Überstunden, Arbeitskontenmodelle oder Vertrauensarbeitszeit – die oft niemals endet, weil man sich zumindest mental immer mit dem Job beschäftigt.

Nach Schätzungen von Arbeitsmarkt-Experten fallen 20 bis 30 Prozent aller Erwerbstätigen unter solche »Arbeitszeitregime«, wie Gewerkschafter die Entwicklung gern nennen. Damit gewinnt der Begriff des Zeitwohlstands an Bedeutung. Lange wurde Wohlstand über materielle Güter definiert. Die Güte eines Arbeitsplatzes hat heute immer weniger damit zu tun, wie hoch sich das Einkommen schrauben lässt, sondern wie viel Freiraum er einem im Privatleben lässt. Die Unternehmen »atmen«, wie die Fachleute sagen: Sie können ihre Beschäftigten über Arbeitszeitkonten und ausgeklügelte Schichtmodelle variabel einsetzen und mit Hilfe atypischer Beschäftigungsformen ihre Belegschaften jeder Auftragslage anpassen.

In den Firmen verfestigt sich allmählich eine Dreiklassengesellschaft: da die Stammbelegschaft mit den Managern und wichtigen Mitarbeitern, dann externe Spezialisten, die zu Projekten hinzugezogen werden, und schließlich flexible Arbeitskräfte, die bei Bedarf eingestellt und wieder entlassen werden. In manchen Dienstleistungsbranchen wie dem Einzelhandel, der Gastronomie, dem Bildungsbereich oder den Pflegeberufen sind die atypischen Arbeitsverhältnisse inzwischen die Norm.

Der ökonomische Erfolg hat seinen Preis – für den Einzelnen und die Gesellschaft. Mit dem wachsenden Niedriglohnsektor steigt der Druck auf die sozialen Sicherungssysteme. Die neue Arbeitswelt verändert die Lebensperspektive der Menschen und die Kultur in den Unternehmen. Sie bietet mehr Verantwortung, Freiheit und Selbständigkeit, aber sie kostet Sicherheit und Berechenbarkeit.

Früher war vieles in kollektiven Tarifverträgen exakt festgelegt. Jetzt verlieren diese Regeln ihre Konturen. Am besten ist das bei der Vertrauensarbeitszeit zu beobachten. Weder Stechuhren noch andere Zeiterfassungen, weder Gesetze noch Tarifverträge existieren. Der Arbeitnehmer ist angeblich frei, über seine Zeit zu verfügen. Ohne Stechuhr zu arbeiten, kann befreiend sein, aber auch zu stiller Mehrarbeit führen, für die es meist gar keine Anerkennung gibt. Und schließlich bleibt nur noch eine Form der Kontrolle übrig: die der Leistung.

Die gestiegenen Ansprüche im Beruf und die Angst vor dem Scheitern erfassen viele mittlerweile, bevor ihre Karriere überhaupt begonnen hat. Die Studentin Nora Kellermann* etwa trieben äußerer Druck und Ehrgeiz in einen Zusammenbruch. Das Abitur hatte sie mit der Note 1,7 abgeschlossen, so in etwa sollte auch ihr BWL-Studium enden, den Bachelor in maximal sechs Semestern, »von den künftigen Arbeitgebern werden auch gern nur fünf gesehen«, sagt Kellermann »Dazu noch eine ganze Latte an Zusatzqualifikationen und ehrenamtlichem Engagement.« Sie scheiterte daran. So schlägt die Effizienz der Arbeitswelt schon während der Ausbildung durch. Schließlich rekrutieren nahezu alle Großunternehmen, ob Automobilkonzerne, Wirtschaftsprüfer oder Banken, ihren künftigen Führungsnachwuchs bereits an den Universitäten.

Der Wandel zur Risikogesellschaft, die der Soziologe Ulrich Beck bereits 1986 beschrieb, schlägt vielen Menschen auf das Gemüt. Es ist ja nicht allein die tatsächliche »Bedrohung« ihres Jobs, die viele Arbeitnehmer an den Rand ihrer psychischen Belastbarkeit und manche in den Burnout führt – es ist oft genug das Gefühl der latenten Gefährdung des Erreichten und die Angst vor dem Absturz. Der Zukunftsforscher Matthias Horx glaubt: »Die lange gültige Gleichung ›Arbeit bedeutet

---

* Name geändert.

Sicherheit‹ wird unbrauchbar.« Für den Erfolg ist heute jeder selbst verantwortlich, ebenso wie für das Scheitern. Am Ende dieser Entwicklung, sagt der französische Soziologe Alain Ehrenberg, stehe das erschöpfte Selbst. Depressive Erkrankungen nehmen zu, so Ehrenberg, weil viele Menschen es nicht schafften, ihre Freiheiten und Wahlmöglichkeiten für ein glückliches Leben zu nutzen.

Gleichzeitig gehen Rückzugsräume verloren, in denen man sich erholen kann, wenn sich die Welt immer schneller dreht. Soziale Netzwerke lösen sich auf: Vereine, Gewerkschaften, Kirchen verlieren stetig Mitglieder. Die Gesellschaft individualisiert sich, Verlässlichkeit und Beständigkeit schwinden.

»Wir erleben in der Gegenwart eine dreifache Beschleunigung – die des technisches Fortschritts, des sozialen Wandels und des Lebenstempos«, sagt der Soziologe und Zeitforscher Hartmut Rosa. Die traditionellen Rollenmuster verschieben sich und erhöhen den Druck auf die Menschen. Frauen, aber zunehmend auch Männer stehen vor der Herausforderung, Familie und Karriere unter einen Hut zu bringen und allen gerecht zu werden.

Und so ist es nicht verwunderlich, dass vor allem Männer bei der Münchner Psychologin Margret Strasser-Kriegisch aufschlagen. Die Diplompsychologin coacht Führungskräfte auf ihrer Karriereleiter nach oben – in letzter Zeit aber immer häufiger solche, die dabei ins Straucheln gekommen sind. In ihrer schicken Praxis über den Dächern des feinen Viertels Schwabing sitzen vorwiegend junge Manager, die schnell, vielleicht zu schnell in wichtige Positionen gerückt sind, getrieben, mehr Umsatz zu machen, als nach gesundem Menschenverstand machbar erscheint.

Das eigene Limit zu erkennen, das ist in der Arbeitswelt des begonnenen dritten Jahrtausends vielleicht die größte

Herausforderung für den arbeitenden Menschen – für Spitzenmanager, aber auch Pförtner oder Kassiererinnen. Auch sie übernehmen heute »unternehmerische Verantwortung«, glaubt Hilmar Schneider, Direktor für Arbeitsmarktpolitik im Bonner Institut zur Zukunft der Arbeit. Die Ziele sind ehrgeiziger, doch wie die Vorgaben erreicht werden, bleibt dem Arbeitnehmer zunehmend selbst überlassen. Es ist eine Freiheit, mit der die Unternehmen und ihre Menschen lernen müssen umzugehen.

»Keine Nachrichten am Wochenende«

Arbeitsministerin Ursula von der Leyen über psychische Belastung in Betrieben und ihre persönliche Erfahrung mit Erschöpfung

Das Gespräch führten
Markus Dettmer und Janko Tietz.

SPIEGEL: Frau von der Leyen, Sie haben einen aufreibenden Job, sieben Kinder, die Familie lebt in Hannover, Sie sind ständig auf Reisen. Gab es je einen Punkt, an dem Sie sagten: Ich kann nicht mehr?
VON DER LEYEN: Ja, aber nicht in der Politik. Damals, als unser zweites Kind geboren wurde, habe ich als junge Ärztin Vollzeit gearbeitet. Mit Nachtdiensten, unheimlich hoher Taktung, wenig fachlicher Unterstützung. Ich hatte nur begrenzte Entscheidungsmöglichkeiten. Zugleich war da die Verantwortung für meine Kinder. Ich fühlte mich permanent unter Druck und fremdbestimmt, die Kontrolle über mein Leben schien mir zu entgleiten.
SPIEGEL: Was passierte?
VON DER LEYEN: Ich bekam Asthma-Symptome. Es war eine Mischung aus Erschöpfung und psychologischen Faktoren. Diese Angst als junge Ärztin, etwas falsch zu machen, war groß. Dazu holte ich mir noch eine Rippenfellentzündung, die ich selbst nicht erkannte. Ein Arzt schickte mich dann zum ersten und bisher einzigen Mal in eine 14-tägige Kur. Gott sei Dank war da jemand, der nicht mit mir über die Rippenfellentzündung sprechen wollte, sondern über die Frage, ob ich

eigentlich immer omnipräsent sein muss. Der mir beibrachte, mich auch abzugrenzen, mal loszulassen und mich nicht für alles verantwortlich zu fühlen.
SPIEGEL: Vielleicht hatten Sie einen Burnout?
VON DER LEYEN: Das Wort gab es, glaube ich, noch gar nicht. Man sprach von »psychovegetativer Erschöpfung«. Und das war auch akzeptiert, insbesondere wenn da – wie bei mir – etwas Körperliches sichtbar war. Sonst hat man die Leute schnell in die »Nimm dich mal zusammen«-Schublade gesteckt. Heute wissen wir, dass das weder fair noch medizinisch richtig ist.
SPIEGEL: In welche Schublade haben Sie sich selbst damals gesteckt?
VON DER LEYEN: Auch wenn ich ahnte, dass meine körperlichen Beschwerden etwas mit der Psyche zu tun haben könnten, hätte ich niemals für mich akzeptiert, das unter einer psychischen Erkrankung einzuordnen. Ich verstand aber sofort, dass ich Schutzmechanismen aufbauen muss. Dazu gehörte, die Balance zu finden zwischen zwei Dingen, die ich von Herzen gern wollte: meinen ärztlichen Beruf ausüben und für Kinder da zu sein. Ich musste lernen, loszulassen und zu Hause wie in der Klinik mal »Nein« zu sagen. Für jemanden, der gern mehr erreichen will, als er muss, ist das die härteste Lektion.
SPIEGEL: Bekennen sich heute einfach mehr Menschen zu psychischer Erschöpfung – in Wahrheit hat ihre Zahl vielleicht gar nicht zugenommen?
VON DER LEYEN: Wir sind heute auf jeden Fall besser in der Lage, es richtig zu benennen. Auch bricht das Tabu auf – es ist noch lange nicht weg, aber es schwindet.
SPIEGEL: Es gibt auch Ärzte, die sagen, Burnout ist eine reine Modediagnose.

VON DER LEYEN: Man kann alles ignorieren, auch den Klimawandel. Ich tue dies nicht. Ich nehme wahr, dass Erschöpfungserscheinungen in dieser hochgetakteten Welt zunehmen, auch die Zahl der Erkrankungen, vor allem am Arbeitsplatz. Beim körperlichen Arbeitsschutz haben wir in den vergangenen Jahrzehnten viel erreicht, vor allem was schwere Belastungen durch Lärm, Staubpartikel, Chemikalien angeht. Jetzt ist das Problem die hohe Taktung der Arbeitswelt, aber auch zum Teil ermüdende Routine. Es gibt eine zunehmende Entgrenzung von Privat- und Berufsleben. Die hat auch Vorteile. Ich wäre mit meinen sieben Kindern nie Ministerin ohne Handy und Laptop. Aber man muss aufpassen, dass man es mit Maß nutzt und die Dinge uns nicht beherrschen.
SPIEGEL: Wie unterscheidet sich Ihr Berufsalltag von der Zeit Ihres Vaters Ernst Albrecht, der bis 1990 Ministerpräsident von Niedersachsen war?
VON DER LEYEN: Unser einziges Telefon hing damals in der Diele an der Wand. Wir standen ganz normal im öffentlichen Telefonbuch. An einem Sonntagmorgen ging mein kleiner Bruder ran. Er kam danach und sagte: »Papa, da war einer, der hat ›Genscher‹ gesagt. Ich habe ›Nein‹ gesagt!« So schnell ist mein Vater noch nie ans Telefon gerannt. Das ist noch gar nicht so lange her, klingt aber wie aus einer anderen Welt.
SPIEGEL: Heute twittert man, schreibt SMS, mailt, skypt, chattet bei Facebook.
VON DER LEYEN: Anfangs habe ich das Hohelied auf Laptop und Handy gesungen, weil es mir die Freiheit gab, ganz viel von zu Hause oder woanders zu machen und so Beruf und Familie zu vereinbaren. Heute singe ich es leiser. Je höher ich stieg, desto mehr konnte ich beobachten, wie sich das drehte, wie der Zwang zunahm, fast immer über fast alles informiert zu sein, diese unendliche Fülle an Nachrichten,

Kommentaren, Ereignissen, den Datenstrom ständig wahrzunehmen. Dazu kommt, dass in der Politik Nachrichten oft mit einer scharfen Kritik an der Person selbst gekoppelt sind. Ich musste lernen, die Schotten dichtzumachen und mich abzugrenzen.

SPIEGEL: Wie tun Sie das?

VON DER LEYEN: Ich lasse mir – und da bin ich eher eine Ausnahme – keine Tickermeldungen auf das Handy leiten. Diese Informationsüberflutung lässt es kaum mehr zu, einen klaren Gedanken längerfristig zu verfolgen. Das permanente Getrommel beinhaltet ja immer den Anreiz zu reagieren. Häufig ist die schnelle Reaktion falsch. Außerdem höre ich am Wochenende keine Nachrichten, gucke nicht fern und versuche, keine Zeitungen zu lesen. Sonst bekomme ich den Kopf nicht frei, auch meinen Kindern gegenüber.

SPIEGEL: Etliche Prominente haben sich öffentlich zum Burnout bekannt. Ist das in der Politik noch ein Tabu?

VON DER LEYEN: Mir fällt mindestens eine Person ein, und die Person hat das auch öffentlich gemacht.

SPIEGEL: Sie meinen Matthias Platzeck? Bei ihm war von Hörsturz und Zusammenbruch die Rede.

VON DER LEYEN: Ja, das sind aber doch Symptome. In der Politik gibt es das auch. Es ist auch egal, wo jemand arbeitet. Mir geht es darum, nicht erst zu reagieren, wenn jemand in Burnout oder psychovegetativer Erschöpfung landet. Wir müssen die Prävention stärken.

SPIEGEL: Wie?

VON DER LEYEN: Im Grundsatz ist Arbeit positiv. Sie wirkt schützend und stabilisierend auf die Psyche. Man muss aber das Maß finden, dass der Druck, die Anforderung, das Tempo, die Monotonie, der Mangel an Entspannungsphasen nicht dazu führen, auszubrennen.

SPIEGEL: Sie planen eine Kampagne gegen psychische Belastungen am Arbeitsplatz. Was soll die genau bewirken?
VON DER LEYEN: Es gibt viele Vorurteile, die müssen wir abbauen. Ich möchte mit der gemeinsamen Arbeitsschutzstrategie mit den Ländern, den Unternehmen, den Krankenversicherungen und den Unfallversicherungen Akzente setzen.
SPIEGEL: Wo hakt es denn bislang?
VON DER LEYEN: Das Thema wird in der Wirtschaft noch nicht ernst genug genommen, nicht aus bösem Willen, sondern aus Unwissenheit und Hilflosigkeit. Jede dritte Frühverrentung ist heute Folge einer psychischen Erkrankung. Im Schnitt dauert es 9 Wochen, bis es zum ersten Gespräch bei einem kompetenten Arzt kommt, und 27 Wochen bis zur Therapie. Bis dahin haben sich viele Symptome verfestigt. Die Rehabilitation dauert oftmals Jahre. Zu oft werden auch dann nur die Symptome behandelt, und die ebenso wichtige Wiedereingliederung in den Betrieb gerät aus dem Blick. Deswegen müssen wir Arbeitgeber, Gewerkschaften und Versicherungen an einen Tisch bringen. Da geht es auch um acht Milliarden Euro Kosten pro Jahr für Fehltage und Produktionsausfälle.
SPIEGEL: Kann das gutgehen, wenn Sie ausgerechnet die Führungsebenen zu Therapeuten machen wollen, die bisher ihre Beschäftigten überforderten?
VON DER LEYEN: Es hilft nicht weiter, Manager kollektiv mit Vorwürfen zu überschütten. Wir müssen in den Führungsetagen ein Bewusstsein dafür schaffen, dass es nachhaltigen Unternehmenserfolg nur mit körperlich und psychisch gesunden Mitarbeitern gibt. Das dürfte in Zeiten zunehmender Fachkräfte-Engpässe auch offene Ohren finden. Wenn einem die Leute weglaufen oder krank werden, muss jeder Manager prüfen, ob das nicht an seiner Organisation liegt. Aber auch die

Arbeitnehmer können Methoden lernen, wie sie ihre seelische Gesundheit schützen.

SPIEGEL: Helfen Smartphone- und E-Mail-Verbote nach Feierabend?

VON DER LEYEN: Es ist der erste Schritt, sich dem Problem zu stellen. Solchen Maßnahmen geht immer eine betriebsinterne Diskussion voraus, die sorgt für Transparenz und ein Klima, das es erlaubt, sich dem Problem zu stellen.

SPIEGEL: Glauben Sie, dass Ihre Kampagne bei den Vorständen auf fruchtbaren Boden fällt, oder wird das ähnlich enden wie mit der Frauenquote?

VON DER LEYEN: Erstens, die Frauenquote kommt, da machen Sie sich mal keine Sorgen. Zweitens, die Offenheit bei den Personalverantwortlichen ist sehr groß. Sie haben verstanden, dass das ein Thema ist, an dem sie nicht vorbeikommen.

»Schwäche ist tabu«

Ob Arzt, Krankenschwester, Altenpfleger oder Therapeut: Menschen in helfenden Berufen leiden besonders häufig unter stressbedingten Krankheiten. Das liegt an Mängeln im Gesundheitssystem, aber auch an den Helfern selbst.

Von Felix Zeltner

Der Tag, an dem Maria Weber ihre Beine verliert, ist der 31. Juli 2010.

Sie hat eine unruhige Nacht hinter sich, erst in den frühen Morgenstunden ist sie tief eingeschlafen. Als sie die Augen aufschlägt, zeigt der Wecker kurz nach halb neun. Sie blickt auf den Kastanienbaum vor dem Fenster, er hat ihr oft Kraft gegeben in letzter Zeit.

Maria Weber, klein und robust, die schwarzen Haare kurz geschnitten, setzt sich auf. Sie will aus dem Bett steigen. Aber es geht nicht. Ihre Beine tun nicht, was sie will. Ihr wird mulmig. Sie tastet nach unten. Ihr Oberschenkel ist taub, das Knie, die Waden. Sie spürt sich nur noch bis zur Hüfte, dann wieder die Füße. Alles dazwischen fühlt sich in ihrer Hand an wie ein fremder Körper.

Sie packt die tauben Beine, hebt sie aus dem Bett, zieht sich hoch, hält sich am Bettgestell fest, an der Wand, schafft irgendwie die fünf Meter zum Waschbecken. Dreht den Hahn auf und klatscht sich eiskaltes Wasser ins Gesicht, auf die Arme, in den Nacken. Es hilft nichts. Sie hat keine Schmerzen, ist klar bei Bewusstsein, aber ihre Beine sind weg. Maria Weber,

50 Jahre alt, seit neun Jahren Pflegehilfe in einer bayerischen Klinik, fühlt sich wie ein Geist.

Fünf Monate später sitzt sie im Therapieraum 446 der Schön-Klinik Roseneck in Prien am Chiemsee. Diagnose: Bewegungsstörung, mittelschwere Depression. Ihre Lähmung ist psychisch bedingt.

Maria Weber, die in Wirklichkeit anders heißt, hat einen Rollstuhl bekommen. In der psychosomatischen Klinik, die auf die Behandlung von Burnout und Depressionen spezialisiert ist, kommt das selten vor.

Es ist drei Tage vor Weihnachten, beim Einzeltermin mit der Psychologin spricht Maria Weber zum ersten Mal über das, was sie krank gemacht hat: ihre Arbeit. Im Sommer 2009, erzählt sie, sei in ihrem Krankenhaus eine neue Station eröffnet worden.

Ein Modellprojekt: Alte, schwerkranke Menschen sollen gemeinsam essen, Gymnastik machen, töpfern. Es klingt nach einer Herausforderung, Maria Weber meldet sich freiwillig.

Sie schiebt Frühdienst von 7.30 Uhr bis 14 Uhr. Eigentlich ist sie nur für das Essen zuständig. Zwei Mahlzeiten, Aufdecken, Abdecken, dazwischen die Patienten füttern. Doch das Projekt soll schnell profitabel werden. Immer mehr alte Menschen landen auf der Station, ohne dass Personal eingestellt wird. »Es fehlte ein System«, sagt sie. »Da war die Hölle los.«

Sie beginnt, bei der Pflege mitzuhelfen, bleibt an Wochenenden und Feiertagen auf der unterbesetzten Station. In den ersten drei Monaten häuft sie 100 Überstunden an. Für sich selbst hat die allein lebende Frau keine Zeit mehr, auch nicht für ihre drei erwachsenen Kinder. Doch bei der Arbeit wird alles nur schlimmer.

»Ich habe Misshandlungen an Patienten mitbekommen.« Maria Weber flüstert, ihre Hände zittern, während sie erzählt.

»SCHWÄCHE IST TABU«

»Ich habe gesehen, wie man alte Menschen an Händen und Beinen mit Gurten festgemacht hat. Es ging über das hinaus, was erlaubt war. Grauenhaft.« Maria Weber ist selbst misshandelt worden, von ihrem Ex-Mann. Die Bilder der Leidenden lassen sie nicht mehr los. Nachts kommen die Alpträume.

Dann passiert ein tödlicher Pfusch: Zwei Patienten sterben, weil zwischen Spät- und Frühschicht aus Versehen Medikamente vertauscht werden. Die Verantwortlichen werden gefunden und entlassen. Maria Weber ist unschuldig. Dennoch macht sie sich Vorwürfe. Sie beschließt, die Arbeit ihrer Kollegen noch stärker zu beobachten, und zwingt sich, regelmäßig früher auf die Station zu kommen und später zu gehen.

Kurz vor Silvester 2009 bricht sie während der Frühschicht zusammen. Sie meldet sich krank, der Hausarzt schickt sie in eine Kurklinik. Dort lernt sie, wieder durchzuschlafen. Im Mai 2010 versucht sie den Wiedereinstieg – und scheitert schon am ersten Tag. »Obwohl ich die Station mit aufgebaut hatte, war alles fremd. Ich wusste nicht, was ich tun sollte. Die Kollegen haben auf mich eingeredet, aber ich konnte gar nicht folgen. Die Stationsleiterin hat gesagt: ›Du bist noch nicht so weit, geh nach Hause.‹ Das war hart. Ich musste mir eingestehen, dass ich es nicht schaffe.«

Zwei einsame Monate später kommt der Tag, an dem ihre Beine streiken. Sie kriecht zurück ins Bett, ruft ihre Töchter an, die ihr aufhelfen. Einen Arzt holt sie nicht. Stattdessen reißt sie sich zusammen, hievt sich Tag für Tag aus dem Bett, schlurft und hangelt sich durch ihre kleine Wohnung, setzt sich Ziele: bis zur Mülltonne in den Hof, bis zum Bäcker um die Ecke. Sie stürzt mehrmals. Erst als Wochen später auch ihr rechter Arm taub wird, lässt sie sich untersuchen. Sie vermutet eine Multiple Sklerose, doch der Neurologe diagnostiziert: Die Psyche ist schuld.

WIE DER STRESS ENTSTEHT

Maria Weber sei ein medizinischer Extremfall – und doch »hochsymbolisch«, sagt Andreas Hillert, Chefarzt in der Klinik Roseneck. Bei der Patientin hätte genau das aufgehört zu funktionieren, was sie am dringendsten zum Arbeiten braucht: ihre Beine und – als Rechtshänderin – der rechte Arm.

»Die Altenpflege ist eine Brutstätte für Burnout«, sagt der Münchner Psychoanalytiker Wolfgang Schmidbauer. »Die Leute sind eher schlecht ausgebildet, haben oft sehr hohe ethische Ansprüche und ein sehr hohes Liebesbedürfnis. Sie pflegen alte Leute in der Hoffnung, es komme ganz viel zurück, aber dann erleben sie, dass alte Leute gekränkt sind, dass sie frustriert sind, weil sie vieles nicht mehr können. Und der, an dem sie das auslassen können, ist eben die Pflegerin oder der Pfleger.«

Schmidbauer beschäftigt sich seit über 30 Jahren mit den Problemen von Pflegern, Ärzten und Therapeuten. In seinem Buch »Die hilflosen Helfer« attestierte er seiner Branche bereits 1977 das »Helfersyndrom«, eine Art Sucht zu helfen. Das Buch wurde zum Bestseller, vielen seiner Kollegen galt Schmidbauer damals als Nestbeschmutzer. Doch der heute 69-Jährige hatte in Therapiegruppen beobachtet, dass professionelle Helfer ihren Beruf oft aus einer unbewussten Abwehr gegen einen meist in der Kindheit erlebten Liebesentzug wählen. Sie delegieren die eigene Verletzbarkeit an Patienten, die sie überbeschützen; als Gegenleistung erhoffen sie die so sehnlich vermisste Zuneigung. Nach dem Motto: Weil mir nicht geholfen wurde, werde ich Helfer. Die Kombination macht verwundbar, nicht selten führt sie zum Burnout.

»Ich hatte das Helfersyndrom«, hat auch Maria Weber erkannt. »Ich habe meine Seele für diese Menschen gegeben und mich dabei völlig überfordert.« In den sechs Wochen am Chiemsee will sie nun wieder Kontrolle über ihren Körper bekommen. Auf ihrem Therapieplan stehen neben den Einzelgesprächen Atemtherapie, Bewegungstherapie und eine Gruppentherapie zur Stressbewältigung am Arbeitsplatz. In den Gruppen trifft die Altenpflegerin auf andere hilflose Helfer: Hausärzte, Zahnärztinnen, Krankenschwestern.

Wie Maria Weber arbeiten in Deutschland über 1,5 Millionen Menschen in Pflegeberufen. Jeder dritte Krankenpfleger gab in einer vom Statistischen Bundesamt veröffentlichten Befragung an, massiv unter Zeitdruck und Arbeitsüberlastung zu leiden. Im Jahr 2007 fielen Pfleger wegen arbeitsbedingter Gesundheitsprobleme im Durchschnitt 38 Tage aus – 16 Tage mehr als der Durchschnitt aller Arbeitnehmer.

Doch warum sind so viele Helfer krank? Die körperlich anstrengende Schichtarbeit spielt sicher eine Rolle, genauso wie die seit Jahren steigenden Patientenzahlen bei gleichzeitigem Personalabbau. Aber die ökonomischen Zwänge erklären nicht alles.

»Insgesamt sind es drei Ebenen: die Psyche, die Ausbildung und die Institutionen«, sagt der Psychiater und Psychotherapeut Bernhard Mäulen, der sich auf die Behandlung von Ärzten und Pflegern spezialisiert hat. Seit 2000 leitet er parallel zu seiner Praxis in Villingen-Schwenningen das »Institut für Ärztegesundheit«, ein privates Netzwerk von Therapeuten, die ihre Erkenntnisse im Internet zusammentragen.

Viele seiner Patienten, so Mäulen, litten am Helfersyndrom. Doch bereits in der Ausbildung werde viel zu wenig Selbstfürsorge und Abgrenzung gelehrt. »Es fehlt von Anfang an am Bewusstsein, wie begrenzt das Reservoir eines Helfers ist.« Am Ende der Kette stehen für Mäulen dann die Arbeitgeber: »Die Kliniken fordern maximale Arbeitskraft, aber nur die wenigsten achten darauf, wie es Ärzten und Therapeuten dabei geht.«

Der Psychoanalytiker Schmidbauer fügt noch eine vierte Ebene hinzu: das gute Image. Helfende Berufe seien idealisiert und sehr hoch geschätzt, so Schmidbauer. »Es gehört zum Wesen dieser Berufe, dass man sagt: Die tun mehr, als sie müssten.«

In der Tat haben die Helfer mit dem höchsten gesellschaftlichen Status die größten psychischen Probleme: Fast jeder dritte Klinikarzt leidet Studien zufolge unter einem Burnout. Bei den Hausärzten ist es jeder fünfte. Einer von zehn Ärzten wird mindestens einmal im Leben alkohol- oder drogenabhängig, schätzen Experten. Die Selbstmordrate unter Ärzten ist etwa doppelt so hoch wie in der Gesamtbevölkerung.

»Der Wechsel vom Helfer zum Patienten ist für Ärzte besonders schwierig«, sagt Bernhard Mäulen, der fast täglich kranken Kollegen gegenübersitzt. »Uns selbst als Betroffene wahrzunehmen, führt zu einer berufsständischen Abwehr.« Oft verbringe er die ersten Therapiestunden damit, den Arzt auf seine neue Rolle einzuschwören: »Wir besprechen hier keinen Fall, es geht um Sie!«

Doch warum blockieren sich Ärzte selbst? Warum tun sie sich so schwer mit Emotionen? »Ärzte sind Meister der Verdrängung, und sie zeigen nie Schwächen«, sagt Robert Merk. »Das ist immer noch ein Tabu.« Merk sollte es wissen – er kommt dem, was man früher einen Halbgott in Weiß nannte, sehr nahe. Der 48-Jährige arbeitet als Oberarzt auf der Anästhesiologischen Intensivstation eines großen Münchner Krankenhauses. Er hat einen der verantwortungsvollsten und auch stressigsten Jobs, die ein Arzt haben kann.

Seine Station ist an diesem Freitag im Januar voll belegt. Mit Kabeln und Schläuchen gespickte Menschen liegen in den Betten, die Überwachungsmonitore über ihnen zeigen die Körperfunktionen an, ständig bimmelt irgendwo ein Alarm.

»SCHWÄCHE IST TABU«

Hirntumore, Hirnblutungen, Blutvergiftungen – beinahe jeder Patient hier ringt mit dem Tod. Merk hat alle Befunde im Kopf, stimmt mit einem guten Dutzend Pflegern und Assistenzärzten die komplizierten Medikationen ab, tröstet die Angehörigen, macht die Verwaltung. Für alle hat er ein offenes Ohr. Wenn er mal nicht hinhört, sprechen die anderen bewundernd über sein Fachwissen.

Aber auch er will seinen wirklichen Namen und den seiner Klinik nicht in einem Buch lesen. Nicht, wenn es um das Thema Schwäche geht. Er macht die Tür seines kleinen Arztzimmers hinter sich zu.

Neulich habe er mal nachgerechnet, sagt er. »Tausend Tote in zwanzig Berufsjahren.« Das bedeutet tausendmal Angehörige betreuen. Tausendmal Zweifel. Tausendmal Hilflosigkeit. Tausendmal Angst vor einem juristischen Nachspiel. Psychische Belastungen, auf die kein Anästhesist vorbereitet ist. »Ich bin als Mörder beschimpft worden, mit Stühlen angegriffen worden. Da kann man gar nichts machen, da kann man sich noch nicht mal wehren, nur die Arme vors Gesicht halten. Da kann man sich noch nicht mal besaufen. Man ist im Dienst, raucht zehn Zigaretten und bleibt fit für den nächsten Einsatz.«

Die Strukturen in vielen Kliniken seien immer noch wie beim preußischen Militär, erzählt Merk. »In der typischen Abteilung gibt's einen sehr dominanten Chef, der ist der König, der hat die absolute Befehlsgewalt und übt einen wahnsinnigen Druck aus. Und dahinter kommt ein Rattenschwanz an speichelleckenden Mitarbeitern.« Eine Kultur des Umgangs mit Fehlern gebe es nicht. Zeigt einer Schwäche, mache er sich sofort angreifbar. Mehrere Male stand er, der Erfolgreiche, kurz vor dem Burnout. »Es ist wie ein Damoklesschwert«, sagt Merk, »man muss vorsichtig sein.«

WIE DER STRESS ENTSTEHT

Viele seiner Kollegen seien zu Technokraten mutiert. Sie würden nur noch Studien und Laborwerte zitieren und die menschliche, private Seite total raushalten. Andere seien alkoholkrank geworden. Und wieder andere seien nicht mehr am Leben. Die Selbstmordrate unter Anästhesisten gilt verschiedenen Untersuchungen zufolge als die höchste innerhalb der Ärzteschaft.

Merk hilft sich mit Sport. Fünf Kilometer Schwimmen, hundert Kilometer Radfahren die Woche. »Wenn man nach der Arbeit drei Stunden bis zur Bewusstlosigkeit schwimmt, hat das allerdings auch was Pathologisches.«

In seinem Job gibt es keine Konzepte gegen Burnout, es gibt keine Hilfe, keine Anlaufstellen innerhalb der Klinik, keine Supervision. Einer, der darüber auch öffentlich spricht, ist Andreas Schießl, 43, früher Notarzt, mittlerweile Oberarzt für Anästhesie und Intensivmedizin in München. »In der Akutmedizin wird das Frontpersonal alleingelassen«, sagt er.

Schießl hat das Projekt »Den Helfern helfen« ins Leben gerufen und hofft auf einen Start noch in diesem Jahr. »Eigentlich sind alle dafür, aber gleichzeitig müssen alle sparen.« Sein Ziel ist, dass Notfallmediziner endlich lernen, ihre Schwächen zu akzeptieren und darüber zu reden. Den Kliniken und ihren Ärzten will er einiges aufbrummen: Befragungen, Prozessanalysen, Kurse in Zeitmanagement und Stressbewältigung sowie regelmäßige Supervisionen und Gesprächsrunden. In weiten Teilen der Berufswelt sei dies längst selbstverständlich, sagt der engagierte Arzt. »U-Bahn-Fahrer, Bankangestellte, Flugpersonal – alle bekommen Hilfe. Und nicht nur nach Katastrophen, sondern vorbeugend.« Es ist ein Projekt mit Signalwirkung – die am stärksten belasteten Helfer sollen ein Vorbild für die Gesundheitsbranche sein.

Fraglich ist nur, ob die Betroffenen überhaupt mitmachen. In einigen deutschen Kliniken gibt es längst Psychologen und

Supervisionen, doch die Angebote werden nicht genutzt. Den sogenannten Balint-Gruppen, in denen sich Ärzte und Psychotherapeuten zum freiwilligen Austausch treffen, haftet der Ruf des Schwachen an. »Es gibt bereits viel mehr Hilfe als noch vor 20 Jahren, aber wir sind nicht gesünder geworden«, konstatiert Ärzte-Therapeut Mäulen. Die Helfer stehen sich selbst im Weg.

Zurück in Prien am Chiemsee. Den Raum 446 der Klinik Roseneck hat Maria Weber verlassen. Sie rollt zur Tür ihres Zimmers, sperrt auf, dann zieht sie sich mit einem Ruck am Türstock hoch. Ihre Beine wackeln wie Gummi, langsam schleift sie sich in ihr Zuhause. Mühsam dreht sie sich noch einmal um und lächelt. »Ich hoffe, ich konnte Ihnen helfen!«

Gelbe Karte für den Körper

*Was Menschen in die Überforderung treibt –
Fallgeschichten aus dem Arbeitsleben.*

Von Cinthia Briseño

Ein Software-Spezialist kommt ins Schleudern
Michael Linde* ist 29 Jahre alt, als er sich 1997 mit zwei Partnern selbständig macht. Die Branche brummt, der Bedarf an IT-Beratern ist groß. Linde stellt sich einen entspannten Job vor: »Wir sitzen in einem idyllischen Eckbüro mit einem Gummibaum und machen von 9 bis 17 Uhr für gutes Geld unsere Arbeit«, sagt er.

Die ersten Projekte laufen gut, er und seine Kollegen verdienen reichlich und können bald Mitarbeiter einstellen. Dass der Wunschtraum von dem gemütlichen Nine-to-five-Job zu einer 60-Stunden-Woche geworden ist, stört Linde nicht. Das Arbeitsgebiet betrachtet er als großen Spielplatz, auf dem er sich austoben kann. Sein Spieltrieb spornt ihn zu immer anspruchsvolleren Projekten und neuen Wagnissen an. Er meistert sie. Die Zufriedenheit seiner Kunden motiviert ihn enorm. »Und dass ich einen Haufen Geld verdient habe, war eine ungeheure Selbstbestätigung. Ich hatte das Gefühl, ich kann einfach alles.«

Theoretisch weiß er um die Gefahren dauerhafter Überarbeitung. Doch Linde verliert das Gefühl für sich, er ist wie besoffen von seinen Erfolgen. »Ich berauschte mich daran, dass mir alles gelang, es war faszinierend«, sagt er heute.

* Namen geändert.

Die Firma floriert, die Zahl der Mitarbeiter steigt, mit ihr die Anforderungen an die Führungskraft Linde, dem das Wohl seiner Mitarbeiter sehr am Herzen liegt. Dann plötzlich kommt es zu ersten wirtschaftlichen Krisen. »Niemand von uns wusste, ob es in drei Monaten noch genauso gut laufen würde«, sagt Linde. Er sorgt sich – um seine Existenz, um die seiner Mitarbeiter und bekommt einen Tinnitus, der ihn fortan begleitet wie ein treuer Hund.

Im Jahr 2005 wagt sich der Ingenieur, inzwischen Chef einer fast 40-köpfigen Firma, an ein heikles Projekt, an dem bereits größere Firmen gescheitert waren. »Da hab ich dann fast nur noch gearbeitet«, erzählt er. Oft sitzt er morgens schon um sieben Uhr im Büro und ist erst spätnachts wieder zu Hause. Das Privatleben verkommt zur Nebensache. Seine schwangere Frau und seine Freunde sieht er kaum noch. Linde arbeitet Wochenende für Wochenende, er lässt sogar die schon geplanten Urlaube mit seiner Frau ausfallen. Die Folgen: Das Projekt gelingt, seine Ehe scheitert. Die Trennung von seiner Frau rüttelt ihn auf. Erstmals denkt er intensiv über sich selbst nach, arbeitet sogar mit einer Psychotherapeutin sein Privatleben auf und nimmt sich handfeste Veränderungen vor für seinen Berufsalltag. Weniger arbeiten. Loslassen. Aufgaben auch mal delegieren. Ein Jahr lang hält er das durch. »Bis wieder ein spannendes Projekt auftauchte.« Schnell fällt er wieder in seine alten Muster zurück.

2010 bekommt er neben seinem Tinnitus auch ein Magengeschwür und Schlafprobleme. Linde schläft nur noch drei bis vier Stunden pro Nacht. Es beunruhigt ihn nicht, im Gegenteil. »Nun hatte ich mehr Zeit zur Verfügung.« Um fünf Uhr morgens Sport, danach zur Arbeit. »Das war wie eine Art Dauer-Jetlag. Aber es war nicht so, dass ich mich durch den Tag schleppen musste. Ich habe trotzdem funktioniert.«

Seit einiger Zeit funktioniert Linde nicht mehr. Von einem auf den anderen Tag fehlte ihm etwas Entscheidendes: die Lust. Jegliche Motivation ist verschwunden. »Vieles fühlt sich nur noch bleiern an«, sagt er.

Den Begriff Burnout scheut Linde. Aber er weiß, dass er in den letzten Jahren schlecht mit sich umgegangen ist. »So kann und möchte ich nicht mehr weitermachen.« Was tun? Er ist jetzt 43 und denkt darüber nach, sein Arbeitsgebiet umzugestalten. Nur wie? Er überlegt, sich mit seinem Problem an einen Coach zu wenden.

Vielleicht aber muss er auch eine tiefergreifende Konsequenz ziehen – und der IT-Beraterbranche den Rücken zukehren. »Doch ich bin sehr zuversichtlich, dass ich meine Arbeit in guter Weise umgestalten kann.«

Wie eine Geschäftsfrau an ihre Grenzen gerät
Es ist ein Sommertag im August 2008, der Lea Meiers* Leben auf den Kopf stellt. Die 39-jährige Speditionskauffrau knickt um und zieht sich einen Bänderriss zu. Drei Wochen lang muss die sonst so Aktive untätig zu Hause herumsitzen. Das belastet sie, »denn stillsitzen ist nicht mein Ding«.

Meier lebt mit ihrem Mann zu der Zeit in einem großen Haus mit Garten. Finanziell geht es ihnen gut. Neben ihrer Vollzeitstelle als stellvertretende Niederlassungsleiterin einer Spedition in einem großen Lebensmittelunternehmen führt sie gemeinsam mit ihrem Mann eine weitere Speditionsfirma. Tagsüber im Büro kümmert sie sich um die Abwicklung von Lkw-Transporten, erstellt Angebote, koordiniert die Überwachung, macht Frachtabrechnungen. Zu Hause stemmt sie die Buchhaltung ihrer eigenen Firma, während ihr Mann viel unterwegs ist.

Die beiden sehen sich kaum – was Meier schmerzlich bewusst wird, während sie mit dem lädierten Fuß zu Hause festsitzt. »Wir hatten ein großes Haus, schöne Autos und keine Zeit füreinander«, sagt sie rückblickend. »Wir hatten uns vor lauter Arbeit total auseinandergelebt.« Diese Erkenntnis trifft sie plötzlich mit voller Wucht und lässt sie handeln: Sie trennt sich von ihrem Mann, zieht in eine eigene Wohnung. Für ihre Freiheit verzichtet sie sogar auf alle Besitzansprüche, auf die gemeinsame Firma und auf ihren Anteil des Hauses.

Doch nach ihrer dreiwöchigen Zwangspause wird Lea Meier krank. Ständig hat sie Sodbrennen, ihr Appetit verschwindet, sie nimmt zehn Kilogramm ab. Dazu kommen Schwindel, Rückenschmerzen und Herzrasen. So massiv, dass sie eines Tages glaubt, kurz vor dem Herzinfarkt zu sein.

Meier ist wie besessen von ihren Leiden. Stundenlang sitzt sie vor dem Computer. »Ich habe nur noch von und mit Dr. Google gelebt«, sagt sie. Zwei Jahre lang geht das so. Sie probiert es mit der Schulmedizin, geht zum Heilpraktiker. Sie versucht es mit Homöopathie und Reiki, lässt sich auf Kinesiologie ein, sucht einen Schamanen auf. Keine der Behandlungen hilft. Schließlich geht sie zu einer Psychotherapeutin. »Dabei habe ich so etwas immer verurteilt«, erzählt sie. Heute ist sie froh, dass sie diesen Schritt gewagt hat. »Ich hätte sonst den Verstand verloren.« Doch als die Therapeutin ihr sagt, sie habe einen Burnout, ist sie zunächst skeptisch. Sich selbst einzugestehen, dass sie ausgebrannt war, sei das Schlimmste daran gewesen. »Das hat ja was mit Schwäche zu tun«, findet Meier, »ich habe immer gedacht, ich bin nicht kaputtzukriegen.«

Eine genauere Betrachtung ihrer Situation, bevor sie krank geworden war, klärte schon einiges: Kurz vor dem Bänderriss hatte Meier eine anspruchsvolle Aufgabe übernommen, für die sie mehrere Monate in eine andere Stadt zog. Sie sollte eine

Abteilung der Firma im Ruhrgebiet schließen und andernorts wieder aufbauen. »Das war eine Flut von Reizen und Anforderungen für mich«, erzählt sie. »Weg von zu Hause und plötzlich in einer Verantwortung, in der es ja auch um Menschen geht.« Großer Druck lastete auf ihr, schließlich wollte sie nicht versagen. Sie arbeitete bis zu 15 Stunden am Tag, schlief kaum noch, fühlte sich aber wie auf Droge. »Da war ich ganz weit oben.«

Nachdem die Aufgabe bewältigt war, fiel sie in ein großes Loch. Mehrere Monate »dümpelte ich nur so vor mich hin«, sagt sie, dann kam der Bänderriss. Durch ihre Therapie hat sie inzwischen begriffen, wie tief sie schon damals in der Burnout-Spirale steckte. Es scheinen Kleinigkeiten zu sein, aber sie spielten eine Rolle: Der Chef, dem sie sehr vieles aus dem Privatleben anvertraute, der immer wusste, wo sie ist, und oft auch bei ihr und ihrem Mann zu Hause zu Gast war. Oder die Freunde, die ihr später sagten, sie sei mitunter sehr aggressiv und rabiat gewesen.

Drei weitere Fälle soll es in ihrer Firma geben; gesprochen wird darüber nicht. Und auch Meier, die sonst sehr resolut ist und immer klar ihre Meinung äußert, schweigt über ihren Burnout. »Mein Chef tickt aus, wenn er das Wort hört.«

Deshalb macht sie äußerlich weiter wie bisher. »Nur nach Feierabend hat sich mein Leben verändert«, sagt sie, »die Arbeit hat dort nichts mehr zu suchen.« Und umgekehrt hält sie ihr Privatleben aus dem Job heraus. An Aufhören denkt sie nicht. Die Motivation hat sie trotz der tiefen Krisen nie verloren. »Ich bin ein Stehaufmännchen«, sagt Meier, »und ich liebe meinen Job.«

Warum ein Außendienstler beginnt, unter seiner Arbeit zu leiden

An einem Abend im Frühjahr 2011 kommt Georg Holst* erschöpft nach Hause. Bei der Arbeit ist ihm ein Patzer unterlaufen: Eine Vertriebsaktion an mehrere Kunden ging mit falschen Zahlen raus. Der Mittdreißiger ist Versicherungsangestellter im Außendienst. Seine Kunden sind Arbeitgeber, denen er Versicherungslösungen anbietet – als Sozialleistungen für deren Mitarbeiter. Eine Altersversorgung für die Angestellten etwa oder private Zusatzleistungen beim Zahnarzt. Ein strategisches Zukunftsprojekt in Zeiten des demografischen Wandels. Holst ist einer der ersten Mitarbeiter, die die neuen Produkte an den Mann bringen sollen.

Sein Job ist die Neuakquise von Firmenkunden aller Art in der Region. Vom Handwerker mit zehn Angestellten bis zum Großunternehmen. Wie er das macht, liegt bei ihm. Konstruktives, kritisches Feedback gibt es wenig. Vieles an seiner Arbeit macht Holst Freude: Er lernt Branchen aller Art kennen, redet mit Geschäftsführern wie Sachbearbeitern. Er spricht gern mit Menschen, das hilft ihm, denn er muss Begeisterung versprühen, seine Kunden davon überzeugen, dass es sich lohnt, in ihre Mitarbeiter zu investieren. Drei Jahre macht er den Job nun. 200 Kunden stehen inzwischen auf der Liste.

An diesem Tag im Frühjahr wird durch seinen Fehler das Vertrauen zwischen ihm und einigen seiner Kunden schwer auf die Probe gestellt. Überhaupt läuft es gerade nicht so gut. Er hat das Gefühl, dass er auch bei anderen Kunden nicht so recht vorankommt. Und er macht in letzter Zeit häufiger Fehler.

Auf dem Weg in eine Bar, wo er mit Freunden verabredet ist, geht sein Handy kaputt. Und alles um ihn herum wirkt so unheimlich laut. »Als hätte man mir Lautsprecher in die Ohren eingepflanzt«, erzählt Holst. Als er sich an den Tresen setzt, fängt plötzlich sein Herz zu rasen an. Er bekommt einen Schweißausbruch, die Hände kribbeln, die Finger fühlen sich taub an. Ihm wird übel. Er fragt sich: Herzinfarkt? Schlaganfall? Er ruft die Gesundheits-Hotline seiner Krankenkasse an, eine Ärztin beruhigt ihn und rät, durchzuatmen, runterzukommen und sich zu erholen.

Er solle seinen Hausarzt aufsuchen. Der diagnostiziert einen Erschöpfungszustand. »Das war die Gelbe Karte von meinem Körper«, sagt Holst rückblickend. Er hört darauf; zwei Wochen schreibt ihn der Arzt krank. In dieser Zeit setzt er sich mit seinem Problem auseinander. Liest alles, was er zum Thema Burnout finden kann, fängt mit Yoga an, denkt über seine Verhaltensmuster nach. Schließlich geht er zu einem Burnout-Spezialisten, der ihm bestätigt, dass er erschöpft sei. Da er aber sein Problem bereits in Angriff genommen habe, halte er eine Therapie nicht für nötig.

Holst sagt sich: »Ich muss mich ändern – und nicht das System.« Also steigt er vom Auto auf die Bahn um. Rund 40 000 Kilometer pro Jahr saß er früher am Steuer. »Ich nannte es ›Living in a box‹«, erzählt der Versicherungsfachmann: »Man schläft in einer Kiste, steigt in eine Kiste und fährt darin, um den Kunden in einer Kiste zu besuchen.« Während der Fahrt führte er ständig noch geschäftliche Telefonate, fragte seine Mails ab auf dem Smartphone.

Im Zug versucht Holst jetzt, die Dauererreichbarkeit herunterzufahren, er liest viel, manchmal gönnt er sich sogar ein Schläfchen. »Man kann eine Mail auch mal am kommenden Tag beantworten«, sagt er, »davon geht die Welt sicherlich nicht unter.«

Holst ist der Meinung, dass es vor allem das »ständige Rumgerase« war, das ihm seine Kräfte geraubt habe. »Zu viel Job, zu wenig Seele«, sagt er. Oftmals arbeitete er von 8.30 bis 21 Uhr.

Nun hat er sich eine »Gehaltserhöhung« gegönnt, wie er es ausdrückt: »Ich bekomme das gleiche Geld, aber ich versuche häufiger von 9 bis 17 Uhr zu arbeiten. Meine Arbeitsqualität ist besser und der Stundenlohn auch.«

Er gibt zu, dass ihm der Wandel nicht leicht fällt. »Ich will meine Arbeit immer gut machen. Aber ich will auch, dass sie Sinn ergibt.« Noch muss er lernen, in manchen Situation gelassener zu sein. »Man darf sich nicht verrückt machen lassen«, sagt er. Früher grübelte er nächtelang über seinen Probleme und konnte nur schwer einschlafen. Das gehe schon viel besser, sagt Holst. »Ich hab die Kurve gekriegt.«

Eine Krankenschwester vergisst, an sich selbst zu denken

Für andere da sein, schwächeren Menschen helfen: Elisa Waldner* ist mit ganzem Herzen Kinderkrankenschwester, seit 26 Jahren. Ihr Berufsleben beginnt auf einer Intensivstation für Frühchen. Dort arbeitet sie jahrelang und erlebt, wie die winzigen Babys den Kampf ums Leben gewinnen, manche aber auch nicht. Diese emotionale Last hält sie irgendwann nicht mehr aus, sie wechselt. Mit 32 übernimmt sie die Leitung der Kurzzeitpflege für schwerbehinderte Kinder. Leichter ist die neue Arbeit nicht. Aber Waldner mag die positivere Atmosphäre, vor allem den Kontakt zu ihren jungen Patienten und das Vertrauen der Eltern. Zudem lockte sie die Führungsposition: eine Herausforderung, genau das Richtige für sie.

In ihrem Job geht sie auf: Sie isst und spielt mit den Kindern, hilft ihnen beim Waschen und Anziehen, gibt ihnen Wärme und Geborgenheit. Die Zeit dafür wird allerdings immer knapper, denn die organisatorischen Aufgaben nehmen zu. Mehrere Stunden täglich telefoniert sie mit Eltern, die Fragen zur

Einrichtung haben, führt sie durch die Station, erklärt und informiert mit viel Geduld. Nebenbei kümmert sie sich um Dienstpläne, führt Protokolle über Patienten, hastet zu Sitzungen. Jede Menge Überstunden sammeln sich an.

Wird ein Kollege krank, ist sie die Erste, die einspringt, auch am Wochenende. Das ist kein Problem für sie, glaubt sie, schließlich ist sie Single und flexibel. Die Arbeit an den Wochenenden empfindet sie sogar als vergleichsweise erholsam: kein Telefon, das dauernd klingelt, kein Organisationskram. So kann sie sich intensiver um die Kinder kümmern, die tatsächlich auch zufriedener wirken.

Von Freunden kommen die ersten Warnungen. »Pass auf dich auf, du bist ja fix und fertig«, sagen sie zu ihr. Waldner winkt ab. »Bald habe ich Urlaub. Nach zwei Wochen bin ich wieder frisch.« Doch eines Tages sackt sie innerlich zusammen, jeder Gang auf die Station fällt ihr ungemein schwer, sie spürt keinerlei Lust mehr auf ihre Arbeit. Ihre Kollegen sorgen sich um sie, raten ihr, auch mal an sich zu denken.

Ende 2004 geht sie zu ihrer Hausärztin. Die überweist sie zum Psychotherapeuten und will sie bis dahin krankschreiben. »Das habe ich abgelehnt«, erzählt Waldner. Sie arbeitet weiter bis zu ihrem Gespräch beim Neurologen. Der gibt ihr eine Woche Bedenkzeit: Will sie so weitermachen, womöglich bis zum Zusammenbruch? Waldner entscheidet sich für eine Therapie. Die »Bedenkwoche« verbringt sie mit intensiver Arbeit. »Da habe ich noch mal richtig geackert, Dienstpläne vorbereitet und meinen Platz aufgeräumt«, erzählt sie, »damit ich guten Gewissens gehen kann.« Als die Woche zu Ende geht, fällt es ihr schwer, sich von den Kindern zu verabschieden. »Ihnen sagen zu müssen, ich kann mich jetzt nicht mehr um euch kümmern, ich muss an mich denken, das tat richtig weh«, erinnert sie sich. »Als die Tür hinter mir zufiel, da habe ich nur noch geweint.«

Die wöchentlichen Gespräche mit dem Therapeuten helfen ihr. Auch sonst nutzt sie die sechs Monate zu Hause, kümmert sich um sich, macht nur, was ihr guttut: ausschlafen, mit ihrer Freundin spazieren gehen, Bücher verschlingen. Und sie erfüllt sich einen Kindheitstraum: Sie beginnt mit dem Reiten. Noch heute, sieben Jahre später, fährt sie zweimal pro Woche auf den Reiterhof.

Nach ihrer Auszeit entscheidet sie sich wieder für eine Station mit schwerkranken Kindern, manche von ihnen sterben. Doch sie ist jetzt stärker und merkt, wenn es ihr zu viel wird. Sie fordert freie Tage ein und nimmt sich auch im Alltag mehr Zeit für sich: So frühstückt sie morgens in Ruhe und nimmt sich direkt nach der Arbeit mindestens eine Stunde, um abzuschalten.

Trotzdem bemerkt sie einige Male wieder erste Anzeichen großer Erschöpfung. Für solche Momente hat sie sich in ihrem Schlafzimmer ein Merkblatt bereitgehängt, das zehn Phasen bis zum Burnout beschreibt. »Ich guck dann da drauf und frage mich: Wo stehst du denn da jetzt gerade? Und wenn nötig, dann sage ich mir: Stopp, Elisa!«

»Ich brauch doch gute Noten!«

Ist das Bildungssystem daran schuld, dass viele Studenten unter dem Druck des gesteigerten Leistungstempos leiden? Sie haben Schlafstörungen, werden psychisch krank, schlucken Antidepressiva.

Von Rick Noack

Den Augenblick, in dem ihr Leben aus den Fugen geriet, erlebte Hanna nur als Zuschauerin. Sie wollte die Frage ihres Dozenten beantworten. Doch da war nichts. Kein Gedanke, keine Lösung. Während sie ihn abwesend anstarrte, bewegten sich ihre Mitstudenten im Hörsaal wie im Zeitraffer, der Raum schien sich zusammenzuziehen. »In diesem Moment wusste ich: Diesen Uni-Stress kann ich nicht länger ertragen«, sagt Hanna, dann verstummt sie. Drei Wochen sind seit der Panikattacke der 28-jährigen Studentin vergangen. Noch immer fehlt ihr zu den meisten Dingen die Kraft. Wenn es gutgeht, schafft sie ein paar Besorgungen, einen Spaziergang.

Und Hanna hatte Glück, das sagt zumindest ihr Psychologe Wilfried Schumann von der Beratungsstelle, die das Studentenwerk und die Universität Oldenburg gemeinsam tragen. Sie sei einer der leichteren Fälle – denn sie hat schnell professionelle Hilfe gesucht. Die Zahl der gestressten Studenten, die zu Schumann kommen, steigt. Darunter seien viele Langzeitstudenten. Dass psychisch geschwächte Menschen oft lange studieren, ist nicht neu. »Immer häufiger brauchen aber auch sehr junge Studenten Hilfe.«

»ICH BRAUCH DOCH GUTE NOTEN!«

Viele Hochschüler schlucken Antidepressiva, von 2006 bis 2010 kletterte ihre Zahl um 44 Prozent. »Insgesamt dürften es 2010 mehr als 50 000 Studenten gewesen sein«, sagt Thomas Grobe, Mitautor einer Studie der Techniker Krankenkasse zur psychischen Gesundheit von Studenten. Auffällig sei, dass Berufstätige gleichen Alters deutlich weniger Pychopharmaka verordnet bekommen. Uni-Psychologen aus ganz Deutschland berichten von einem alarmierenden Anstieg hilfesuchender Studenten. Mehr als 4000 nahmen 2010 psychologische Beratungsangebote in Anspruch – elf Prozent mehr als im Vorjahr. Doch während der Beratungsbedarf immer größer wird, steigt die Anzahl der Angebote kaum.

Schneller, effektiver, billiger – so sieht heute ein Traumstudium an deutschen Universitäten aus. Aber statt Traumnoten gibt es häufig einen heiklen Befund: völlige Erschöpfung. Das Muster zeigt sich an vielen Hochschulen, ob in Oldenburg, München oder Berlin. »Wir kommen dem asiatischen Bildungsmodell des Leistungsdrills immer näher«, sagt Hans-Werner Rückert von der FU Berlin. »Denn die ursprüngliche Bedeutung von Bildung ist längst aus den Universitäten verschwunden.«

Wie erklärt sich diese Entwicklung? Eine Frage, die Hanna sich erst mal nicht stellt. Stattdessen liegt sie in ihrem Bett, denkt über Noten von vor einem Jahr nach. »Was ist das für eine Scheiße, eine 1,3 zu bekommen«, flucht sie und stellt gleichzeitig tief enttäuscht fest: »Ich ärgere mich, dass ich nicht perfekt bin.« Dabei war Hanna lange eine Musterschülerin, hat geglänzt mit ihren Noten. Tatsache ist: Es sind nicht unbedingt die Leistungsschwachen, die dem Uni-Druck nicht standhalten. Es sind vielmehr diejenigen, die später einmal die Leistungselite des Landes stellen sollen.

»Besonders die Studierenden, die sich hohe Ziele gesetzt haben, machen sich einen zu großen Stress«, sagt der Psychologe Schumann. Viele kämen aus liberalem Elternhaus, das seinen Kindern große Freiheiten lasse. Der Wunsch, den Eltern unter allen Umständen gefallen zu wollen, ist Schumann zufolge größer als früher.

Wer schon mit 21 auf den Arbeitsmarkt kommt, denke, er könne sich »nur noch durch erstklassige Leistungen behaupten«, sagt Dagmar Ruhwandl, Lehrbeauftragte der TU München. Auch der Berliner Rückert ist der Meinung: »Früher war eine 2,4 eine gute Note, heute zählt nur noch eine Eins vor dem Komma.« Die Note habe enorm an Bedeutung gewonnen. »Aber es kann halt nicht jeder zu den besten zehn Prozent gehören«, sagt Schumann.

Scheitert da eine Generation an ihren Erwartungen? Die Zeit zur Selbstentfaltung ist zusammengedrückt und nahezu verschwunden zwischen Abitur und erstem Job. Stress ist an Universitäten ein Statussymbol geworden; wer keinen hat, arbeitet zu wenig. Auch deshalb suchen nur wenige Betroffene rechtzeitig professionelle Hilfe. Die Angst, von Mitstudenten und Dozenten als Versager wahrgenommen zu werden, lässt sie vor einem Beratungstermin zurückschrecken. Einer einzigen Kommilitonin hat Hanna bislang von ihren Problemen erzählt. »Das war eine große Erleichterung. Denn daraufhin hat sie mir offenbart, dass auch sie Hilfe bei einer Beratungsstelle gesucht hat«, sagt Hanna.

Der Weg zum Psychologen – das ist noch immer ein Tabuthema. Einem Interview stimmt Hanna nur unter der Voraussetzung zu, absolut anonym zu bleiben. Ihre Mitstudenten würden sie weiterhin als »kompetent« und »zielstrebig« einschätzen, sagt sie, das sei auch gut so.

Der Bachelor hat die Realität des Studiums verändert. Viele der Studenten mit Bachelor-Abschluss sind erst 21 Jahre alt. Die G-8-Reform hat dafür gesorgt, dass schon 18-Jährige die Universitäten bevölkern. »In dem Alter steckt man noch in vielen Krisen, mit denen man erst mal umzugehen lernen muss«, sagt der Psychologe Rückert. Auch hätten Schüler immer weniger Zeit, sich Gedanken über den richtigen Studiengang zu machen. »Viele sitzen schon einige Wochen nach Semesterbeginn in meinem Büro und sorgen sich, ob sie das richtige Fach gewählt haben.«

Es gibt Anhaltspunkte dafür, dass der Druck durch mehr Berufsberatung gelockert werden könnte. Tatsächlich ist unter Bildungsexperten umstritten, inwieweit diese Bedrängnis nur »gefühlt« ist. Eine Studie unter der Leitung des Bildungsforschers Rolf Schulmeister zeigt jedenfalls: Ein Bachelor-Student investiert im Durchschnitt pro Woche nur 23,5 Stunden in das Studium. Die aufgewandte Studienzeit kann den Stress also nicht unbedingt erklären. Andere Faktoren spielen offenbar eine wesentlich größere Rolle, wie das Leistungsdenken oder auch Geldsorgen.

Besonders im Fokus sind die deutschen Master-Studienplätze, auf die viele Bachelor-Absolventen hinarbeiten. Die Plätze sind begrenzt. Nach den Zahlen des Internationalen Zentrums für Hochschulforschung Kassel dürfen nur etwa drei Viertel der Bachelor-Studenten weiterstudieren, im Normalfall den Master machen. Auch Hanna weiß: Wenn ihr Notendurchschnitt in diesem Semester schlechter bleibt als 1,6, darf sie ihr Studium nicht weiterführen, dann kommt sie auf eine Warteliste. Wieder eine Zeit ohne Einkünfte.

Einer, der das Hochschulsystem politisch mitgestaltet, heißt Michael Ebling. Der Vorsitzende der Kommission »Qualitätssicherung an Hochschulen« der Kultusministerkonferenz kann den Unmut der Studierenden sogar verstehen. »Ohne Zweifel stehen Absolventen heute unter großem Druck, wenn sie auf dem Arbeitsmarkt Erfolg haben wollen.« Er sieht auch berechtigte Kritik bei der Einführung der neuen Studiengänge

WIE DER STRESS ENTSTEHT

Bachelor und Master, zum Beispiel an der Flut von Prüfungen. Doch hier hätten die Bundesländer nachgebessert und in der Kultusministerkonferenz klar festgelegt, dass in der Regel pro Modul nur noch eine einzige Prüfung gilt.

Nicht nur der Erfolgsdruck treibt viele Studenten um, es ist auch die Sorge ums Geld. Hanna müsste nach den Vorstellungen der Bildungspolitik prima leben können, denn sie bekommt Bafög. Ihre Eltern unterstützen sie – wenn sie am Monatsende etwas übrig haben. Ohne die Hilfe hat Hanna Mühe, das Geld für 400 Euro Miete, das Essen, Versicherung und die Studiengebühren von fast 800 Euro pro Semester zusammenzubekommen. Deshalb hat sie jetzt erstmals einen Studienkredit aufgenommen.

»Meine Verwandten sagen immer: ›Hey, schau mal Hanna, welche Karrieren die anderen in deinem Alter schon haben! Warum hast du eigentlich noch keinen Uni-Abschluss?‹« Dann fühlt sie sich besonders schuldig, dass sie auch noch auf Kosten ihrer Eltern lebt.

Eltern und Kinder leiden gleichermaßen. Laut dem Deutschen Studentenwerk gibt es immer weniger Väter und Mütter, die dieser Doppelbelastung gewachsen sind. Etwa zwei Drittel aller Studierenden jobbten deshalb neben dem Studium durchschnittlich 13,5 Stunden pro Woche. Für etwa die Hälfte von ihnen ist das Gehalt sogar lebensnotwendig. »Das Bafög soll Studenten eigentlich helfen, auch ohne Nebenjob und Hilfe der Familie zu überleben«, sagt Stefan Grob vom Deutschen Studentenwerk. Aber nach der Regelstudienzeit von sechs Semestern hätten Bachelor-Studenten nur noch in Ausnahmefällen Anspruch darauf. »Das steigert den Druck.«

Cornelia Jurack hat früher darüber entschieden, welche Studenten Bafög bekommen – und welche nicht. Sie sah Studenten, die verzweifelt ihr Bafög verlängern wollten, weil sie den Anforderungen nicht standgehalten hatten. Jurack und eine Studentin gründeten 2004 die Selbsthilfegruppe »Hopes Leipzig«, die sich seitdem um psychisch erkrankte Studenten kümmert. Viele von ihnen haben Geldsorgen, in Leipzig erhalten Studenten ihr Essen sogar von Hilfsorganisationen wie der Tafel.

Auch Hopes-Teilnehmer berichten, der Andrang von hilfesuchenden Studenten nehme seit der Einführung des Bachelor-Systems immer weiter zu, in ganz Sachsen befinden sich danach Studenten in Not. »Wer sich für ein Semester beurlauben lassen muss, was in Sachsen einfacher ist als in anderen Bundesländern, hat hier weder Anrecht auf Bafög noch auf Hartz IV«, sagt Anne, eine Betroffene und ein Mitglied von Hopes. »Am Ende stehen wir oft ohne Geld und ohne Hilfe vor einer Masse an Prüfungen, die wir über Jahre hinausgezögert haben.« Um zu scheitern, müsse man keinen Burnout haben, schon ein kleiner Durchhänger reiche aus, um Studenten in ernsthafte Schwierigkeiten zu stürzen.

Hopes bietet deshalb ein klassisches Selbsthilfemodell an. Die Mitglieder treffen sich zweimal im Monat, tauschen sich aus, gestalten gemeinsame Lernkreise oder Freizeitaktivitäten. Das Konzept funktioniert offenbar: Nach fünf Monaten in einer Klinik half es Anne zurück in den Alltag. Inzwischen steht sie vor ihren Abschlussprüfungen.

Doch nicht jeder gestresste Student braucht psychologische Beratung. Experte Hans-Werner Rückert gibt ihnen ganz praktische Ratschläge. »Viele, die zu mir kommen, wollen kleine Tipps und Tricks hören, wie sie zum Beispiel schneller lesen können oder wie Super Learning funktioniert.« Doch auf Dauer sei das keine Lösung, sagt Rückert. »Sinnvoll ist ein Lerntagebuch, in dem Betroffene Erfolgs- und Stresssituationen über längere Zeit festhalten.« Das Tagebuch wird dabei zum stillen Vertrauten.

Prävention ist auch der Psychotherapeutin Ruhwandl wichtig. »Jeder hat seine eigene Strategie. Aber Freunde zu treffen und soziale Netzwerke zu festigen, steht immer auf Platz eins«, sagt sie. An der TU München hält die Ärztin jeweils zum Semesterbeginn Vorträge, in denen sie Tipps gegen Stress gibt. »Denn Manager und Studenten gleichen sich in einem Grundzug: Sie haben einen starken Leistungsgedanken.« Auch Kurse zu Zeitmanagement und Büro-Organisation empfiehlt sie – je früher, desto besser. »Das hilft gerade Studenten niedriger Semester, Prioritäten zu setzen.«

Noch wichtiger als Ordnung im Büro sei jedoch Sport. Ditte Kotzian hat mit dem Sport einst selbst ihr Geld verdient – 2008 gewann sie als Synchronspringerin bei den Olympischen Spielen in Peking Bronze. Danach beendete sie ihre Karriere, um als Yoga-Lehrerin zu arbeiten. »Yoga ist auch unter Studenten inzwischen sehr akzeptiert. Viele sehen es als Mittel, im Studienstress die Balance zu halten«, sagt sie. Und so finden sich in den Sportangeboten deutscher Hochschulen längst auch Meditations- und Yoga-Kurse. »Zu meiner Studienzeit hatte ich das Gefühl, dass Sportstudenten besser mit Stress umgehen können als reine Theoretiker. Sport schafft einen wichtigen Ausgleich zur theoretischen Lernarbeit«, sagt Kotzian. Auch in Großbritannien und den USA hat Sport an der Uni einen hohen Stellenwert. Und auch sonst könnte sich Deutschland so einiges abschauen, sagt der Psychologe Rückert. »In England gibt es Reading Weeks, in denen Studenten studieren oder aber entspannen können, ohne zu Lehrveranstaltungen gehen zu müssen. Und junge Studenten haben an den englischen Hochschulen persönliche Tutoren, die sie unterstützen. Davon sind wir weit entfernt.«

An der FU Berlin gibt es für 28 500 Studenten gerade mal zwölf psychologische Berater. Und so suchen Studenten sogar

Hilfe im Kloster. Eines von ihnen ist die Benediktinerabtei Münsterschwarzach in der Nähe von Würzburg. »Unter denen, die bei uns Ruhe suchen, sind auch Studenten«, bestätigt Bruder Jakobus Geiger, der das Gästehaus der Abtei leitet. Burnout und Stress seien wichtige Themen der Betreuung geworden.

»Gestresste Studenten als Massenphänomen werden uns noch sehr lange begleiten«, glaubt auch Experte Schumann. Zuerst müsse sich die gesellschaftliche Erwartungshaltung gegenüber Hochschülern ändern. Erst dann könnten sich Studenten wie Hanna wieder auf andere Dinge als ihre Karriere besinnen.

»Eigentlich weiß auch ich, dass ich mir Ruhe gönnen sollte«, sagt Hanna unvermittelt. »Aber das geht doch nicht! Ich brauche den Druck! Ich brauche gute Noten! Mir ist schon bewusst, dass 1,7 eine gute Note ist. Aber in unserer Gesellschaft reicht das nicht mehr aus!« Sie lacht verlegen, sagt: »Ich weiß, das klingt komisch.« »Objektive Betrachtung«, »strukturelles Problem« – Hanna analysiert sich in akademischen Formeln, als sei sie selbst das Thema einer Hausarbeit. Es muss für alles in ihrem Leben eine schnelle Lösung geben. Das ist das Paradox: Hanna müsste schlafen, um zu entspannen. Aber Hanna kann nicht schlafen, sie sucht nachts den Grund, warum sie noch immer wach ist.

Es ist nicht das Lernen, das sich viele Studenten wieder beibringen müssen. Es ist, die Balance zu finden, zielgerichtet zu arbeiten, aber auch mal faul zu sein, unbeschwert zu feiern. »Für gestresste Studenten fühlt sich das wie illegal verbrachte Zeit an«, sagt Hannas Berater Schumann. Hanna ist auf einem guten Weg: Sie war zum ersten Mal seit langem wieder im Kino. Einmal am Tag geht sie spazieren, nach 20 Uhr bleibt der Computer aus. Es ist die schwerste Prüfung ihres Studiums.

Kindheit im Fulltime-Job

Bereits Schüler leiden an chronischem Stress und Überforderung. Einige Schulen setzen nun auf Prävention.

Von Bettina Musall

Das Gymnasium Harksheide in Hamburgs Nachbarstadt Norderstedt strahlt die Sichtbeton-Gemütlichkeit einer typischen Sechziger-Jahre-Schule aus. In einem Klassenzimmer im ersten Stock hocken dreizehn 13-Jährige im Kreis. In den anderen Klassen wird noch Mathe, Englisch, Deutsch gelernt, doch hier haben sie ein außergewöhnliches Thema auf dem Stundenplan. Seit vier Wochen nehmen die Schüler an einem Programm teil, das »S-n-a-k-e« heißt und bedeutet: »Stress nicht als Katastrophe erleben.« Leicht gesagt. Was verursacht bei diesen Jugendlichen schon Stress?

»Klassenarbeiten, Notendruck«, sagt eines der Kids im »Snake«-Kreis, »dass die Eltern wollen, dass ich was werde«, meint ein anderer. »Du lernst«, sagt ein Dritter, »aber es reicht nie, du musst noch mehr lernen.« Ein Kumpel braucht den Sport als Ausgleich, »aber das macht auch wieder Termindruck«. Und selbst die Verabredung mit den Freunden, auf die sich alle nach der Schule freuen, muss mühsam in den durchgetakteten Freizeitstundenplan eingebaut werden.

Gerhard Frische, 60, der Schulleiter des Gymnasiums, sieht die Jugendlichen unter »multiplen Stressfaktoren« leiden. Abgesehen von den üblichen Belastungen wie Pubertätskonflikte, Scheidung, Krankheit oder Umzug sind es die Begleiterscheinungen der multimedialen, nonstop kommunizierenden und konsumierenden Facebook-Gesellschaft, die Druck erzeugen. »Die unendliche Freiheit, alles kann heute richtig sein, vom richtigen Mobilphone bis zur coolsten App, und morgen schon nicht mehr.« Übers Handy und soziale Netzwerke ständig erreichbar zu sein, mache Spaß, aber auch Stress. Einstimmig wurde in der Norderstedter Schule beschlossen, die Handys auf dem Schulgelände abzuschalten. MP3-Player und Spielkonsolen sind als Nächstes dran.

Die Ursachen für kindliche Überlastung sind vielfältig. Wo beide Eltern Vollzeit arbeiten, wo Schule zum Fulltime-Job wird und Freunde zu kurz kommen, leiden viele Jugendliche unter Dauerdruck, fand die Techniker Krankenkasse (TK) heraus, die Snake schon 2003 gemeinsam mit der Uni Marburg als Training zur Stressvorbeugung und -bewältigung entwickelte. Das wird inzwischen bundesweit in Schulen angeboten.

»Betroffen sind vor allem die Leistungswilligen«, sagt Diplompsychologe Markus Plesner, der in den vergangenen Jahren mehr als 2800 Kinder und Jugendliche in TK-Seminaren betreut hat. Wem alles egal ist, der hat keinen Stress. Oft sind es die Kinder von erfolgreichen Eltern, die Zweisprachigen, die Einserkandidaten. »Das sind keine Streber«, sagt Plesner, »die wollen schon cool sein und zu ihrer Gruppe gehören, aber denen setzt eine Drei oder Vier schon zu.«

Johann*, 12, ist ein guter Schüler, einer der besten in der siebten Klasse eines Regensburger Gymnasiums. In Latein und Kunst eine Eins, Englisch, Mathe, Deutsch und in den Nebenfächern stand der Junge mit der Harry-Potter-Brille zur Versetzung auf Zwei, Religion, na ja, er grinst, »da hat's halt nur für eine Drei gereicht«. Johann ist ehrgeizig. In den ersten beiden Jahren am Gymnasium kam er mit dem strengen Takt,

---

*   Namen geändert.

WIE DER STRESS ENTSTEHT

den die Schule vorgibt, ziemlich gut zurecht, lernte freiwillig, besuchte einmal wöchentlich den Bratschen-Unterricht und trieb sich in jeder freien Minute auf dem Bolzplatz rum. Aber im neuen Schuljahr läuft es plötzlich nicht mehr so gut. Eine Fünf in Latein, eine Vier in Mathe, ein Eintrag wegen vergessener Hefte. »Ich schaff es nicht«, sagt er immer öfter – und zum Fußballspielen geht er auch kaum noch.

Johanns Tagesablauf kann mit dem eines Arbeitnehmers mit Vollzeitstelle konkurrieren. 6.50 Uhr aufstehen, duschen, Frühstück, auf dem Klo noch mal letzte Aufgaben durchgehen. Um 7.25 Uhr stülpt sich der schmale Junge mit dem Lockenkopf seinen Radhelm auf, um Viertel vor acht muss er in der Schule

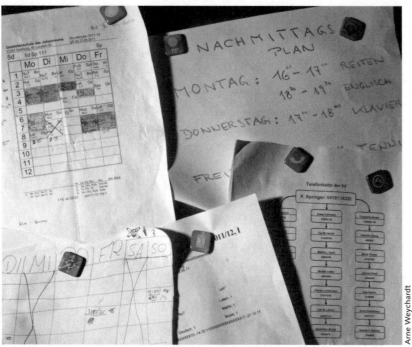

Die Stundenpläne einer Zehnjährigen

sein. Dort beginnt eine 33-Unterrichtsstundenwoche, viermal wöchentlich kommt er um 16.30 Uhr nach Hause.

Da wartet schon ein »Nachmittags-Stundenplan«. 30 Minuten Pause, dann steht die Mutter hinter ihm. »Johann, du bist spät dran.« Die Hausaufgaben sind in der Dreiviertelstunde Betreuung, die das Gymnasium anbietet, häufig nicht fertig geworden. Vokabeln fragt die Mutter ab, der Vater ist für Mathe und Naturwissenschaften zuständig. Johann muss regelmäßig Bratsche üben, weil er im Orchester spielt. Er ist froh, wenn er um sieben seine Schulaufgaben erledigt hat. Froh – und fix und fertig.

Solange die Noten gut waren, hat niemand diesen irren Kinderalltag hinterfragt. Nur gelegentlich klagte der Sohn, er habe keine Zeit zum Spielen mehr. Sein Durchhänger versetzt die Familie in Aufruhr. »Wenn ich jetzt häufiger auf Dienstreisen gehe«, sagt die Mutter verzweifelt, »wird er ganz sicher abrutschen.« Die Vertriebsleiterin einer internationalen Firma macht sich Vorwürfe, dass sie so viel arbeiten muss. »Wenn ich sitzenbleibe«, befeuert der Sohn ihre Ängste, »dann bin ich ein Asi«, ein Asozialer soll das heißen. »So ein Quatsch«, sagt die Mutter. Aber sie klingt alarmiert.

Zweimal schon hat sich Johann vom Unterricht abgemeldet, weil er vor Kopfschmerzen weinen musste. Manchmal kann er abends nicht einschlafen, ist morgens todmüde. »Was, wenn er es wirklich nicht schafft? Wenn er sitzenbleibt, verliert er seinen Freundeskreis. Realschule, das kommt gar nicht in Frage. Ohne Abitur kannst du heute einpacken«, so rattert die Mutter leise das Szenario eines großen Scheiterns herunter.

Kindheit ade. Mutlosigkeit, Selbstzweifel, Schlafstörungen – die Liste der Befindlichkeiten 10- bis 17-jähriger Schüler liest sich neuerdings wie das Protokoll eines Stressforschers. Kopfschmerzen, Bauchgrimmen, Rückenweh, Gelenkschmerzen –

der Leidenskatalog aus deutschen Klassenzimmern könnte von einem Betriebsarzt stammen, der ausgebrannte Beschäftigte untersucht.

21,8 Prozent der Kinder und Jugendlichen zeigen nach der Bella-Studie, einer repräsentativen Untersuchung zur seelischen Gesundheit Heranwachsender, »Hinweise auf psychische Auffälligkeiten«. In einer Klasse mit 30 Schülern leiden danach also mindestens 6 unter Ängsten, Störungen im Sozialverhalten oder Depressionen.

Ärzte und Psychologen sind vorsichtig mit dem Begriff Burnout bei Kindern und Jugendlichen. Nur wenige wie der Hamburger Kinder- und Jugendpsychiater Michael Schulte-Markwort wenden die Modediagnose schon auf Grundschüler an. Sein Münchner Kollege Karl Heinz Brisch rät dringend, chronisch überforderte und erschöpfte Jugendliche rechtzeitig psychotherapeutisch zu behandeln, besonders, wenn sich hinter den Stress-Symptomen längst eine Depression mit Versagensängsten verbirgt. Aus einem gestressten Kind könne sonst leicht ein depressiver Erwachsener werden, der sich trotz guter Begabungen im Leben wenig zutraut.

Was hilft? »Zu wissen, dass Stress biologisch entsteht und dass er in der Urzeit sogar wichtig war als Reaktion auf Gefahr«, erklärt Snake-Seminarleiter Plesner. In fünf Schritten führt er die Jugendlichen durch die Problemlösungsschlange: 1. Stopp – Was ist das Problem? 2. Welche Lösungen gibt es? 3. Was ist die beste Lösung? 4. Jetzt geht es los! 5. Hat es funktioniert? »Stress ist erst einmal ein natürliches Verhalten«, sagt der erfahrene Therapeut. Ungesund werde es dann, »wenn etwas dauerhaft als Bedrohung empfunden wird und man ständig im Alarmzustand ist«.

Wie bei Thea*. Die zierliche Augsburger Gymnasiastin, 14, geht eigentlich gern in die Schule, »weil ich dort meine

Freunde treffe«. Zu Hause läuft es gerade nicht so gut, die Eltern trennen sich und sind viel mit sich selbst beschäftigt – moderne Zeiten. Außer den Freunden weiß niemand in der Schule von Theas Lage, für Privates haben die Lehrer keine Zeit. Dabei wäre es genau das, was die künstlerisch begabte, sehr sensible Schülerin bräuchte. Als die Eltern versuchen, mit den Lehrern zu reden, wird ihnen nahegelegt, dass ihre Tochter, die mit Bravour einen Intelligenztest absolviert hat, womöglich nicht fürs Gymnasium geeignet sei; das Abitur, erklärt ein Mitglied der Schulleitung, sei in Bayern eben nicht zum Sonderpreis zu haben.

Ginge Thea in Norderstedt zur Schule, würden ihre Sorgen wohl eher ernst genommen. Schulleiter Frische hat das Snake-Programm schon zum zweiten Mal an seine Schule geholt. Nicht, weil es dort besonders stressig zuginge, sondern weil die Pädagogen den heranwachsenden Schülern helfen wollen, ihre Persönlichkeit zu stärken, unter Druck nicht den Kopf zu verlieren und Herausforderungen besser zu bewältigen. »Wir wollen den Eltern und Schülern signalisieren, dass wir als Schule daran arbeiten, die Belastungen zu verringern.«

Ist das G-8-Tempo schuld? »Auf das Totschlagargument lass ich mich nicht ein«, sagt der Schulleiter lächelnd. Die Norderstedter haben »rigoros das Curriculum überarbeitet«. In Erdkunde? »Entfällt Südamerika, das kommt dafür beim tropischen Regenwald vor«, sagt Frische. In Geschichte wird entweder die griechische oder die römische Antike behandelt. Die heilige Kuh Mathematik kommt in Norderstedt ohne Rechnen mit römischen Zahlen, Höhen- und Kathetensatz aus. Hinzugekommen ist dafür »die Informationsbeschaffung: Wie mache ich das? Wie bewerte ich, was ich herausgefunden habe?«

Die Jugendlichen im Snake-Programm sind sich einig darüber, was ihre schulischen Belastungen »enorm reduziert«

hat: »die Doppelstunden«, die es seit drei Jahren gibt. Weniger Fächer pro Tag, längere Übungsphasen im Unterricht und mehr Zeit für den einzelnen Schüler entspannen die Stimmung und verbessern, sagt der Schulleiter, »mit entsprechend ausgebildeten Lehrern sogar den Unterricht«.

Dennoch beobachtet auch der reformfreudige Lehrer bei seinen Schülern Stress-Symptome. »Reizreaktionen, wo gar kein Reiz da ist, dauernd mit dem Fuß auftippen, das zeigt: kein entspannter Muskelzustand.« In Einzelfällen werden aus solchen Anzeichen manifeste psychische Erkrankungen wie Magersucht, Drogenmissbrauch, Ritzen. Frische: »Man muss da nur hingucken.« Und reagieren. Mal können die Eltern helfen, indem sie die Computerzeiten auf eine Stunde täglich begrenzen, mal informieren Konfliktlotsen die Vertrauenslehrer, wenn ihnen ein Mitschüler allzu gestresst erscheint.

Eingebettet in solche Aufmerksamkeit können Trainingsprogramme wie die TK-Seminare helfen, im Alltag besser klarzukommen. Dabei geht es nicht so sehr darum, die Jugendlichen fit zu machen, damit sie stromlinienförmiger ins Anforderungsprofil passen. Es stehen vor allem Fragen an, die zum Heranwachsen gehören: »Wer bin ich? Was will ich? Wie werde ich von anderen gesehen?«

Viermal vier Stunden trainiert Diplompsychologe Plesner die achten und neunten Klassen. Mädchen und Jungen getrennt, »die haben in dem Alter auch schon mal unterschiedliche Bedürfnisse«. Bewerben können sich Schulen, die bereits in der Gesundheitsförderung aktiv sind, einen Arbeitskreis oder ein Projekt gegründet haben oder sich an einem der Online-Portale zur »Gesunden Schule« beteiligen. Die Kosten trägt die Techniker Krankenkasse.

Eltern können den Prozess unterstützen, indem sie versuchen, sich den Fragen der Heranwachsenden zu stellen, ohne

Rücksicht darauf, ob ihre Antworten gefallen. Etwa, warum es sich lohnt, sich auch mal zu quälen. Und ob die grenzenlose Leistungsgesellschaft, ein wild drehendes Hamsterrad, und die Religion von Fortschritt und glückstiftendem Konsum für alle den Stress wert sind, den sie stiften.

WIE DER STRESS ENTSTEHT

Studienrätin Christine Asmussen nestelt mit dem großen Schlüsselbund am Hoftor des Lübecker Katharineums. Funzeliges Licht, ein schmaler Gang. Hoch oben ein weißgetünchtes Gewölbe mit Backsteinrippen. Es riecht nach altem Gemäuer – und Schweiß. Durch diese ehemaligen Klostergänge sind sie zum Unterricht geeilt: Erich Mühsam, Werner von Siemens, Theodor Storm und viele andere Geistesgrößen. Natürlich auch die Brüder Heinrich und Thomas Mann. »Alles gut und schön mit der ehrwürdigen Geschichte und dem Dachstuhl von 1280«, sagt Kirsten Holst, die am Katharineum Englisch und Französisch unterrichtet. »Aber die Enge hier, die Raumnot, kein Grün weit und breit, das sind auch Stressfaktoren für Lehrer und Schüler.«

Lorenz Luger, 15, und Wassilij Koumiantsev, 16, gefällt es, auf die traditionsreiche Schule zu gehen. Das hehre Erbe des 480 Jahre alten Gymnasiums tragen die beiden Zehntklässler gelassen. »Ich bin nicht gerade der beste Schüler«, sagt Wassilij und feixt, »aber ich gehe auf eine der bekanntesten und besten Schulen, das motiviert mich.« Lorenz' Noten sind derzeit »ziemlich gut«, da muss er zu Hause nicht mal den Müll runterbringen – stresstechnisch also gute Zeiten. Über weniger entspannten Kindern, deren Eltern hier schon Abitur gemacht haben, hängt das Eliteprofil der ehrwürdigen Lehranstalt, so Lehrerin Holst, »wie ein Damoklesschwert«.

Auf Betreiben der Beratungslehrerinnen hat Psychologe Plesner deshalb auch hier schon sein Anti-Stress-Training praktiziert, offenbar mit Erfolg: Vor Klassenarbeiten macht sich Wassilij nun möglichst »keine schlechten Gedanken mehr«, versucht, »vom Aufwachen an ruhig und konzentriert zu bleiben«. Die Jungen haben gelernt, sich Arbeits- und Freizeiten einzuteilen, sich mit progressiven Muskelübungen zu entspannen und sich in der Klasse zu unterstützen, »wenn's mal eng wird« – via Facebook, aber immerhin.

»Sport hilft am besten gegen Stress«, sagen die beiden Lübecker Jungen – und gegen die Versuchungen weniger tauglicher Entspannungsmethoden. Wassilij betreibt intensiv Kampfsport. Er sagt, er trinke »grundsätzlich keinen Alkohol und die Freunde respektieren das«, aber in seiner Klasse hängen »schon einige an der Flasche«. Für Lorenz ist Alkohol tabu, er tanzt und macht Taekwondo.

Derartige Ertüchtigungen kannten Thomas und Heinrich Mann ebenso wenig wie die Methoden eines Snake-Programms. Der spätere Nobelpreisträger und sein berühmter Bruder verließen das Gymnasium übrigens vor dem Abitur – ob sie schon unter Schulstress litten, ist nicht überliefert.

Todesangst im Laufstall

Wie wächst ein Kind zu einem stressrobusten Erwachsenen heran? Ganz wichtig, sagt der Münchner Kinderpsychiater Karl Heinz Brisch, ist eine sichere emotionale Bindung.

Das Gespräch führte Bettina Musall.

SPIEGEL: Herr Dr. Brisch, manche Kinder wachsen überbehütet, manche gut versorgt, andere vernachlässigt auf. Wie wirken sich die Erfahrungen in Kindheit und Jugend auf das Leben als Erwachsener aus?
BRISCH: Vom Augenblick der Geburt an entwickelt sich das, was wir die Bindungssicherheit des Menschen nennen. Ist die gut ausgebildet wie bei einem stabilen Fundament, ist der Mensch für Belastungen besser gewappnet, als wenn das Bindungsmuster von Anfang an löchrig ist.
SPIEGEL: Was ist Bindungssicherheit?
BRISCH: Über Raum und Zeit entwickelt sich ein emotionales Band zwischen einem Menschen und seinen Bindungspersonen. Das ist anfangs die Mutter, dann kommen weitere Bindungspersonen dazu. Wenn eine stabile Bindungssicherheit besteht, kann die Bindungsperson irgendwann am anderen Ende der Welt sein, und man fühlt sich innerlich so mit ihr verbunden, dass in einer Notlage die Erinnerung Trost und Schutz bietet.
SPIEGEL: Wie entsteht eine gute Bindungssicherheit?
BRISCH: Nach der Geburt beginnt das Baby, die Bindungsperson zu suchen, die es aus dem Uterus kennt. Babys erken-

nen die Mutter an der Stimme und am Geschmack der Muttermilch, die Stoffe aus der spezifischen Nahrung der Mutter enthält, die die Babys schon im Fruchtwasser kennengelernt haben. Diese Bindungsperson zu finden ist so wichtig wie Luft und Wasser, das ist emotionale Nahrung.
SPIEGEL: Luft und Wasser brauchen wir zum Überleben.
BRISCH: Bindungssicherheit auch. Nur ist Überleben im asiatischen Busch anders definiert als in der europäischen Großstadt. Wenn die Mutter ihr Baby im Dschungel aussetzt, kommt der Tiger oder der Schakal um die Ecke und nimmt es mit. Wenn sie es in der Wohnung in den Laufstall setzt und zwei Stunden einkaufen geht, ist das Baby zwar nicht unmittelbar körperlich gefährdet, aber es ist emotional gefährdet.
SPIEGEL: Was geschieht dann?
BRISCH: Instinktiv weiß das Baby: Allein sein bedeutet Gefahr. Also bekommt es Angst, denn das Baby weiß ja nicht, ob der Tiger um die Ecke kommt oder nicht. Es schreit in Panik und Todesbedrohung so laut es kann, weil es weiß, ich muss mich melden, sonst bin ich verloren.

Karl Heinz Brisch
Der Kinder- und Jugendpsychiater leitet die Abteilung für Pädiatrische Psychosomatik und Psychotherapie am Dr. von Haunerschen Kinderspital der Ludwig-Maximilians-Universität München. Brisch, Jahrgang 1955, erforscht die frühe Bindung zwischen Eltern und Kindern, hat dazu Elternprogramme entwickelt und zahlreiche Bücher veröffentlicht. Im Klett Cotta Verlag erschien 2010 seine Untersuchung »Bindung und frühe Störung der Entwicklung«, in der Möglichkeiten der Prävention und Behandlung vorgestellt werden.

SPIEGEL: Und wenn dann niemand kommt...
BRISCH: ... wird die emotionale Versorgung des Babys unterbrochen. Eine gute emotionale Versorgung ist aber Voraussetzung dafür, dass sich die Wachstumshormone entwickeln, auch die neuronalen, damit sich überhaupt Nervenzellen im Gehirn vernetzen können. Erlebt ein Kind wiederholt, dass niemand kommt, wenn es seine Bindungsperson braucht, muss das Kind lernen, seine Angst allein zu regulieren. Diese Kinder werden nicht bindungssicher, sondern sie werden mit einer gewissen Unsicherheit behaftet bleiben und lernen, Bindungsbedürfnisse sehr früh nicht mehr zu zeigen und der Mutter vorzuspielen, dass sie schon allein klarkommen, weil das die beste Anpassung an die Situation ist.
SPIEGEL: Und was heißt das für diese Kinder dann später im Leben?
BRISCH: Das sind dann oft Menschen, die versuchen, mit Stress und Angst allein fertigzuwerden, die werden den Teufel tun und jemanden bitten: Hilfst du mir? Diese Menschen spüren den Stress dann oft psychosomatisch, bekommen Kopfschmerzen, Bauchschmerzen, werden krank.
SPIEGEL: Gibt es Störungen wie etwa Scheidung, Umzug oder Tod eines nahen Verwandten in der Kindheit, die im Erwachsenenalter Probleme bereiten?
BRISCH: Scheidung ist ein Stress für Kinder, muss aber nicht zu einer Störung führen. Bindungssichere Kinder haben Ressourcen, die können mit so einem Stress umgehen. Bindungsunsichere Kinder haben einen Risikofaktor, wenn dann Stress dazukommt, entwickeln sie eher Symptome.
SPIEGEL: Wie ist es, wenn Kinder Missbrauch oder Gewalt erleben?
BRISCH: Das ist mehr als ein Risikofaktor, das ist eine traumatische Erfahrung, die zu einer frühen pathologischen Störung

führen kann. Die Gehirne von Erwachsenen, die in der Kindheit Gewalt erlebt haben, sind gänzlich anders strukturiert als die von Menschen, denen das nicht widerfahren ist. Vor allem im Frontalhirn, wo unter anderem Ethik, Moral, Identität und Empathie verdrahtet werden. Auch die Verbindungen zum limbischen System, wo unser Stress reguliert wird, sehen völlig anders aus. Diese Kinder bleiben zeitlebens für Stress hoch anfällig, können ihn schlecht regulieren, sind wenig belastbar, mit allen möglichen Folgen, von Depressionen bis zu kognitiven Schwierigkeiten.

SPIEGEL: Wie können Sie so genau den Zusammenhang zwischen der Stresserkrankung eines Erwachsenen und einer frühkindlichen Störung feststellen?

BRISCH: Wir haben Studien, die das belegen. Und zwar nicht rückwirkend, indem wir die Erwachsenen befragen, sondern prospektiv, das heißt wir begleiten Säuglinge, deren Mütter depressiv oder traumatisiert waren, über viele Jahre, wir untersuchen sie im Säuglingsalter, Kleinkindalter, in der Pubertät und im Erwachsenenalter immer wieder. Mit einer weiteren Bindungsperson, also dem Vater, der Tante oder einer Erzieherin, die als Schutzfaktor dazukommt, erhöhen diese Kinder ihre Widerstandsfähigkeit.

SPIEGEL: Was passiert, wenn Eltern selbst eine bindungsunsichere Kindheit erlebt haben?

BRISCH: Die Bindungsmuster der Mütter stimmen bis zu 75 Prozent mit denen der Kinder überein. Mütter, die selbst als Kinder dauernd zurückgewiesen wurden, wenn sie Trost und Schutz gebraucht hätten, machen das – ohne es zu wollen – häufig auch mit ihren Kindern so. Hinzu kommt diese fatale Tradition in Deutschland, das natürliche Bedürfnis der Kinder nach Nähe und Schutz mit dem Argument zurückzuweisen, die Kinder würden verwöhnt, wenn man ihnen gewährt, etwa

nachts nach einem Alptraum bei den Eltern im Bett zu schlafen, oder sie auf den Arm nimmt.
SPIEGEL: Dahinter steckt das Erziehungsziel, dass Kinder schlafen lernen und auch mal mit sich allein zurechtkommen sollen.
BRISCH: Wenn Babys schreien, brauchen sie jemanden, der sie beruhigt, und zwar zuverlässig. Wenn man feinfühlig und schnell auf ihre Bedürfnisse reagiert, werden Babys stressrobuster. Kinder, die lange weinen müssen und keine Reaktion oder Ablehnung erfahren, sind früh vernachlässigt und reagieren meist, auch wenn sie älter sind, auf kleine Stressoren hochexplosiv. Sie schreien, toben, werden aggressiv, weil sie ihre Gefühle wie Angst und Wut schlecht regulieren können.
SPIEGEL: Was können depressive Eltern tun, um ihre Kinder vor den eigenen Störungen zu schützen?
BRISCH: Sich so früh wie möglich helfen lassen. Eine schwangere Frau, die vom Partner verlassen wird und feststellt, es geht ihr hundeschlecht, alte Ängste kommen hoch, sie kann sich nicht mehr auf ihr Kind freuen, sollte die nächste Beratungsstelle aufsuchen. Bindungsstörungen aus der Kindheit können auch noch bei Erwachsenen erfolgreich behandelt werden.
SPIEGEL: Und was empfehlen Sie Eltern, die befürchten, hinter den Ausbrüchen ihres pubertierenden Nachwuchses verstecke sich womöglich eine Depression?
BRISCH: Die erfreuliche Botschaft ist: Während der Pubertät werden die Nervenverbindungen im Frontalhirn bekanntlich noch einmal gelockert und neu justiert. Das ist eine gute Gelegenheit, um in einer neuen Beziehung oder in einer Therapie neue Erfahrungen zu machen. Wenn Eltern sich ernsthaft Sorgen machen, wäre es gut, wenn sie das Kind in einer psychotherapeutischen Beratungsstelle oder Ambulanz zur Diagnostik und eventuell zur Therapie vorstellen, bevor es

so richtig in die Pubertät kommt. Mit zehn, elf Jahren sind Kinder noch bereit, sich auf neue Beziehungspersonen einzulassen. Da können alte Verletzungen einschließlich Trennung und Gewalt bearbeitet und im besten Fall geheilt werden. Dann wird der Weg frei für eine erfolgreiche Entwicklung aus der Pubertät heraus.

»Das ist ja nicht ansteckend«

*Zwei Fußballer sprechen über ihre Erkrankung:
Der eine möchte anonym bleiben, Torwart Markus
Miller will aufklären.*

Von Cathrin Gilbert und Maik Großekathöfer

Der Mann sieht fit aus, auf den ersten Blick käme niemand auf die Idee, dass er schwer krank ist. Er sitzt aufrecht im Stuhl, die Sturmfrisur glänzt vom Gel, er hat Stoppeln im Gesicht, trägt eine graue Strickjacke, Jeans und Turnschuhe, er knetet seine Hände und sagt: »Es gab Tage, an denen ich nur im Bett lag, aber schon das war eine Qual.« Der Oberarzt nickt. »Bei Ihnen war die Gefahr schon konkret, dass Sie sich etwas antun«, sagt er. Sein Patient schweigt.

Als der Mann am Nikolaustag des vergangenen Jahres ins Universitätsklinikum Aachen kam, litt er unter Schlafstörungen und konnte sich nicht konzentrieren. Die Ärzte registrierten eine Antriebsschwäche, im Aufnahmeprotokoll notierten sie, er sei verzweifelt gewesen und hoffnungslos. Als Diagnose verzeichneten sie eine »mittelschwere depressive Störung«.

Der Mann liegt nun auf der Station für Psychotherapie, dort werden auch Borderliner und Bulimiker behandelt, er ist Kassenpatient, hat ein Zweibettzimmer, schluckt Tabletten und geht zur Ergotherapie, zum Malen, zum freien Werken, in die Küche, hat Einzelgespräche und besucht Gruppensitzungen. Und jeden Tag trainiert er für zweieinhalb Stunden im Fitnesscenter. Er will in Form bleiben. Er ist hauptberuflich Fußballer.

»DAS IST JA NICHT ANSTECKEND«

Der Patient hat darum gebeten, seinen Namen nicht zu nennen, daher nur so viel: 32 Jahre alt, Halbprofi, vierte Liga, Verteidiger mit Drang nach vorn.

In seinem Verein weiß kaum jemand von seiner Krankheit, er hat den Trainer und den Vorstand eingeweiht, auch zwei, drei Spieler, mehr nicht. Offiziell ist sein Knie kaputt; die übrigen Mitspieler, die Journalisten und Fans sollen denken, er sei in der Reha, und das soll auch so bleiben. Er meint, zu viel Öffentlichkeit schade seiner Karriere: »Es muss nicht jeder wissen, dass ich einen Fehler habe.«

An einer Depression zu leiden, das ist in der Leistungsgesellschaft des Fußballs, des Sports überhaupt, nach wie vor tabu. Trotz Sebastian Deisler, der sich 2003 zum ersten Mal stationär behandeln ließ. Trotz Robert Enke, der sich am 10. November 2009 das Leben nahm. Trotz Andreas Biermann, der drei Tage nach Enkes Freitod in die Psychiatrie ging.

Abwehrspieler Biermann bekannte sich danach zu seiner Depression, sprach sogar von seinem Suizidversuch. Als sein Vertrag beim Zweitligisten FC St. Pauli auslief, fand er keinen neuen Verein. »Man hat den Stempel ›Depression‹ auf dem Kopf und wird ihn auch nicht mehr los«, sagt er. »Man ist beruflich einfach weniger wert.«

Das Klischee besteht weiter: Fußballer dürfen sich die Wade zerren und das Nasenbein brechen, körperliche Schäden zählen zu den Risiken ihres Berufs. Ihre Seele aber muss halten. Sie müssen Stärke ausstrahlen. Sie dürfen wackeln und wanken. Ins Loch fallen dürfen sie nicht. Zwar haben depressive Sportler inzwischen weniger Bedenken, sich professionelle Hilfe zu holen als noch vor zwei, drei Jahren. Und doch hüten die meisten ihre Krankheit wie ein Staatsgeheimnis.

»Darum müsste man dem Markus Miller eine Medaille verleihen«, sagt Frank Schneider, Direktor der Psychiatrie in

WIE DER STRESS ENTSTEHT

Aachen, der im Jahr 20 bis 30 Profisportler behandelt. »Was der für die Entstigmatisierung getan hat, war großartig.«

Miller, Torwart bei Hannover 96, sitzt nach dem Training in den Katakomben der AWD-Arena, die Haare noch feucht vom Duschen, ein großer Mann, 29 Jahre alt, der selbst am Tisch noch wirkt wie ein Riese, unerschütterlich. Er wurde krank und hat es öffentlich gemacht, jetzt sagt er: »Die Zeit in der Klinik war eine wertvolle Lebenserfahrung.« Am 3. September vergangenen Jahres zog Miller in das SysTelios Gesundheitszentrum nach Wald-Michelbach in Hessen, Ortsteil Siedelsbrunn. Zwei Tage später ließ er von seinem Verein eine Pressemitteilung herausgeben, er leide an einer »mentalen Erschöpfung« und werde sich »ab sofort stationär behandeln lassen«. Es war sein Manifest.

In der Medizin gibt es die Diagnose »mentale Erschöpfung« nicht, es ist ein Hilfsbegriff. Elf Wochen blieb Miller in der Klinik, länger als geplant, in dieser Zeit wurde der Torhüter »komplett neu aufgestellt«, wie er sagt. Es ist ihm wichtig, seine Geschichte publik zu machen, sie ausführlich zu erzählen. »Was ich hatte, das ist ja nicht ansteckend«, sagt er.

Eine Depression ist kein Virus, aber jeder vierte Mensch ist genetisch vorbelastet, psychisch zu erkranken. Der Patient in Aachen kommt aus einer großen Familie, seine Mutter hatte schon eine Depression, sein jüngerer Bruder war wegen einer psychischen Erkrankung in der Klinik, er selbst aber hatte nie gedacht, dass es ihn auch erwischen könnte. »Ich war ein Führungsspieler, der absolute Chef auf dem Platz, ich habe immer alle mitgerissen.«

Der Fußballer, der seinen Namen verbergen möchte, spricht ohne Punkt und Komma, redet in einem Atemzug von Mauscheleien im Club und von den Noten, die ihm die Zeitungsreporter in ihren Spielberichten gaben, von einem Freistoßtor und seiner Grundschulzeit. Diese Gedankenschleifen sind ein Symptom der Depression. Er sagt, er sei ein Mensch, der immer die Kontrolle haben müsse, der nicht loslassen könne, »ich bin gern der Puppenspieler, und die anderen sind die Marionetten«. Und darin liegt sein Problem.

In zwölf Jahren hat er dreimal den Verein gewechselt; einmal hätte er zu einem Bundesligisten gehen können, als ihm das vordere Kreuzband einriss. Dann: Frakturen im Gesicht, sechs Wochen Pause. Er hatte ein Angebot aus dem Ausland, aber der Verein ließ ihn nicht ziehen. Dann: Riss der Achillessehne, drei Operationen. Als er wieder spielen sollte: hinteres Kreuzband gerissen. Dann: Sehnenriss an der Hüfte. Dann: Innenbandriss. Danach: Leistenbruch. Dann: Syndesmosebandriss. Schließlich: Innenbandriss.

Zwischendurch hatte er immer wieder Auseinandersetzungen mit dem Trainer, einmal wurde er suspendiert. Als er dann noch Probleme mit seiner Freundin bekam, eine neue Frau sich in sein Leben drängte, war das zu viel für ihn. »Alles kreiste im Kopf. Da war Traurigkeit drin. Und Ruhelosigkeit.«

Mal fühlte er sich rauschhaft glücklich, dann wieder am Boden zerstört. Im November sprach er mit dem Vorstand seines Clubs, sagte, etwas stimme nicht mit ihm. »Die meinten, ich solle mir Hilfe holen, sie würden mir dabei helfen.« So kam er nach Aachen.

Der Psychiater Schneider erklärt den Ausbruch der Depression zu einem ganz konkreten Zeitpunkt mit der »Theorie der erlernten Hilflosigkeit«. Er sagt: »Der Stress, auf den Punkt fit sein zu müssen, und dann das: Egal, was er gemacht oder versucht hat, alles ging schief. Entweder hat er sich die Bänder gerissen oder vom Trainer einen auf den Deckel bekommen. Oder ihm ist die Freundin weggelaufen. Er fühlte sich schließlich hilflos.« Anders ausgedrückt: Die Verletzungen und die

Demütigung haben dazu geführt, dass er die Kontrolle über sich und sein Leben verloren, sich aufgegeben hat.

Schneider ist ein ruhiger Mann mit randloser Brille und weißem Stoppelbart, vor ihm auf dem Tisch steht ein Teller mit Gummibärchen. Er behandelt Profisportler, auch Trainer und Vereinsmanager, Frauen und Männer. Eine Schwimmerin, die sich umbringen wollte, weil sie es nicht auf den ersten Platz schaffte. Einen Handballtorwart, der am Wettkampfstress zerbrochen war, sich nicht mehr aus seiner Wohnung traute und magersüchtig wurde. Ein Fußballer aus der zweiten Liga ist gerade bei ihm in Therapie, er ist alkoholabhängig.

Oft kommen die Sportler erst abends zu ihm, wenn es draußen dunkel ist, weil sie nicht erkannt werden wollen. Und häufig sprechen sie lieber von »Coaching« als von »Behandlung«, weil es harmloser klingt. Manche wollen bar bezahlen, damit die Krankenkasse nichts merkt; manche wollen unter einem anderen Namen einchecken, dann läuft die Therapie unter Pseudonym. Den Verteidiger aus der vierten Liga kennen alle unter seinem richtigen Namen. Er war erst einen Tag in der Klinik, dann ist er abgehauen, er wollte sich nicht auf die Therapie einlassen, sich nicht unterordnen. 24 Stunden später war er schon wieder zurück. »Weil ich wusste, dass ich es allein nicht schaffe.« Anfangs sei er »rumgelaufen wie ein Platzhirsch«, sagt er, »ich kam mir vor wie im Fernsehen, wie bei Loriot«.

Er besucht Projektgruppen, baut Bilderrahmen aus Holz: Wer unstrukturiert denkt, soll strukturiert arbeiten. Erst gestern hat er mit dem Präsidenten seines Vereins telefoniert. Es geht auch darum, das Märchen von einer Verletzung weiterzuspinnen, eine Reha dauert nicht ewig. »Aber da fällt uns schon etwas ein«, sagt er. »Im Fußball kann man immer mal ein halbes Jahr lang ausfallen. Ich bleibe so lange weg, bis ich mich wieder in meiner Mitte wohlfühle.« Bis dahin ist es noch ein weiter Weg. Auf die Frage, wie es ihm denn gehe, auf einer Skala von eins bis zehn, antwortet er: »Vier bis fünf; als ich in die Klinik kam, eins, ganz schlecht.«

Markus Miller ist da weiter, er stand schon wieder im Tor, nun sitzt er im Stadion, er legt seine Hände in den Schoß, redet langsam, wägt seine Worte. »Ich fühle mich wie ausgewechselt«, sagt er. »Ich bin völlig neu aufgestellt. Aber man muss akzeptieren, dass es nie weg ist.«

Es war sein Drang nach Perfektion, der ihn krank gemacht hat. Miller lebt für den Fußball, seit er denken kann, als Kind spielte er für seinen Heimatverein im Allgäu, FC Lindenberg, mit 15 Jahren verließ er die Familie und zog ins Fußballinternat des VfB Stuttgart.

Dort richtete er seinen Tagesablauf, seine Ernährung nach Plänen aus, die Leute vorgegeben hatten, die seine Leistung bewerteten. Psychiater halten die enge Struktur im Leben eines Leistungssportlers für bedenklich, dieses fast schon militärische Schema aus Trainerbefehl und Gehorsam des Spielers. Den Jugendlichen fehlt im Internat oft der familiäre Rückhalt, sie sind häufig allein mit ihren Sorgen. Dabei können schon nach der Pubertät erste Anzeichen für psychische Erkrankungen auftreten.

Miller spielte für die zweite Mannschaft des VfB, wechselte nach Augsburg, danach zum Karlsruher SC, im Juni 2010 dann zu Hannover 96, als Ersatztorwart. Sieben Monate war es her, dass sich Robert Enke, Torwart wie Miller, auf die Gleise gestellt hatte. Miller trainierte verbissen, weil er sich unbedingt in der Bundesliga durchsetzen, die Nummer eins im Tor werden wollte. An freien Tagen fuhr er zu einem Psychologen nach Gelsenkirchen, um sich, wie er sagt, »mental stärken« zu lassen. Er war ein Getriebener seines eigenen Anspruchs.

Als er sich am Knie verletzte und pausieren musste, wurden »der Druck und die innere Anspannung« immer größer. Wenn er im Training zehn Bälle hielt und einen durchließ, beschäftigte ihn nur der eine. »Ich bin in einen richtigen Negativstrudel geraten.« Gleichzeitig habe er sich einsam gefühlt. Er wohnte noch im Hotel, seine Frau und seine beiden Kinder sollten erst nach Hannover kommen, wenn das neue Haus fertig sein würde.

Er besuchte seinen Therapeuten jetzt immer häufiger, irgendwann, erzählt er, habe sich sein Leben nur noch auf dem Trainingsplatz oder der Autobahn zwischen Hannover und Gelsenkirchen abgespielt. Er fühlte sich erschöpft, kämpfte mit Konzentrationsproblemen, »die anderen Symptome verrate ich nicht, das ist zu privat«. Gemeinsam mit seinem Therapeuten und seiner Frau beschloss er, sich stationär behandeln zu lassen. »Ich konnte einfach nicht mehr.«

Miller vertraute sich Mirko Slomka an, dem Cheftrainer, »er nahm mich sofort ernst«. Am 29. August des vergangenen Jahres saß Miller mit dem Sportdirektor und dem Pressesprecher von Hannover 96 zusammen, es waren noch vier Tage bis zum Länderspiel zwischen Deutschland und Österreich und noch fünf Tage, bis Miller in die Klink gehen sollte. Die drei berieten sich wie Krisenmanager nach einem Störfall im Atomkraftwerk. Wie sollten sie am besten mit Millers Krankheit umgehen? Die Mitspieler einweihen? Und die Öffentlichkeit informieren? Oder besser nicht?

Ein Szenario, das sie durchspielten, lautete: Miller bei einem Freundschaftsspiel ins Tor zu stellen, ihn in der Halbzeitpause auszuwechseln und verletzt zu melden. Niemand würde sich wundern, wenn er ein paar Wochen nicht zum Training erschien. Seine Familie wäre nicht den Fragen der Journalisten ausgeliefert. Aber was passierte, wenn er während der Therapie erkannt würde? Wäre das nicht noch viel schlimmer für seine Familie?

Sie skizzierten ein weiteres Szenario, es hieß: Transparenz. Aber wenn Miller mit offenen Karten spielte, wie wäre das für seine Kinder, wenn die im Kindergarten vielleicht hören müssten, ihr Papa sei in der Psychiatrie?

Miller entschloss sich, bei der Wahrheit zu bleiben. »Ich wollte die Dramatik aus dem Thema nehmen«, sagt er. An einem Samstag fuhr er in die Klinik, die Spieler von Hannover 96 hatten wegen des Länderspiels trainingsfrei, er konnte unauffällig verschwinden. »Unterwegs habe ich mich deutlich freier gefühlt«, sagt er. Der Trainer informierte am nächsten Montag die Mitspieler, der Pressesprecher die wichtigsten Journalisten, nachmittags veröffentlichte der Verein die Pressemitteilung, sprach von einem »großen Zeichen von Mut« und bat darum, Millers Privatsphäre zu respektieren.

Die Privatklinik hat eine Leseecke, einen Raum der Stille, eine Sauna, die Ärzte reden nicht von »Patienten«, sondern von »Klienten«. Auf dem Wochenplan steht donnerstags »Prozessreflexion«, dienstags »Musikpsychotherapie« und mittwochs »Somatopsychik-Gruppe«. Miller bezog, wie er sagt, »das schönste Zimmer eines Neubaus«, mit Parkettboden, ohne Fernseher, dafür mit Blick auf den Vorderen Odenwald.

»Ich habe zwei Wochen gebraucht, um runterzukommen. Zuerst habe ich gedacht: Bin ich hier richtig? Ich soll Gruppengespräche führen? Fremde Menschen in meine Probleme einweihen? Das wirkte auf mich sehr fremd.« Sein einziger Kontakt zur Außenwelt war ein Handy, ein Telefon mit Prepaid-Karte, die Nummer kannten nur wenige Vertraute, der Trainer, der Präsident, die Familie. In den ersten Wochen wusste Miller noch, wann Hannover ein Spiel hatte, er bat den Pressesprecher um einen Live-Ticker per SMS. Als der ihm später mal eine Frage aufs Handy schickte, antwortete Miller: »Jetzt nicht.« Da wussten sie im Club, dass Miller die Therapie nun wichtiger war als der Beruf.

Miller ist mit dem Mountainbike durch den Odenwald gefahren, er ist gelaufen, »ohne verbissen auf die Pulsuhr zu gucken«, er hat Fußball gespielt. »Der Platz war ein Acker, den habe ich hergerichtet und dann mit den Therapeuten und anderen Patienten gebolzt.« Er hat sein Gewicht gehalten in den elf Wochen, auch seine Ausdauer, »und als Kicker bin ich vielleicht sogar besser geworden«. Eine Woche nachdem er die Klinik verlassen hatte, gab Miller eine Pressekonferenz; die Mannschaft habe ihn empfangen, sagt er, als wäre er nur zwei Tage weg gewesen. Am 15. Dezember stand Miller für Hannover 96 im Tor, in der Europa League, gegen den ukrainischen Club Worskla Poltawa. Hannover siegte 3:1.

Er habe die Gelassenheit gewonnen, die Dinge laufenzulassen, sagt Miller, ihm falle nun auf, »wie schnell alles ist«. Für den Fall einer Krise habe er jetzt »ein Werkzeugköfferchen«, aus dem er sich bedienen könne. Sein Verein habe sich vorbildlich verhalten. »Ein Spieler mit diesen Krankheitssymptomen ist in keinem Club besser aufgehoben als bei Hannover 96«, sagt er. »Robert Enkes Tod hat hier alle sehr sensibilisiert.«

Die neue Behutsamkeit ist auch anderen Vereinen in der Bundesliga aufgefallen. Seit Miller aus der Klinik zurück ist, haben sich zwei Clubs bei Hannover 96 gemeldet. Man hätte da einen psychischen kranken Spieler: ob man ihnen vielleicht weiterhelfen könne?

Ausgestreckt am Expander

*Politiker balancieren auf einem schmalen Grat
zwischen narzisstischer Befriedigung und
dem Scheitern. Noch immer besteht ein Tabu,
offen über Schwäche zu reden.*

Von Christoph Schwennicke

Es hatte sich so ergeben, bei einem dieser Gespräche, wie sie vorkommen im politisch-publizistischen Betrieb in Berlin. Thomas Oppermann, Parlamentarischer Geschäftsführer der SPD-Bundestagsfraktion, hatte sich geöffnet, hatte erzählt von diesem erbarmungslosen Spagat zwischen dem Dasein in der »Extremsportart Politik« und dem Bemühen, dieses Dasein mit einem normalen Leben, einem Familienleben zu verbinden. Hatte halblaut nachgedacht darüber, wie wenig es bedarf, um das getaktete Leben zwischen Berlin und dem Zuhause aus der Bahn zu werfen, wie glücklich er sich schätzen kann, dass bei ihm alles intakt ist, und wie fragil dieser Zustand aber sein kann, wenn ein äußerer Einfluss, eine zusätzliche Belastung hinzukommt. Es war ein ganz kurzer Blick auf die andere Seite, in ein Leben, in dem alles ins Rutschen käme durch einen besonderen Auslöser, eine Krankheit, einen Todesfall.

Ein kurzes Gespräch in der Tabuzone war das. Danach war Oppermann bemüht, auch nur dem Hauch eines Eindrucks entgegenzuwirken, er könne nicht robust genug sein für ein Amt, das er selbst einmal als ausgesprochen aufreibend beschrieben hat. »Lebensjahre als Parlamentarischer Geschäftsführer«, formulierte er damals, »zählen doppelt.«

Politiker reden nicht über Krisen, über Momente, in denen ihnen die Kraft ausgeht, sie sich fragen, wie sie den nächsten Tag, die nächste Sitzung bewältigen sollen. Offiziell gibt es keinen Burnout, keine Depressionen im politischen Betrieb. Beinahe jeder gesellschaftliche Bereich hat inzwischen eingeräumt, dass das Phänomen chronischer Erschöpfungszustände weitverbreitet ist, dass der Druck einer 24-Stunden-Hochleistungsgesellschaft seinen Tribut fordert. In der Wirtschaft setzt sich die Erkenntnis durch, dass es nicht nur humaner, sondern auch kostengünstiger ist, das Thema ernst zu nehmen und prophylaktisch tätig zu werden – weil das allemal vernünftiger ist, als teure Totalausfälle bezahlen zu müssen.

Im Spitzensport lösten der Suizid des Nationaltorwarts Robert Enke und der Rückzug des Bundesliga-Trainers Ralf Rangnick ein Nachdenken über psychische Erschöpfungserscheinungen in dieser Branche aus. Der politisch-publizistische Betrieb hat sein Coming-out noch vor sich. Spitzenpolitiker reden schon deshalb nicht einmal über die ersten Symptome, weil sie – nicht ohne Grund – befürchten müssen, dass sie auch nur der leiseste Hinweis auf eine Schwäche hinauskatapultiert aus dem System. So wie es der Profifußballer Andreas Biermann erlebte, als er nach Enkes Tod öffentlich über seine Depressionen gesprochen hatte. »Ich habe meinen Job verloren«, sagt der frühere Spieler von Union Berlin und dem FC St. Pauli heute. Erst wurde sein Mut bewundert, dann wurde es langsam einsam um Biermann, der diesen Schritt bald bereute, weil er seine Familie in eine existentielle Krise steuerte.

Kaum ein Betrieb ist so gnadenlos strukturiert wie das politische Berlin. Möglicherweise sei »Politik an der Grenze dessen angesiedelt, was Menschen leisten können, ohne, um es biblisch zu sagen, Schaden zu nehmen an ihrer Seele«, sagte

Erhard Eppler schon vor mehr als 15 Jahren – als sich das mediale Karussell noch lange nicht so schnell drehte wie heute.

Ein Spitzenpolitiker lebt in einem permanenten Ausnahmezustand, er ist von Misstrauen und Argwohn durchdrungen, was zu großer Einsamkeit mitten im summenden Bienenstock von Berlin führt. Niemand vertraut sich einem Parteifreund an, wenn er sich Sorgen macht, dem Druck nicht standzuhalten. Es wäre der sichere Anfang vom Ende. Kein anderer Beruf ist auch nur annähernd so intensiv und permanent der Beobachtung ausgesetzt. Ein Unternehmer kann sich aussuchen, ob er unerkannt bleibt oder nicht. Ein Politiker kann dem Blitzlichtgewitter nicht entgehen. Er muss es sogar suchen. Schwäche zu zeigen kann fatale Folgen haben; im Wahlkreis lauert schon der Nachfolger auf seine Chance, in Berlin der Konkurrent um den Ausschussvorsitz. Vom politischen Gegner ganz zu schweigen.

Aus dem Schraubstock gibt es in Wahrheit kein Entrinnen, und jeder gute Vorsatz wird von den Zwängen des Systems sofort im Keim erstickt. Volker Beck von den Grünen bekomme zum Beispiel oft von seinen Mitarbeitern gesagt: »Volker, du musst mal kürzer treten«, um den Parlamentarischen Geschäftsführer im selben Atemzug – »ach übrigens« – auf drei neue Termine hinzuweisen, die er unbedingt machen müsse.

An dieser Melkmaschine kann die stärkste Kuh k. o. gehen. Franz Müntefering, über Jahrzehnte in Ämtern und Funktionen zum härtesten Holz geworden, das Politik hervorbringen kann, erinnert sich noch an den Satz, den Hans-Jochen Vogel einmal zu ihm sagte, als er SPD-Partei- und Fraktionschef in Personalunion wurde. Das sei, meinte Vogel seinerzeit warnend, als drücke einem jemand einen Expander in die Hände, verlange, ihn zwischen den Armen zu spannen, »und du darfst nicht loslassen«.

WIE DER STRESS ENTSTEHT

Manche seiner Nachfolger hat der Expander kaputtgemacht. Matthias Platzeck erlitt 2006 als SPD-Vorsitzender zwei Hörstürze und musste an einem Sonntagabend im April seinem Stellvertreter und Fraktionschef Peter Struck eröffnen: »Es geht nicht mehr!« Tags darauf erklärte er öffentlich: »Ich habe am 11. Februar am Nachmittag einen Kreislauf- und Nervenzusammenbruch gehabt. Ich habe sieben, acht Tage gebraucht, bis wieder alles richtig tickte. Ich habe den Ratschlägen meiner Ärzte seinerzeit nicht Folge geleistet, habe am 29. März einen nächsten Hörsturz erlitten mit erheblichem Verlust auch des Hörvermögens.«

Es ist ein in Deutschland bisher einzigartiges Bekenntnis eines Spitzenpolitikers. Ungleich schwerer tat sich Platzecks Nachfolger auf dem Schleudersitz des SPD-Vorsitzenden, Kurt Beck.

Nicht loslassen, Zähne zusammenbeißen, weitermachen, notfalls bis zum Umfallen. Katrin Göring-Eckardt, Bundestagsvizepräsidentin und als aktive Protestantin der Nächstenliebe zugetan, sieht Parlamentskollegen im Plenum, bei denen sie denkt: Wenn das mal alles gutgeht. Aber es hat sich noch nie jemand vertrauensvoll an die Kirchenfrau gewandt, der schon länger schwant: »Bei denen, die keine Familie haben als Halt und keine Hobbys, da droht die Gefahr.« Ein Parlamentarier sagt, er habe nicht nur einmal erlebt, dass Kollegen am frühen Morgen schon eine Fahne haben, und zwar eine frische, keine vom anderen Abend, die rieche anders. Unter seinem Namen zitiert sehen will er das natürlich nicht.

Die Mauern des Schweigens werden auch dann noch aufrechtgehalten, wenn sie eigentlich eingerissen sind. Der stellvertretende Fraktionschef der Unionsfraktion Andreas Schockenhoff machte nach einer Unfallfahrt unter Alkoholeinfluss seine Sucht öffentlich. Über zwei Promille hatte die Polizei bei ihm nach dem Besuch eines Kreismusikfests in seinem Wahlkreis festgestellt. »Mir ist bewusst, dass ich alkoholkrank bin«, bekannte Schockenhoff danach und erklärte seinen Alkoholismus damit, dass er in den letzten Jahren »privat und gesundheitlich stark gefordert gewesen sei«. Privat und gesundheitlich? Und nicht beruflich? Bei Günther Jauch stand Schockenhoff in der Sendung »Die Trinker-Republik« an einem Sonntagabend vor einem Millionenpublikum zu seiner Trunksucht, bemühte sich aber auch in diesem Bekenntnis noch, keine Verbindungen zu seinem Politikerdasein herzustellen: »Die Alkoholkrankheit ist nicht die Staublunge des Politikers«, verbat sich Schockenhoff naheliegende Schlüsse Jauchs: »Es gibt da keinen Automatismus, es gibt viele Kollegen, die haben gar keine Probleme. Das ist meine ganz persönliche Geschichte.«

Peter Altmaier sitzt in seinem Büro und sagt auf die Frage, wie man den politischen Betrieb ohne Schaden an Leib und Seele aushalte, ganz einfach: »Das sehen Sie doch: gut!« Der Parlamentarische Geschäftsführer der Unionsfraktion ist die Allzweckwaffe von Angela Merkel. Zuletzt musste die saarländische Frohnatur Altmaier in Talkshows Bundespräsident Christian Wulff verteidigen, was eine große Herausforderung war. Der mehrsprachige Altmaier ist das Scharnier zur Welt, weil er auch der BBC oder Radio France Info fließend Interviews geben kann. Und ganz nebenbei ist er eine Art Hausmeister der Fraktion, der dafür sorgen muss, dass der parlamentarische Apparat reibungslos funktioniert.

Es ist die letzte Sitzungswoche vor Weihnachten, die »jetzt auf den Schienen steht«, wie Altmaier sagt. Also eine für ihn vergleichsweise entspannte Situation. Entspannt, das heißt in diesem Fall, dass der kleine weiße Lautsprecher im Achtziger-Jahre-Design hinter Altmaiers Rücken plärrt und die Abgeordneten ins Plenum ruft wie der Muezzin die Gläubigen in die Moschee – und er eigentlich gehen müsste. Entspannt, das heißt, dass Altmaier während des Gesprächs immer wieder auf seinen piependen BlackBerry schaut und nebenbei (»Einen kleinen Moment bitte«) schnell eine Antwort knibbelt. Und es heißt, dass Altmaier unbedingt den Fernseher einschalten will, als ihn seine Vorzimmerdame darauf hinweist, dass gleich Philipp Rösler zum Ausgang des Mitgliederentscheids der FDP eine Pressekonferenz gebe.

Man müsste meinen, dass Altmaier, der neben allem Stress zudem im ewigen Kampf um eine Annäherung ans Normalgewicht steht, ein prädestinierter Kandidat sein könnte für physische und psychische Auszehrungserscheinungen. Aber er hat seine »Escape«-Strategien, wie er das nennt. Hier ein Treffen mit einem Journalisten, dort ein geistreicher Plausch mit einem englischen Professor – was man halt so unter Ablenkung versteht. Und dann die Dunstabzugshaube nicht zu vergessen. Er habe sich unlängst »den Luxus geleistet«, in seiner Berliner Zweitwohnung eine Küche einzubauen, wobei der Luxus vor allem darin bestand, die Dunstabzugshaube selbst anzubringen, auch wenn sie ihm beim ersten Versuch wieder vor die Füße fiel.

Wenn man Altmaier reden hört, erscheint es zwar völlig widersinnig, wie er sich bei Professoren-Gesprächen oder beim Gerüchteaustausch mit Journalisten erholen soll, aber gegen die Gefahren einer Depression scheint dieser Mann nach Augenschein gefeit.

Denn darum gehe es im Kern, sagt Karl Lauterbach, Gesundheitsexperte der SPD-Bundestagsfraktion. Bei Burnout handele es sich in Wahrheit um eine leichte bis mittlere Depression. Und natürlich gebe es das im politischen Betrieb, sagt Lauterbach, »das ist definitiv so.« Er habe auch einmal einer Kollegin im Bundestag geholfen, einen Spezialisten zur Behandlung zu finden, es ging um eine schwerere Depression mit Suizidgefahr. Ihm seien Einzelfälle bekannt, sagt Lauterbach, es sei aber »mit Sicherheit ein weitverbreitetes Phänomen«. Denn Politiker seien in besonderer Weise gefährdet. Einer oft permanenten Überforderung steht die oft ebenso permanente Gefahr des Scheiterns gegenüber – eine klassische Voraussetzung für einen Burnout beziehungsweise eine Depression.

Die wenigsten seien imstande, über ihre Not zu sprechen, »weil man in jedem Moment der Sache gewachsen erscheinen müsse. Denn persönliche Schwächen des Einzelnen sind das Kapital des politischen Gegners – und im Übrigen auch des Parteifreundes«, lautet die Diagnose des Mediziners Lauterbach.

Franz Müntefering konnte in nachdenklichen Momenten davon reden, dass die »Tankstellen« fehlten im Leben eines Spitzenpolitikers, die Möglichkeit, einmal aufzutanken. Und auch Frohnaturen wie er können an die Grenzen dessen kommen, was Leib und Seele noch mitmachen. Im Bundestagswahlkampf 2005 sackte Müntefering an einem Rednerpult in Homburg zusammen. Schwächeanfall. »Dehydrierung« hieß es als Ursache. Müntefering habe einfach zu wenig getrunken den ganzen Tag.

Das ist doch eine ganz einfache, quasi physikalische Erklärung. Überforderung, Zusammenbruch? Niemals. Man zeigt keine Schwäche in der Politik, wer das tut, hat schon verloren.

Der Feind in dir

Wenn Menschen Kränkungen nicht verwinden, werden sie für sich und andere unerträglich. Ein Berliner Psychiater hat die »Verbitterungsstörung« erforscht.

Von Markus Deggerich

»Geben Sie mir ein paar Minuten, dann werde ich Ihnen wehtun!« Michael Linden hat einen festen Händedruck, er zieht den Gesprächspartner mehr in den Raum, als dass er ihn eintreten lässt. So ein Satz verheißt nichts Gutes: Ist der verrückt?

Nein, Linden kennt sich nur besonders gut aus mit Menschen, er ist Psychiater an der Berliner Charité sowie Leitender Arzt des Rehabilitationszentrums Seehof der Deutschen Rentenversicherung in Teltow. Der Seelenforscher serviert gleich weitere Provokationen: »Weisheit gibt es hier auf Rezept.« Oder: »Unsere Stärke ist unsere Schwäche!« Um jemanden zu verletzen, brauche man nur herauszufinden, »was ihm besonders wichtig ist, worauf er im Leben baut«.

Das Leben hält viele Kränkungen bereit, große und kleine. Einige verbuchen wir als Erfahrung. Andere haben das Zeug, uns komplett aus der Bahn zu werfen. Der 50-Jährige, der erlebt, dass er bereits zum alten Eisen zählt. Geplatzte Karriereträume, gescheiterte Beziehungen.

Michael Linden und seine »Forschungsgruppe Psychosomatische Rehabilitation« haben nun in mehrjährigen Untersuchungen ein auf Kränkung beruhendes Störungsbild ausgemacht: die »posttraumatische Verbitterungsstörung«. Linden zufolge leiden etwa drei Prozent der Bevölkerung darunter. »Die Verbitterungsstörung ist ätzender als die Depression«, sagt der Psychiater, und man sollte beides bitte schön nicht verwechseln.

Depression ist ein starrer dunkler Klumpen, die Bitterkeit »schwingt«, wie er sagt, sie bewegt sich wie ein zirkulierendes Gift und ist leicht abzurufen. Aber das Dunkle gibt es nie ohne das Helle, und so hat Linden darin auch sein Gegenmittel gefunden: die »Weisheitstherapie«.

»Verbittert ist der schwer zu Versöhnende, der lange Zeit den Zorn festhält; er verschließt die Erregung in seinem Inneren und hört damit erst auf, wenn er Vergeltung geübt hat.« Das sagt nicht Linden, sondern Aristoteles in seiner »Nikomachischen Ethik« und: »Diese Art von Menschen ist sich selbst und den vertrautesten Freunden die schwerste Last.«

Genau so erlebte Linden die Menschen, die ihn zu seinem neuen Krankheitsbild führten, vor rund einem Jahrzehnt. Viele seiner Patienten kamen aus der DDR und sahen sich nach deren Ende als die Verlierer. »In den Jahren nach der Wende sind viele Menschen katastrophal gescheitert«, sagt Linden. In der Folge tauchten in den psychiatrischen Kliniken immer mehr verbitterte Patienten auf, die lange krankgeschrieben waren und eine Rente beanspruchten. Sie hatten etwas gemeinsam: Sie wollten sich nicht helfen lassen, sie sahen sich als Opfer. »Die Verbitterung«, sagt Linden, »ist eine Mischung aus Aggressivität und Resignation, aus Rachegefühl und Selbstzerstörung.«

Das biografische Scheitern wird vor allem empfunden, wenn zentrale Werte einer Person verletzt werden. Linden nennt das die »basic beliefs«, die wir schon früh entwickeln: Leistung lohnt sich. Liebe ist ewig und heilig. Gott ist gut. Der entlassene Angestellte glaubte fest an die Wertschätzung von Loyalität und Fleiß. Die verlassene Ehefrau und Mutter an ihre

Aufopferung für die Familie. Die Betroffenen fühlen sich stets ungerecht behandelt und verraten – vom Partner, vom Chef, vom Staat, vom Schicksal.

Sie sind in ihrem täglichen Leben beeinträchtigt, meiden Orte und Menschen, die sie an das negative Erlebnis erinnern, sind gereizt, bedrückt und werden immer wieder von Erinnerungen eingeholt. Erfüllt von Rachegefühlen, erleben sie sich als hilflos und ausgeliefert. Linden glaubt, dass vor allem Menschen mit einem starren Korsett aus Werten von der Verbitterungsstörung betroffen sind. Glücklich ist der Gleichgültige? Nein, sagt er, denn der erreicht nichts im Leben.

Hilfreich ist es eher, sich im Leben auf mehrere Säulen zu stützen: Wer nur für den Job lebt oder die Familie, den Staat oder die Religion, kann tief fallen, wenn ihm sein Glaubensfundament entzogen wird. Anders als bei der posttraumatischen Belastungsstörung, unter der viele Menschen nach Katastrophen und Kriegen leiden, sind sich verbitterte Menschen oft gar nicht im Klaren darüber, dass sie Hilfe brauchen.

Auf der Basis der kognitiven Verhaltenstherapie arbeitet Linden mit seinen Patienten daran, sich umzuorientieren. »Wir üben den Perspektivwechsel, sie sollen ihren Absolutheitsanspruch aufgeben und sich in ihr gehasstes Gegenüber einfühlen: Werterelativismus zulassen, Gelassenheit lernen, das Leben als Ganzes betrachten.« Emotionale Intelligenz heißt das andernorts.

Oder: Lerne zu akzeptieren, was du nicht ändern kannst. Linden beruft sich bei seiner Weisheitstherapie auf eigentlich simple kollektive Einsichten, die für den Einzelnen doch so schwer umzusetzen sind: »Die Zeit heilt alle Wunden« – »Nobody is perfect« – »Abgerechnet wird am Schluss« – »Es gibt zwei Seiten einer Medaille.«

Weil die Betroffenen sich nur als Opfer sehen, erkennen sie nicht, dass sie sich selbst helfen können. »Sie sind oft bissig und zynisch, auch den Therapeuten gegenüber.« Empathie und Toleranz zum Beispiel helfen, das Handeln anderer zu verstehen und nicht persönlich zu nehmen. Humor schafft emotionale Distanz und größeren Handlungsspielraum. Auch das Aushalten von Unsicherheit oder die Erkenntnis, dass sich die Welt nicht immer um die eigene Person drehen muss, gelten als »Weisheitskompetenzen«, die trainiert werden können.

Und wie sieht das aus? Zu Linden kam eine Angestellte, die wegen des Verdachts der Untreue versetzt wurde. Der Verdacht erwies sich als falsch, sie war gekränkt und nicht bereit, an sich zu arbeiten. Will ein Therapeut das Vertrauen seines Patienten gewinnen, muss er, so Linden, zunächst anerkennen, dass diesem Unrecht widerfahren ist.

Dann kann er versuchen, gemeinsam mit ihm ein neues Ziel zu entwickeln. Verbitterte Patienten wollen oft ihr Recht durchsetzen oder sich rächen. Doch wenn der Partner untreu war oder der Job gekündigt wird, lässt sich das nicht einfach rückgängig machen. Wer erbittert um Recht und Rache kämpft, kann sich nicht gut fühlen: »Rache ist nicht süß«, sagt Linden, im Gegenteil, sie führe zu Scham und Schuldgefühlen.

Die Angestellte soll begreifen, dass sie nicht mehr nur unter der Demütigung leide. Der Therapeut fragt etwa: »Warum erlauben Sie Ihrem Chef, Ihnen zweifach zu schaden – mit der ungerechtfertigten Versetzung und nun damit, dass Sie sich weiter so schlecht fühlen?« Man könne die Versetzung auch als Herausforderung und Chance deuten.

Das klingt alles ziemlich banal. Um nicht mit neunmalklugen Ratschlägen Ablehnung zu provozieren, wählt der Therapeut einen Umweg. Die Patienten sollen zunächst Lösungen für andere Fälle entwickeln, etwa den krankheitsbedingten

Verlust einer Arbeitsstelle. Der Therapeut fragt, was verschiedene Menschen dem Betroffenen wohl raten würden. Das soll helfen, neue Sichtweisen zu entwickeln. Letztlich geht es um ein Ziel: den Frieden mit sich selbst und der eigenen Vergangenheit.

Eine letzte Frage beim Hinausgehen: »Wann waren Sie denn zuletzt verbittert, Herr Linden?« Erst ein Stirnrunzeln, dann ein Lächeln: »Ich kann mich nicht erinnern.« Glücklich ist, wer vergisst. Gerissen, der Mann. Oder weise.

Das Leiden der anderen

Angehörige von Depressiven müssen oft mühsam lernen, dass sie das Recht auf ein eigenes Leben haben – eine Erkenntnis, die auch dem Kranken hilft.

Von Barbara Hardinghaus

Er fühlte einen Tumor im Kopf, ein Stechen am Herzen, er bekomme kaum noch Luft. »Ich muss sofort in die Klinik«, sagte er.

»Wir fahren morgen«, antwortete sie.

»Nein, sofort!«, sagte er.

Sie fuhren dann gemeinsam los, sofort, der Arzt untersuchte den Mann lange, konnte aber nichts finden.

»Damit fing es an«, sagt sie.

Sie sitzt am Esstisch in einem alten Haus aus Stein, 64 Jahre alt, mit kurzen grauen Haaren, einer kräftigen, hastigen Stimme, mit einem goldenen Herzen, das über der Brust hängt. Vor dem Fenster liegt das Dorf, in dem die Häuser eng zusammenstehen, das Dorf, in das sie nach der Hochzeit gekommen war, in dem sie Mutter von drei Kindern wurde und ihr Mann schwer krank. Der ist unterwegs an diesem Tag, er arbeitet, und dass er das tut, ist so etwas wie das gute Ende dieser Geschichte.

Geboren wurden sie im selben Krankenhaus, begegnet sind sie sich 1967, im Scotch-Casino, einer Discothek in der Stadt. Sie tanzte, er sah sie, ihren brünetten Zopf, den Minirock, die hohen Schuhe. »Sie haben aber keine Frauenaugen«, sprach er sie an. In der Nacht fuhr sie, eine junge Krankenschwester, der Vater Direktor in einer Baugesellschaft, ihn, das Künstlerkind, das erst Schriftsetzer wurde und dann zu einer Genossenschaft ging, in ihrer Citroën-Ente zurück in sein Dorf.

Sie trafen sich wieder, streunten lange durch Museen, Theater, Kirchen, heirateten nach sieben Jahren, zogen in das alte Haus aus Stein. Sie beobachtete ihn gern dabei, wie er den Kindern vorlas oder sich eigene Helden ausdachte, die Phantasie dazu besaß er. Er baute Drachen mit den Kindern, spielte Karten mit ihnen am Abend nach dem Büro.

Alles war sorgenfrei, so sieht sie es in der Erinnerung. »Die Tochter hatte Neurodermitis, aber im Grunde war das lange alles gewesen«, sagt sie. Dann kam der Tag, an dem sie das erste Mal die Sätze hörte, die sie von ihrem Mann bislang nicht gekannt hatte, die Sätze über einen Tumor im Kopf, ein Stechen am Herzen.

Wenn nun Gäste nach Hause kamen, zog er sich auf die Liege im Zimmer nebenan zurück. Wenn die Kinder aus der Schule kamen, interessierte er sich nicht mehr für das, was sie erzählten. »Ich muss etwas unternehmen«, das sagte er selbst. »Nicht, dass ich eine Depression bekomme wie mein Vater.«

Als Kinderkrankenschwester wusste sie nicht viel über eine Depression. Es war eine Krankheit, und gegen Krankheiten gab es Mittel, das war ihre Einstellung. Sie ist ein praktischer Mensch. Angst bekam sie erst, als er aufhörte zu lesen, keine Zeitungen, keine Bücher mehr.

Ihr Mann ging zum Arzt, der tatsächlich eine starke Depression erkannte. Er führte auch Gespräche mit Therapeuten über das Jetzt und die Sonne. Das half ihm am Abend, aber schon am Morgen nicht mehr. Er saß da und klagte, er fühle nichts, keinen Schmerz, keine Freude. Er war wie taub, sah nur sich und nicht mehr sie. Sie hatte ihren Mann verloren.

»Wir kriegen das in den Griff«, sagte sie noch. Sie redete lange auf ihren Mann ein, er hörte stumm zu. Nur manchmal, für einen Augenblick, da sah er sie kurz an, flüchtig, sagte »ja, aber«, immer wieder »ja, aber«.

Ja, aber bei mir ist es viel schlimmer. Ja, aber für mich gibt es keine Hoffnung mehr. Und er sagte: Ja, aber bitte sprich mit niemandem darüber, sonst bin ich abgestempelt! Sie hatte damals zögernd genickt und wusste nicht, was dieses Versprechen noch für sie bedeuten würde.

Sie sah jetzt, wie er, der große kräftige Mann mit klaren blauen Augen, mit schütterem Haar, allein auf dem Flur stand oder im Bett lag und zitterte vor Angst. Wie er plötzlich panisch wurde, sich auf den Boden legte, sich mit beiden Händen festhielt am Teppich. Wie er draußen im Garten lag und sich festhielt am Rasen. Von anderen erfuhr sie, dass er auch mal im Büro auf dem Boden gelegen und sich an die Beine seines Schreibtischs geklammert hatte.

»Er hat es mit dem Kreislauf«, sagte sie anderen, wenn jemand anrief und sich nach ihrem Mann erkundigte. Sie ist dann losgefahren und hat ihn, wenn er sich selbst nicht mehr unter Kontrolle bekam, schwitzend am ganzen Körper, nach Hause geholt.

Da legte er sich hin, schlief und fuhr am nächsten Tag zurück in den Dienst. Er war Führungskraft, die Arbeit half ihm, aufrecht zu stehen, da hatte er Verantwortung, feste Abläufe, da funktionierte er. Die Arbeit war für ihn wie ein Stützstrumpf, den er am Morgen über seine Seele zog. Aber wenn er am Abend nach Hause kam, sackte er noch in der Diele in sich zusammen.

»Achten Sie darauf, dass er seine Medikamente regelmäßig nimmt«, hatte ihr ein neuer Arzt gesagt. Sonst sagte er nichts. Sie nickte wieder, aber wünschte sich so sehr, dass der Arzt sie mal etwas fragte, etwa, wie es ihr eigentlich gehe.

»Wir müssen Ihren Mann stationär aufnehmen«, das sagte der Arzt einige Wochen später. »Auf keinen Fall, dann wissen alle, dass ich in der Klapse bin«, sagte ihr Mann. Sie redete wieder lange auf ihn ein, dann ging er. Sie packte ihm seine Tasche, so, als wenn sie in den Urlaub führen.

Sie war froh, dass er in die Klinik ging, dort war er in Obhut, die Klinik hatte einen guten Ruf, darauf hoffte sie. Sechs Wochen lang blieb er auf der Station, auf vier neue Medikamente wurde er eingestellt. Danach ging es zwei Jahre ganz gut.

Dann kam der neue Chef in die Firma, er sprach laut und viel und ließ erkennen, dass er psychisch kranke Menschen ablehnte, dass er sie als Ballast sah. Solche müssten schnellstens weg, sagte er und lachte. Sie lachten gemeinsam.

Wenn ihr Mann mitlachte, würde ihn das schützen, erzählte er ihr, wenn er sich stark und locker zeigte, würde ihn niemand erkennen. Aber sobald er an seinem Schreibtisch hinter verschlossener Tür saß, stieg der Druck.

Kam er nach Hause, zog er sich zurück, ging nicht mit zu Freunden, wurde panisch, griff ins Gras, alles von vorn, nur schlimmer. An einem Tag im Winter hörte seine Frau ihn sagen: »Ich bringe mich um.«

»Wie denn?«, fragte sie ihn und blieb ruhig.

»Mit einem Strick, einem Gürtel oder mit einem Seil«, antwortete er ebenso ruhig.

Sie wiederholt diesen Satz ihres Mannes noch heute flüssig, ohne zu stocken. Sie hatte den Satz damals nicht als Bedrohung empfunden, sondern als eine Hilfe, eine Information, worauf sie achten müsse.

Sie war also aufgestanden und suchte alles zusammen, verschloss die Seile, die Schals, seine Gürtel, sogar das Band aus seinem grünen Bademantel. Nachts im Bett horchte sie hinter ihm her, hörte, wie er aufstand, die Treppen hinunterlief, sie sah, wie das Licht im Hof ansprang. Sie schlich ihm nach, die Treppen hinunter. Da stand ihr Mann, in der Kälte mit offenem Bademantel, und weinte.

Am nächsten Morgen, um kurz nach sechs Uhr, weckte sie die Kinder, schmierte Brote, das eine Kind trank Milch, das andere Wasser, das dritte Saft. Am Mittag kamen die Kinder zu unterschiedlichen Zeiten nach Hause, sie kochte, wärmte auf, brachte den Mann regelmäßig in die Ambulanz der Klinik. Am Nachmittag lief sie allein mit dem Hund über die Felder und weinte auch.

Beim zweiten Mal ist ihr Mann dann länger in der Klinik geblieben, wieder bekam er neue Medikamente. Drei Monate lang blieb er arbeitsunfähig zu Hause, bis er sich pensionieren ließ mit Mitte 50. Er ging noch zweimal in sein ehemaliges Büro. Einmal packte er seine Sachen zusammen, das zweite Mal verabschiedete er sich bei den Kollegen.

Sie behielt alles für sich, so, wie sie es ihrem Mann versprochen hatte. »Mit dem kann man ja gar nicht mehr reden«, sagte sein Bruder zu ihr, als er an Weihnachten kopfschüttelnd das Haus verließ. Heute denkt sie, sie hätte ihn aufklären müssen.

Damals dachte sie: »Hätte er Krebs, würde mal jemand fragen.« Sie hatte lange daran geglaubt, dass sie es schaffen würde. Nun aber zweifelte sie das erste Mal.

Sie war selbst nicht mehr fröhlich, sie verbot es sich, und den Kindern sagte sie, sie sollten nicht mehr von ihren schönen Erlebnissen erzählen.

»Die Krankheit hatte sich im Haus festgesetzt«, sagt sie heute.

»Willst du reden?«, hatte ihre beste Freundin sie gefragt. Nein, antwortete sie und lief weiter in die Felder.

»Was mache ich nur, Benni?«, fragte sie den Hund. Sie hielt es nicht mehr aus, ohne Antworten zu bleiben. Die Krankheit ihres Mannes war zu ihrer geworden.

Sie fuhr ihn weiter in die Ambulanz, und irgendwann fand sie dort einen Zettel auf einem Brett an der Wand: »Jeden 3. Mittwoch im Monat trifft sich die Gruppe Angehöriger psychisch kranker Menschen«, hatte darauf gestanden, vielleicht hing der Zettel schon lange an dieser Stelle, vielleicht war sie schon einige Male daran vorbeigelaufen, aber sie hatte den Zettel bislang nicht entdeckt.

Sie notierte sich die Nummer und die Adresse und fuhr hin.

Wie sie sich fühle?, fragte sie jemand aus der Gruppe. Wie lange es schon so gehe mit ihrem Mann?

»Seit 15 Jahren«, antwortete sie.

Sie hatte es nun ausgesprochen, numerisch, als Zahl, die ihr angab, wie lang die Strecke war, die hinter ihr lag. Sie verstand es das erste Mal.

Sie hörte, dass es andere gab, die schon viel früher selbst krank geworden waren, die Rückenschmerzen bekommen hatten, Herzrasen, die niedergeschlagen waren, schlecht schliefen, Tabletten nahmen, tranken. Die sich längst von ihrem Partner getrennt hatten, Männer eher als Frauen. Sie lernte, dass es Phasen einer Depression gab, dass ein Vorlauf fünf bis sechs Jahre dauerte, dass nur 30 bis 40 Prozent aller Erkrankten überhaupt richtig behandelt wurden und dass sie Rechte besaß als Angehörige. Sie hatte das Recht, ihr eigenes Leben zu führen.

Sie brauchte eine Weile, besuchte weiter die Gruppe, lachte bald wieder. Sie besuchte ihren Mann nicht mehr jeden Tag, als er später in die Reha ging. Nach weiteren eineinhalb Jahren fühlte er sich besser. Eines Morgens kam er aus dem Bad mit einem Lächeln. Er las wieder, Zeitungen und Bücher, er hörte zu, wenn die Kinder vom Studium erzählten. Aber er musste lernen, diese kleinen Schritte wahrzunehmen.

»Er dachte, es macht puff irgendwann, und alles ist wieder, wie es mal gewesen ist«, sagt sie an ihrem Esstisch, die

Standuhr tickt hinter ihrem Rücken, der Hund liegt vor dem Ofen. Durch die Haustür kommt ihr Mann nach Hause von der Arbeit. Er ist Anfang 60 mittlerweile.

Er führt Gäste durch die nahe gelegene Stadt, drei- oder viermal in der Woche, für eineinhalb Stunden. Er hat hierfür eine Ausbildung gemacht, besuchte jeden Samstag einen Kurs an der Universität, und wenn er dazu mal nicht aufstehen wollte, schmiss sie ihn aus dem Bett wie einen müden Schüler. Sie hatte auch gelernt, hart zu sein.

Ihr Leben sei ein anderes heute, sagt sie, es sei ruhiger. Sie hilft im Altenheim, in der Gemeinde, sie sind in Venedig gewesen, in Rom, sie besuchen die Kinder, und manchmal gehen sie und ihr Mann in Firmen oder Behörden und erzählen, auch ohne Namen, seine Geschichte, weil sie nicht möchten, dass es anderen ergeht, wie es ihm ergangen ist.

Im Mantel kommt er in das Zimmer, die Führungen durch die Stadt beschwingen ihn, der Kontakt mit anderen hilft ihm, nicht zurückzufallen. Unter dem Arm hält er ein Buch, er legt es auf den Tisch wie einen Beweis. Er sagt, er habe das Buch erst vor kurzem geschrieben, es handele von der Gegend, in der sie wohnen. Er sagt, dass er das alles ohne seine Frau nicht geschafft hätte und dass die Liebe zwar helfen könne, etwas auszuhalten, aber dass sie niemals heilen könne.

Er nimmt seine Medikamente jeden Tag weiter, er wird sie immer nehmen müssen, wie ein Diabetiker oder ein Patient mit Bluthochdruck. Aber er redet, lacht, arbeitet wieder. Er nimmt das Buch vom Tisch, tritt aus dem Zimmer, schließt die Tür, holt Holz.

Und sie? Hat ihren Mann zurück.

TEIL III
HILFE FÜR PSYCHE UND KÖRPER

Revolution im Kopf

Erschöpfungskranken hilft oft eine Psychotherapie. Bei Atemmeditation, Musiktherapie und Verhaltenstraining geht es auch darum, schwach zu sein, loszulassen.

Von Eva-Maria Schnurr

Der Umbruch beginnt mit Fragen. Fragen, die bisher kaum jemand gestellt hat. Die in die Seele fahren wie ein glühendes Messer, schmerzen, obwohl sie verpackt sind in freundliche Worte. »Beschreiben Sie mal Ihre Persönlichkeit, ohne über Ihren Beruf zu sprechen«, bittet Peter Dogs seine Patienten beim Kennenlernen.

Unvorbereitete erwischt er damit eiskalt: Wer bin ich ohne meinen Job? Bin ich überhaupt wer ohne meinen Job? »Viele Menschen wissen darauf keine Antwort. Sie haben keine Worte, sich als Mensch zu beschreiben«, sagt Dogs, Ärztlicher Direktor der Panorama Fachkliniken in Scheidegg im Allgäu.

Rund um die Klinik schmiegen sich Wiesen an sanfte Hügel, am Horizont strecken sich die Berge zum wolkengetupften Himmel. Doch dass es hier nicht um Urlaub geht, merkt man spätestens, wenn aus den Therapieräumen unterhalb der großen Sonnenterrasse laute »Nein«-Rufe kommen. Mal zögerlich tastend, mal bestimmt, mal wütend, mal fragend. Immer deutlich.

Nein, so wie bisher kann es nicht mehr weitergehen für jene, die herkommen mit Depression, chronischen Schmerzen oder Angst, Kassenpatienten und Privatversicherte, viele von ihnen mit der Angabe »Burnout« in den Unterlagen. Sie haben sich von der Arbeit auffressen lassen, haben nichts sonst mehr gesehen, bis die Kraft weg war und die Freude und oft auch die Familie und alles, was das Leben schön gemacht hat.

Sie suchen nicht einfach Erholung, weil die schon lange keine Erleichterung mehr bringt. Sie hoffen, in der psychosomatischen Klinik etwas zu finden, das hilft gegen die Leere, die sich im Inneren ausbreitet wie Nebel im November. Und bekommen Fragen. »Wofür machen Sie das eigentlich?«, will Peter Dogs von seinen Patienten wissen.

Darüber hat auch Markus Bauer* nachgegrübelt, immer häufiger, doch eine Antwort fand er nicht. 49 Jahre ist er alt, Kaufmann in leitender Position, hat zwei Kinder, eine Ehefrau, ein Haus, Erfolg. Doch da war die Angst vor den Schulden, vor dem Absturz. Er arbeitete mehr und mehr, die Sorgen blieben, und es gab niemanden, mit dem er darüber sprechen mochte.

»Hilf dir selbst, dann hilft dir Gott«, hatte er gelernt, und so machte er weiter, obwohl er schon lange nicht mehr schlafen konnte, obwohl er sich fragte, ob es überhaupt sinnvoll war, wie er lebte.

Er betäubte die Angst und die schlechten Gefühle mit Alkohol und fremden Frauen und Arbeit, immer mehr Arbeit. Dann setzte seine Frau ihm das Messer auf die Brust: Entweder er würde etwas ändern – oder sie. »Da ist mir klargeworden, dass ich armes Schwein nur noch funktioniert habe«, sagt Bauer, groß, kräftig, einer, der von sich dachte, dass er die Dinge schon im Griff habe. Bis er merkte, dass es umgekehrt war: Die Dinge hatten ihn im Griff. Er hatte sich selbst verloren.

Erst in der Therapie in der privaten SysTelios-Klinik in Siedelsbrunn im Odenwald verstand er, dass das, was da passiert war in seinem Leben, mehr war als nur zu viel Arbeit, nur zu viel

---

* Namen geändert.

Stress: »Von der Arbeit allein gehst du nicht kaputt. Die Arbeit ist eher wie eine Sucht, in die du gerätst, weil du nach Anerkennung suchst und weil du anderes verdrängen willst«, sagt er.

Es gibt keine einfachen Wahrheiten in Sachen Burnout, keine schnelle Lösung. Bloß mit weniger Arbeiten ist es meist nicht getan, das ist die erste Lektion, die lernt, wer wieder herauskommen will aus der lähmenden Erschöpfung, die das Leben blockiert wie ein Dauerstau eine Autobahn.

Mit dem Burnout ist es wie mit einem Vexierbild, das sich je nach Sichtweise verändert. Auf den ersten Blick ist es ein Problem der Arbeitswelt, ein Problem von Leistungsdruck und Entgrenzung. Auf den zweiten Blick ist Burnout ein Problem des Einzelnen, der zu hohe Erwartungen an sich selbst stellt, immer perfekt sein will.

Sieht man noch einmal mit Abstand auf das Bild, erkennt man, wie beide Seiten ineinandergreifen. Erst wenn der eigene Anspruch ins Leere läuft, weil Job und Einkommen nicht die erhoffte Befriedigung bringen, weil ein neuer Chef unerfüllbare Aufträge gibt oder gar mit Entlassung droht, oder weil ein Unfall oder ein Pflegefall in der Familie das bisher irgendwie funktionierende Leben durcheinanderbringen, dann erscheinen all die Anstrengungen sinnlos.

Eine Krankheit ist das noch nicht, eher ein ungesunder Lebensstil, etwa so, als äße man nur Pommes mit Mayo. Aber es bringt das tiefverankerte Selbstkonzept ins Wanken, das wie ein gnadenloser Sklaventreiber im Kopf sitzt und befiehlt weiterzumachen, es immer noch irgendwie hinzukriegen. Doch irgendwann schlägt der Körper Alarm: mit unerklärlichen Schmerzen oder Ohrengeräuschen, mit Schlaflosigkeit oder Schwindel, Konzentrationsproblemen und lähmender Kraftlosigkeit. Das kann man biologisch beschreiben als Stressreaktion auf chronische Überforderung. Man kann es sich aber auch vorstellen als Revolte von Körper und Geist gegen die Diktatur des Müssens, die jahrzehntelang geherrscht hat: Du musst Leistung bringen. Musst für andere da sein. Musst alles richtig machen.

Unerbittlich peitschen sich Burnout-Betroffene mit solchen Sätzen durchs Leben, gelernt meist schon als Kind und nie in Frage gestellt, weil es ja funktioniert, weil sie dadurch Anerkennung bekommen oder Konflikten entgehen. Bis sie nicht mehr können.

»Die Menschen versuchen mit aller Kraft, ihr Ideal von sich selbst aufrechtzuerhalten, so dass für nichts anderes mehr Energie bleibt«, erklärt Dagmar Siebecke, Arbeitspsychologin und Burnout-Beraterin in Ratingen. Die Ärzte diagnostizieren dann Tinnitus, Angststörung, chronische Schmerzen oder eine Depression. Und dann geht es kaum noch ohne eine Psychotherapie.

»In der schlimmsten Phase wollte ich mich auf den Boden legen und einfach liegen bleiben«, erzählt Merle Raab*, 29, Lehrerin in Hamburg. Erdrückt fühlte sie sich von einer Lawine aus Arbeit, die sinnlos erschien, weil der viele Verwaltungskram so wenig mit dem zu tun hatte, worauf sie sich gefreut hatte in ihrem Beruf. Aber sie wollte gut sein, wollte es richtig machen, nicht schon nach zweieinhalb Jahren aufgeben. Obwohl sie auf der Autobahn immer häufiger überlegte, in die Leitplanke zu steuern, setzte sie sich wieder hinter den Schreibtisch, arbeitete bis spät in die Nacht. Manchmal aß sie den ganzen Tag nicht, sie vergaß es einfach. »Alles, was mit dem Job zu tun hatte, war wichtiger als ich.«

Bis sie sich eines Tages nicht mehr bewegen konnte. Nicht mehr aufhören konnte zu weinen.

Blass ist sie, sie lässt einen Igelball von einer Hand in die andere gleiten, während der Blick hinausgeht auf das Nadelwäldchen vor der Schön Klinik in Bad Bramstedt bei Hamburg. Hier lernte Raab die zweite Lektion auf dem Weg aus der Erschöpfung: Die Arbeitsbedingungen kann man nicht einfach so ändern. Was man ändern kann, ist die eigene Einstellung, die Sicht auf die Dinge.

»Der Alltag ist hart und ungerecht, das ist nun mal so. Es kommt darauf an, wie man mit den Bedingungen umgeht«, sagt Gernot Langs, Chefarzt in Bad Bramstedt. Nach Schuld zu suchen, meint Manfred Nelting, Ärztlicher Direktor der privaten Gezeiten Haus Klinik in Bonn, bringe dabei »keinen Schritt weiter: Es gilt, die Verantwortung bei sich zu lassen, sein Leben zu gestalten.«

Wenn jemand so im Strudel des Erschöpfungsprozesses versunken ist, dass die Depression da ist oder die Panik, dann geht es um große Fragen, vielleicht sogar die entscheidenden: Will ich so leben? Wie sonst? Was brauche ich, um zufrieden zu sein? Was muss ich ändern? »Es geht darum, Bedürfnisse und Gefühle wieder wahrzunehmen und zu erkennen, was wirklich wichtig ist im Leben«, sagt der Klinikdirektor Dogs. »Leistung ist es ja nicht, was den Menschen ausmacht.«

Für Betroffene ist so ein Gedanke wie eine Revolution im eigenen Kopf. Er stellt so ziemlich alles in Frage, an das sie bisher geglaubt haben. Ist anstrengend. Macht Angst. Verlockend sind deshalb unseriöse Angebote, die einfache Abhilfe versprechen: Entgiftungen, Darmsanierungen, milchfreie Ernährung oder sogenannte Störfeldanalysen. »Sogar beim Geistheiler waren einige unserer Patienten schon, bevor sie zu uns kamen«, erzählt Meinrad Linsenmeier, Oberarzt an der Tagesklinik für Psychosomatische Medizin und Psychotherapie des Klinikums Harlaching in München. »Manchmal wundert man sich, welche Umwege die Leute machen, bevor sie einsehen, dass nur sie selbst das Problem lösen können.«

Die richtige Unterstützung ist auch nicht so leicht zu finden. »Die Leute sind oft völlig ratlos, wo sie hingehen sollen, wer ihnen weiterhelfen kann. Hausärzte sind in der Hinsicht sehr oft überfordert, manchmal gilt das sogar für Psychiater«, sagt die Arbeitspsychologin Siebecke, die Betroffene berät. Doch Anlaufstellen wie ihre gibt es kaum, oft entscheiden sich die verzweifelten Patienten deshalb für die erstbeste Lösung, die nicht unbedingt die beste ist.

Auf in die Klinik, das dachte Thorsten Fehberg* sofort, als sein Arzt von Burnout sprach. Erst als der Wirtschaftsingenieur Krankenhäuser durchtelefonierte und von monatelangen Wartezeiten erfuhr, suchte er nach Alternativen.

Die meisten Experten hätten ihm gleich dazu geraten. Ein stationärer Klinikaufenthalt ist nur ratsam, wenn das gewohnte Umfeld, die Familie zu sehr belasten, wenn ambulante Therapien nicht geholfen haben oder die Depression so niederdrückt, dass der Alltag nicht mehr zu bewältigen ist. Als erste Wahl auch bei massivem Burnout gilt eine ambulante Behandlung bei einem Psychotherapeuten. Schließlich muss man die Probleme im Alltag lösen. Eine Klinik aber ist ein geschützter Raum, eine Seifenblase, die mit dem Leben draußen nur wenig zu tun hat.

Fehberg, 58, entschied sich für eine psychosomatische Tagesklinik, ein Zwischending aus ambulanter und stationärer Behandlung. Nach nur drei Wochen Wartezeit bekam er einen Platz. Zwei Monate lang frühstückte er morgens um acht mit den anderen Patienten, verbrachte die Wochentage mit Gruppen- und Einzelgesprächen, Kunst- und Bewegungstherapie, Entspannungstrainings und solchen für soziale Kompetenz, machte Spaziergänge in der Umgebung der Klinik. Am späten Nachmittag fuhr er zurück nach Hause.

Zwar hat der große Aufenthaltsraum mit Küchenzeile, Topfpflanzen und Linoleumboden in der städtischen Tagesklinik

Harlaching wenig gemein mit den schicken, hotelähnlichen privaten Burnout-Kliniken an Seen oder in den Bergen, die gerade vielerorts öffnen; er erinnert eher an ein Jugendheim. Doch exklusive Menüs und herrliche Natur, das, womit viele Kliniken werben, liefern nicht mehr als eine hübsche Kulisse für das, worum es eigentlich geht, egal, ob ambulant oder stationär: die Therapie.

Wie in Zeitlupe schiebt sich die Gruppe von der Panorama Klinik die Straße herauf in Richtung Ortsmitte Scheidegg. 30, 35 Leute, alle in Winterjacken, viele mit den Händen in den Taschen, schweigend. Die Sohlen knarzen auf dem Asphalt, die Daunenjacken rascheln, die tiefstehende Sonne malt rötliche Streifen auf den Winterhimmel, während eine Krähe über dem Tal kreist. Es ist Lektion drei auf dem Weg hinaus aus der Erschöpfung: Die Patienten sollen achtsam werden für ihre Umgebung und für das, was in ihnen passiert, im Körper und im Kopf.

In Scheidegg üben sie dieses Wahrnehmen bei der Geh-Meditation oder bei »Inaktivitätstagen«, an denen sie nicht einmal lesen dürfen, nur aus dem Fenster schauen. In der SysTelios-Klinik liegen sie bei Achtsamkeitsübungen unter roten Decken und horchen in sich hinein, im Gezeiten Haus in Bonn bewegen sie sich bei Qigong oder werden still bei der Atemmeditation.

Das Ziel ist immer das gleiche: Die eigenen Empfindungen und Wünsche wieder spüren. »Wir sollten in einem Satz sagen, wie es uns geht – und zwar ohne einfach nur ›gut‹ oder ›schlecht‹«, erzählt Merle Raab. »Erst da habe ich gemerkt, dass ich gar nicht wusste, wie ich mich fühle.«

Lektion vier auf dem Weg zurück ins Leben geht an die Gefühle. Denn die haben viele Patienten seit Jahren unter Disziplin, Pflichtgefühl und Loyalität vergraben. »Ich habe vorher nicht viel mit Musik am Hut gehabt. Aber in der Musiktherapie habe ich zum ersten Mal Tränen über den Tod meines Vaters vergossen. Als er starb, habe ich alles gemanagt, so wie ich meinen Job manage. Weinen konnte ich erst jetzt«, sagt Markus Bauer.

Nicht um richtig oder falsch geht es beim Trommeln, Tanzen oder Bildhauen wie sonst so oft bei den perfektionistischen Burnout-Patienten, sondern darum, sich auszudrücken, zu entdecken, loszulassen, auch mal schwach zu sein. Schließlich, das ist Lektion fünf, ist es ziemlich unmenschlich, immer nur stark zu sein. »Es war eine entscheidende Erfahrung, in der Gruppentherapie offen auch über Dinge zu sprechen, die nicht gut laufen«, sagt Thorsten Fehberg.

In der Gruppe und in Einzelgesprächen mit Therapeuten fahndeten sie nach Glaubenssätzen, die ihn bisher so hart machten gegenüber sich selbst. Fragten, warum er sich dem Regime des »Du musst« überhaupt unterworfen hatte. Testeten und übten, wie es auch anders gehen könnte.

»Ich dachte, es klingt total abweisend, wenn man anderen sagt, dass man etwas gerade nicht möchte. Ich wusste nicht, dass man das auch freundlich rüberbringen kann«, sagt Merle Raab. Kann man aber doch, erkannte sie in Rollenspielen – die anderen mochten sie, auch wenn sie nein sagte. Dass sie sich auch um sich kümmern darf, lernte sie. Und dass es andere Wege gibt, um Anerkennung zu bekommen, als noch besser sein zu wollen, es allen recht zu machen.

»Wir müssen uns nicht alle Blumen in die Haare stecken. Es geht darum, das Gleiche anders zu machen«, erklärt Peter Dogs das Ziel der Therapie. Natürlich sollen Burnout-Patienten auch nach der Rückkehr in den Job Leistung bringen. Loyalität, Pflichtbewusstsein und Engagement sind ja keine schlechten Eigenschaften – solange sie nicht wie Diktatoren das Leben beherrschen.

»Es ist ratsam zu schauen, was man von dem, was man mitbekommen hat, behalten und was man ändern möchte«, sagt Manfred Nelting. Nur selten ist ein totaler Umsturz des Lebens nötig, häufig reicht eine Reform. Befreiung aus verkrusteten Gedankenstrukturen, die schon lange nicht mehr richtig passten.

»Meist stecken hinter dem Burnout Konflikte über die eigenen Werte und Ziele. Es hilft, die zu klären und neue Wege ausprobieren, die Ziele zu erreichen«, erläutert Gunther Schmidt, ärztlicher Leiter der SysTelios-Klinik. Will ich um jeden Preis Karriere machen, oder fühle ich mich nicht viel wohler mit einem freien Tag in der Woche, an dem ich tun kann, was ich will? Brauche ich zwei Autos und drei Urlaube im Jahr, oder gibt mir einfach Zeit mit der Familie nicht mehr Kraft?

Sie haben die Wahl, wie sie leben wollen – das erfahren Burnout-Patienten in der Klinik im Odenwald schon am ersten Tag ganz praktisch. Fast ganz in Weiß ist die Klinik eingerichtet, weiße Tische, weiße Betten, weiße Wände, hellgraue Vorhänge. Doch noch bevor sie ihr Zimmer beziehen, stehen die Patienten vor einem hohen Regal, in dem Handtücher und Tagesdecken in allen Regenbogenfarben liegen: Türkis, Gelb, Blau, Rot oder vielleicht Lila? Welche Farbe ins Zimmer kommt, das bestimmt jeder selbst.

Die SysTelios-Klinik verfolgt einen systemischen Ansatz, doch wie in fast allen Kliniken beziehen Ärzte und Psychologen auch hier Elemente aus anderen Therapieverfahren ein. »Ich halte den Schulenstreit für überholt«, sagt Gernot Langs, der in Bad Bramstedt vor allem verhaltenstherapeutisch arbeitet. Wichtiger sei es, dass die Therapie nach praxistauglichen Lösungen sucht und nicht nur in der Kindheit nach Ursachen für die Probleme stochert, meint er.

Aussagekräftige Studien über die Wirkung von Burnout-Therapien gibt es nicht, wohl aber gegen das, was am Ende der Burnout-Spirale stehen kann, Depression etwa oder Angst oder Tinnitus. Wenn nötig, setzen Ärzte Medikamente wie Antidepressiva ein.

Für nachhaltige Veränderungen sorgt die Psychotherapie, in der die Patienten neue Denk- und Handlungsmuster lernen. »Es geht darum, gute Erfahrungen mit sich und anderen zu machen. Die Patienten sollen wieder Mut finden, ihr Leben in die Hand zu nehmen«, sagt der Oberarzt Linsenmeier von der Münchner Tagesklinik. Verhaltenstherapeutische und tiefenpsychologische Verfahren sind dabei am besten wissenschaftlich belegt, aber auch Biofeedback oder bewegungstherapeutische Verfahren konnten sich als unterstützende Elemente bewähren. Entscheidend sei, dass der Ansatz der Klinik zum Patienten passt, meint Langs.

Ein Gefühl dafür bekommt man oft schon auf den ersten Blick: Buddha-Figuren im Gang, plätschernde Brunnen und ein Meditationsgarten hinter dem Haus zeigen in der Gezeiten Haus Klinik in Bonn sofort, dass es hier eher spirituell zugeht, dass Körper- und Atemtherapie eine wichtige Rolle spielen.

In Bad Bramstedt ahnt man angesichts der nüchternen Achtziger-Jahre-Architektur, dass die Probleme hier eher rational angegangen werden. Und in Scheidegg vermittelt die geborgene Atmosphäre mit holzvertäfelten Wänden und geblümten Gardinen, dass die Beziehungen zu den Therapeuten und zwischen den Patienten im Mittelpunkt stehen.

Vor allem aber geben Therapiepläne Anhaltspunkte über die Behandlung. Nicht möglichst viele oder besonders exotische Angebote sind entscheidend, sondern ein übergreifendes Konzept, das die Therapieelemente während der sechs bis zehn Behandlungswochen zu einem runden Programm fügt.

»Was mir wirklich geholfen hat, war Neues auszuprobieren und neue Seiten an mir zu entdecken. Ich habe viel über mich erfahren dürfen«, sagt Markus Bauer. Er hat seine Koffer schon gepackt, am Nachmittag wird er nach Hause fahren. Der Hausmeister kommt noch vorbei, um sich zu verabschieden. Bauer nimmt ihn in den Arm, wischt sich kurz über die Augen, strahlt: »Das sind die kleinen Momente, wo du wieder lebst.«

Er hat einen Plan gefasst: Er wird in seinen Beruf zurückkehren und zu seiner Frau. Er will wieder in sein Leben holen, was ihm früher so viel Kraft gab und was ihm irgendwann entglitt: Zeit mit Familie und Freunden verbringen. Und er will sich künftig nicht mehr so viel ums Geld sorgen: »Ich hatte immer Angst, meinen Job zu verlieren. Aber ich weiß jetzt, dass ich was Neues machen kann, sollte es irgendwann so nicht mehr weitergehen«, sagt Bauer.

Weiterführende Informationen:
Die »Unabhängige Patientenberatung Deutschland« informiert über Behandlungsmöglichkeiten, etwa über Wege in die ambulante Psychotherapie, den Unterschied zwischen Akutkrankenhäusern und Reha-Kliniken, oder was die Krankenkassen bezahlen:
   www.unabhaengige-patientenberatung.de
Auch beim Psychotherapie-Informationsdienst gibt es telefonische Auskunft, zudem kann man nach Therapeuten der unterschiedlichen Therapieschulen suchen:
   www.psychotherapiesuche.de
Einen guten Überblick über verschiedene Therapiemöglichkeiten bei Depression gibt der Ratgeber der Stiftung Warentest: Günter Niklewski, Rose Riecke-Niklewski: »Depressionen überwinden. Niemals aufgeben!« Stiftung Warentest, Berlin; 5. Auflage 2010.

In vier Wochen wird er noch einmal zurückkommen in die Klinik. Dann trifft sich die »Transfergruppe«, in der ehemalige Patienten ihre Erfahrungen teilen, darüber sprechen, wie es gelingt, das Gelernte umzusetzen und Tricks austauschen: der Kiesel in der Tasche etwa, der an die neuen Vorsätze erinnert, oder der Igelball auf dem Schreibtisch, der an Pausen mahnt. Denn nur wenn die Reform im Kopf auch im Alltag Bestand hat, ändert sich wirklich etwas.

»Während der Therapie hat sich bei mir der Fokus von der Arbeit immer mehr ins Private verschoben. Mir wurde klar, dass ich auch da ganz viel ändern muss«, erzählt Thorsten Fehberg. Weil er in der Tagesklinik war, konnte er jeden Abend lange mit seiner Frau den Tag besprechen, in der Familie ausprobieren, was er in der Therapie gelernt hatte. »Wäre ich wochenlang ganz weg gewesen, wäre es für meine Frau viel schwerer gewesen, meine Veränderung zu begleiten«, sagt er heute.

Viele stationäre Kliniken laden deshalb während der Behandlung Partner und Familie ein, andere schicken die Patienten für einige Wochenenden nach Hause. Ehemalige aus Scheidegg können nach der Heimkehr an einer wöchentlichen Chat-Runde im Internet teilnehmen, die ein Therapeut betreut.

Überall tragen sie dicke Notizbücher mit sich herum, schreiben auf, was sie erkannt und erfahren haben, als Gedächtnisstütze für zu Hause. Und als Grundlage für die ambulante Therapie, die sich nach der Klinik anschließt.

Thorsten Fehberg, der Wirtschaftsingenieur, hat jetzt einen Zettel neben seinem Computer liegen, auf den schaut er jeden Morgen, seit er wieder arbeiten geht: »Ich frage rechtzeitig nach Hilfe«, etwa steht darauf, und »Ich mache die wichtigen Aufgaben gut« und: »Nur der Zweite zu sein ist auch gut.« Er geht nun vieles anders an als früher. Aber er ist in seinen Job zurückgekehrt, wie die meisten, die aus der Therapie kommen. »Wir raten fast immer dazu, die Stelle nicht zu wechseln, denn man nimmt sich selbst ja an den neuen Arbeitsplatz mit«, sagt Gernot Langs.

Nur selten habe das Arbeitsumfeld die Situation so verschärft, dass eine Veränderung sinnvoll oder gar notwendig scheint. Wenn der Burnout sehr früh kommt, dann könne das allerdings ein Warnsignal sein, dass der Job ganz grundsätzlich nicht passt, sagt Langs.

Merle Raab, die Lehrerin, die nach nur zweieinhalb Jahren im Beruf nicht mehr konnte, will es trotzdem noch einmal versuchen. Unterrichten, das war doch immer ihr Traum. Sie hat mit ihrer Chefin gesprochen und wird ihre Stundenzahl reduzieren. Und sie überlegt, welche Alternativen es gibt, wenn es doch nicht klappt mit dem Vorsatz, sich nie wieder selbst über der Arbeit zu vergessen: »Wenn man erwachsen ist, sagt einem keiner mehr, was man tun soll, das muss man selbst herausfinden. Das habe ich jetzt verstanden.«

Ein Burnout ermögliche auch einen Reifungsprozess, sagt Manfred Nelting von der Gezeiten Haus Klinik in Bonn. Das Leben wirft neue Fragen auf, die neue Antworten brauchen.

Wenn man in Rente geht, zum Beispiel. Thorsten Fehberg hat sich zum ersten Mal Gedanken gemacht, wie es dann weitergehen soll. Musik will er wieder machen und vielleicht Kunst, den Seiten Raum geben, die er lange so vernachlässigt hat. »Im Rückblick war die Therapie eine sehr, sehr gute Erfahrung, die mich wirklich weitergebracht hat«, sagt er und auch dies: »Dahin wäre ich nicht gekommen, wenn es mich nicht so schmerzhaft umgeworfen hätte.«

Die Mühsal des Nichts

*Wie geht das: stundenlang stillsitzen und
dem eigenen Atem lauschen? Achtsamkeitsübungen
gegen Stressleiden – ein Selbstversuch.*

Von Annette Bruhns

Im Bauch, sagt die Stimme, suche nach der Antwort im Bauch. Für gewöhnlich pflege ich mit dem Kopf zu denken, aber nun denn, ich versuche mal, was die Kursleiterin uns aufgetragen hat. Ich atme tief in den Bauch und formuliere im Geist die gestellte Frage: Was will ich von diesem Seminar?
»Ruhe finden.« Sagt das mein Bauch? Oder mein Unterbewusstsein? Oder einfach die Streberin in mir, seit Schulzeiten darauf gedrillt, möglichst schnell die erwartete Antwort zu liefern?
Ich verlagere meine Atmung, bis sich mein Brustraum dehnt und zusammenzieht. Misstrauisch stelle ich mir die Frage erneut. Was will ich hier? »Die Angst verlieren«, flüstert es zurück. Angst? Wovor? Ach Quatsch. Wenn mich Ängste quälten, habe ich sie bisher jedenfalls erfolgreich verdrängt.
Der Gong ertönt. Wir öffnen die Augen, räkeln uns wie geheißen, setzen uns langsam auf. Über uns wölbt sich die kuppelförmige Decke im »Haus der Mitte«, das zum Osterberg-Institut im holsteinischen Niederkleveez gehört. Ein Rundbau mit viel Oberlicht und hellem Holz, das würzig nach Kiefer duftet. Vor einem großen Bullauge sitzt Susanne Kersig, die Kursleiterin – für uns: Susanne. Alle duzen sich hier, na schön.

Vielleicht behalte ich auch wegen dieser verordneten Vertrautheit meine zweite Antwort für mich. Ich sei hier, um gelassener zu werden, sage ich laut in die Runde nach diesem ersten Versuch mit der Stille. Etwas Ähnliches antworten die anderen Kursteilnehmer auch, zwölf Frauen und ein Mann. Alle wollen eine Methode erlernen, die Entspannung verspricht. Das Achtsamkeitsprogramm nach dem US-Stressforscher Jon Kabat-Zinn, das uns in diesem dreitägigen Crash-Kurs beigebracht werden soll, ist in langjähriger Praxis erprobt.*

Noch mal Augen zu. Den Körper wahrnehmen. Eine halbe Stunde lang nennt Susanne Gliedmaßen: Großzeh, kleiner Zeh, Fußsohle, Knöchel, Schienbein und so weiter, bis hinauf zum Scheitel. Wir sollen jedes Körperteil im Geist abtasten, es erfühlen, seine »Temperatur nehmen«.

Der Fachbegriff für diese Übung ist Body-Scan. Susanne sagt, er stamme aus der uralten buddhistischen Tradition des »Vipassana«. Kabat-Zinns Programm empfiehlt ihn anfangs 45 Minuten lang täglich. Alles andere – Yoga, Sitz- oder Geh-Meditation – baut darauf auf.

Ich taste wie wild mein Inneres ab. Aber es klappt nicht. Vielleicht liegt das an den Geistern, mit denen ich kämpfe? Ständig schieben sich Gesichter vor mein inneres Auge, mal ein unbekannter Mann, eine Frau, mal mein eigenes Kind. Sie ziehen mich weg. Susannes Stimme verscheucht sie, aber dann kommen sie wieder, die Schatten der Träume.

Gong. Aufrichten. Fragestunde. »Ich fühle mich frisch und wach«, sagt eine Teilnehmerin. Sie sieht begeistert aus. Ich bin genervt. Wer von vornherein zu müde ist, um den Body-Scan zu machen, wird auch durch den Versuch nicht frischer. Bin ich jemals ausgeschlafen genug fürs stille Liegen?

---

* Seminare unter www.mbsr-deutschland.de

Eine andere klagt, dass sie ihren Bauch nicht fühlen konnte. Susannes Rat: »Einfach das Nichtfühlen wahrnehmen, ohne mehr daraus zu machen.« Wer achtsam ist, akzeptiert die Dinge, ohne sie zu bewerten. Schmerz sei nur ein Konzept, beschwichtigt Susanne die Frau, der während der Körpermeditation der Rücken weh tat. Sie solle in die Anspannung atmen, sie »benennen und annehmen«.

Unsere Kursleiterin ist Psychologische Psychotherapeutin. Apartes Outfit mit Blazer, Schmuck, Lippenstift, Kurzhaarfrisur – in Pumps statt der Wollsocken könnte die 53-jährige Hamburgerin auch als Unternehmenscoach arbeiten.

Zweimal reiste Kersig in den neunziger Jahren, als sie an einer Freiburger Klinik Krebskranke betreute, zu Jon Kabat-Zinn in die USA. Gesprächstherapien schienen ihr für diese Patienten nicht ausreichend; deshalb versuchte sie es mit Kabat-Zinns Achtsamkeitstraining. Tatsächlich hätten die Patienten die Übungen dankbar angenommen. Wegen ihrer tödlichen Krankheit hatten viele bereits die Grundannahme der Achtsamkeit verinnerlicht – dass das Leben im Hier und Jetzt stattfindet. Einige Krebskranke seien zum ersten Mal wieder schmerzfrei gewesen.

Nach dem Abendbrot putze ich mir mit Hingabe die Zähne. Es ist unsere Hausaufgabe, uns bewusst auf diesen Akt zu konzentrieren, auf etwas, das man normalerweise genauso automatisch macht wie Kaffee zu kochen oder Auto zu fahren. Genau das heißt nämlich Achtsamsein: sich auf den Moment zu konzentrieren, nicht in Gedanken abzuschweifen, weder über erlebten Ärger zu grübeln noch über Unerledigtes auf der To-do-Liste.

Die »Erleuchtung beim Abwaschen« hatte mir mein Arzt prophezeit, als er mir das Achtsamkeitstraining empfahl. Ich hielt das zunächst für einen Scherz, doch er sah es ernsthaft als Mittel gegen meine häufigen Magenkrämpfe.

So putze ich nun brav; im Zweifel hilft's gegen Karies. Zahn um Zahn schrubbe und schmirgle ich. Die Bewegung ist wie Speckstein schleifen, denke ich – halt! Es ist das Säubern von Zähnen. Meiner Zähne, die in meinem Schädel verankert sind, der Teil meines Skeletts ist. Das Zähneputzen wird mir zur Erfahrung der Vergänglichkeit. Hatte Susanne nicht gesagt, dass ihr Kurs auf die Herausforderung des Alterns vorbereite?

»Achtsamkeit ist der natürliche Zustand des Bewusstseins: das wahrzunehmen, was jetzt gerade geschieht, und dieses zu akzeptieren.« Mit dieser Definition beginnt Susanne den nächsten Morgen. Die Geisteshaltung dabei sei absichtslos, ohne Plan, ohne Ziel. Dadurch unterscheide sie sich vom zielorientierten Alltagsbewusstsein.

Mir graut vor planlosem Nichtstun. Das zielloses Erforschen des Geistes scheint mir wie eine besonders anstrengende Weise, seine Zeit zu vergeuden, anstatt wichtigere Dinge zu erledigen. Dass stundenlang wenig passiert, das kenne ich vom Fahrtensegeln bei stetem Wind und Kurs. Segeln ist eine Zeitverschwendung, die ich liebe. Allerdings verfolge ich dabei ständig ein Ziel: den perfekten Stand der Segel. Permanent beobachte ich Wind, See, Himmel, Horizont. Das absorbiert mich komplett. An Land lasse ich nicht nur den Job zurück, sondern alle Sorgen, alle Krisen, alle Menschen, nette wie nervige.

Ich konfrontiere Susanne und die Gruppe mit meiner Ansicht: Segeln entspanne mich, gerade weil es kein zielloses Treibenlassen sei. Ob ich an den nächsten Hafen denken würde, ans Ankommen, Festmachen, hakt die Kursleiterin nach. Nein, nein, gar nicht. Ich dächte an nichts außer dem Segeln selbst. Dann sei ich achtsam, sagt sie.

Ich bin baff. Meine Lieblingsbeschäftigung ist Achtsamkeit pur! Wir alle erlebten im Alltag Momente der Achtsamkeit, klärt uns Susanne auf. Manche beim Musizieren, andere beim Kochen oder beim Spazierengehen. Das passiere dann, wenn wir uns ganz und gar auf eine Tätigkeit einlassen, ohne mit den Gedanken abzuschweifen. Nach Kabat-Zinn ist auch Sex ein Achtsamkeitserlebnis.

Bei seinem Programm geht es darum, möglichst viele Momente bewusst zu erleben. Diese Haltung kann man am besten in der Stille der Meditation einüben. Als genauso wichtig gilt es aber auch, in der Geschäftigkeit des Alltags aufzuhorchen. Immer wieder innezuhalten. Durchzuatmen. Was fühle, sehe, schmecke, höre ich? Bin ich ruhig? Bin ich unruhig? Wo im Körper ist der Herd, der Aufruhr? Um Stress zu reduzieren, könne es schon helfen, nicht sofort den Telefonhörer abzunehmen, rät Susanne. Sondern zwei, drei Klingeltöne als eine Art Wecker zu nutzen: Stopp. Halt. Atmen. Und dann erst abnehmen.

Ping – ping – ping macht Susannes Klangschale. Meine erste 25-Minuten-Meditation auf einem Bänkchen. Ich knie auf dem Boden, den Po auf die sehr niedrige Sitzfläche gestützt. Die Alternative zum klassischen Schneidersitz ist anfangs durchaus bequem. Doch bald beginnen neue Qualen.

Nichtstun sei Schwerstarbeit, sagt Jon Kabat-Zinn. Ich sage: Meditieren ist Martyrium. Auf das Kommando, den Atem zu beobachten, bekomme ich plötzlich Atemnot, habe das Gefühl, die Frühstücksbrötchen von vorhin steckten noch in der Speiseröhre. Hilfe.

Das bewusste Atmen ist das Alpha und Omega der Meditation. Jawohl, meine Rippenbögen heben sich, ja, die Bauchdecke dehnt sich. Aber wo bloß bleibt die Luft? Ich sehne mich nach einer Sauerstoffflasche, nach der Schwerelosigkeit unter Wasser, die ich vom Tauchen kenne. Plötzlich sehe ich eine Qualle vor meinem inneren Auge, beobachte, wie sich ihr schimmernder Körper dehnt und zusammenzieht, dehnt und zusammenzieht, im Rhythmus meines Atems. Endlich: Die Luft strömt wieder ungehindert durch mich durch. Ich muss doch nicht ersticken.

Leider werden jetzt meine Füße taub. Bernd, der Mann neben mir, praktiziert seit drei Jahren Zen-Meditation. Er stehe eigentlich nicht auf Esoterik, hatte er der Gruppe anvertraut. Das macht ihn mir sympathisch. Deshalb vertraue ich Bernds Erkenntnis, dass es nicht schlimm sei, wenn die Füße einschlafen. Sie gewöhnten sich daran, hat er gesagt.

Bernd ist Geschäftsführer eines pharmazeutischen Unternehmens. Er meditiert jeden Morgen. Wenn er einen Flug um sieben Uhr hat, dann steht er um vier Uhr auf, um noch aufs Bänkchen zu können. Leidensdruck habe ihn zur Meditation geführt: chronische Rückenschmerzen. Jetzt sei er, der Morgenmuffel, süchtig nach dieser frühen halbe Stunde, in der sein Rücken schmerzfrei wird.

Ping – ping – ping! Vorbei, ich habe es geschafft. Ich spüre keine Erleuchtung, aber immerhin den Stolz, den eigenen Schweinehund überwunden zu haben. Nachmittags machen wir Achtsamkeitsübungen, die mir auf Anhieb gefallen – Yoga. Das ist eine sportliche Herausforderung, und die Konzentration stellt sich von selbst ein, wenn man lange genug auf einem Bein steht. Ich mag Sport. Dass wir der Wirkung jeder Übung hinterher im Körper nachspüren sollen – geschenkt.

Wirklich toll finde ich die Geh-Meditation, draußen in der feucht-kühlen Herbstluft. Eine halbe Stunde lang schleichen wir, jeder auf einer imaginären 20-Meter-Linie, im Schneckentempo übers Gras. Irgendwo findet ein Motocrossrennen statt, es klingt nach wettkämpfenden Rasenmähern. Aber ich höre auch das leise Summen letzter Insekten, das Knacken von Ästen im Wind. Ich genieße jeden meiner wackelnden Schritte wie ein Häftling beim Freigang. Hauptsache, nicht stillsitzen, ich will nie wieder stillsitzen müssen.

Es ist 17 Uhr. Wir haben jetzt alle drei Stunden lang geschwiegen, sogar während der Kaffeepause. Jeglicher Blickkontakt war untersagt. Unsere stumme Truppe wirkte wie linkische Laiendarsteller bei ersten Pantomimeversuchen.

Susanne erzählt Paul Watzlawicks Geschichte vom Mann, der von seinem Nachbarn einen Hammer leihen will, sich auf dem Weg zu ihm aber in den Gedanken hineinsteigert, der sei ihm übel gesinnt. »Behalten Sie Ihren Hammer, Sie Rüpel!«, brüllt er den Nachbarn an, als der arglos die Tür öffnet.

Es sind fast immer unsere Gedanken, die uns Stress machen, doziert Susanne, nicht die Dinge an sich. Klar: Abschalten und Nichtsdenken wären manchmal eine prima Alternative. Aber wie soll das gehen? Ich denke, also bin ich. Ich misstraue jedem, der behauptet, er könne das: an nichts denken. Und ja, ich habe auch Angst vor falschen Gedanken, die bei der Meditation hochkommen könnten, vor unangenehmen Vorstellungen oder unverdauter Pein. Zu viel Innenschau scheint mir gefährlich.

Doch, doch, sagt Susanne, natürlich könnten törichte, sogar quälende Gedanken aufziehen. Das sei ganz normal. Wir sollen sie einfach wie Wolken am Himmel beobachten: Ziehen sie schnell oder langsam, herrscht Flaute oder Sturm?

Unruhe könne beim Meditieren sogar produktiv sein, behauptet unsere Meisterin. Zwar nervten die ablenkenden Gedanken. Aber ausgerechnet an den Tagen, an denen man sich ihnen in der Stille geduldig aussetzt, gewinne man besonders viel Gelassenheit. »Wenn die Gedanken euch bestürmen, dann denkt euch einfach, es seien gar nicht eure, sondern die der Nachbarin«, rät Susanne listig. Das verändere die Einstellung zu den lästigen Sätzen. »Und zur Nachbarin«, sagt sie und grinst.

Eine Teilnehmerin erzählt stolz, dass sie ihre Gedanken beim Meditieren »freundlich weggeschickt« habe. »Schau deinen Gedanken lieber zu«, sagt Susanne warm. »Sie freundlich wegzuschicken, kann auch eine Art Aversion sein.« Beim Meditieren gelte es, sich selbst innerlich zuzulächeln.

Die letzte Meditation des Tages überstehe ich auf einem ganz gewöhnlichen Stuhl. Mein erstes Aha-Erlebnis: Es kribbelt im Rücken, aber ich kann das Jucken aussitzen. Ich kratze mich nicht, ich benenne den Reiz, betrachte ihn und schicke meinen Atem in den Rücken. Und tatsächlich: Der Juckreiz verschwindet. Halleluja!

Sonntagmorgen. Sieben Stunden Schlaf, nur einmal aufgewacht, ein persönlicher Rekord. Ob ich schon in den Genuss einer erhöhten Ausschüttung des Schlafhormons Melatonin durch die Meditation gekommen bin? Oder hat mich der gesellige Abend entspannt? Ich habe mit meinen Schweigegenossen Wein getrunken und viel gelacht. Die meisten sind Mütter und berufstätig, die Jüngste, 31, Erzieherin, die Älteste, 71, Gynäkologin. Eine arbeitet bei einem Bestatter. Sie wirken alle engagiert, sozial, auch politisch. Ich hatte Frauen in Walla-walla-Kleidern befürchtet, dauerlächelnde Grünteetrinkerinnen – weit gefehlt.

Gesellschaftliches Engagement empfiehlt Jon Kabat-Zinn sogar – um das Gefühl zu überwinden, den Dingen hilflos ausgeliefert zu sein. Und weil man im Einsatz für andere oder für ein Anliegen spüre, wie sehr man mit allem verbunden sei. Denn darum geht es, am Ende: irgendwie mit allem eins zu werden. Kabat-Zinn zitiert dazu Albert Einstein. Den Eindruck, mit seinen Gedanken und Sorgen ganz allein zu sein, nannte der Physiker einmal »eine Art optische Täuschung des gewöhnlichen Bewusstseins«. Diese Täuschung sei ein Gefängnis, aus dem man sich laut Einstein befreit, »indem wir unser Mitgefühl auf alle Wesen und die Natur« ausdehnen.

Bei der Geh-Meditation auf dem reifbedeckten Rasen am nächsten Morgen erlebe ich den ersten Durchbruch. Ein fieser Gedanke zieht auf, während ich meine mönchischen Runden drehe, 20 Meter zur Sonne, 20 zum Schatten. Einer von jenen Quälgeistern im Morgengrauen, die zur Endlosschleife neigen.

Doch diesmal tauchen die Bilder nur kurz auf und gehen wieder, lange bevor mich ihr Mahlstrom erfasst hätte. Was ich tat? Nichts! Ich sah ihnen eine Weile zu. Schaute sie einfach an. Sie sind wirklich sehr hässlich, fand ich. Aber diesmal verurteilte ich sie nicht, versuchte nicht, sie wie böse Dämonen zu verjagen.

Es sind bloß Gedanken, sage ich mir lächelnd, nicht mein Schicksal, nicht bedeutungsschwer, kein verdrängtes Trauma. Dann beginne ich den Tau beim Trocknen zu beobachten, gehe einen Faultierschritt, und dann den nächsten. Der Rasen wird grüner, der Geruch des Grases beginnt aufzusteigen. Es ist so verblüffend einfach, dass ich gleich danach einen anderen Gedanken auf diese Weise erledige: den, nicht meditieren zu können. Egal, ob es stimmt oder nicht, es ist ja nur ein Gedanke!

Zu Hause stelle ich mir den Wecker eine halbe Stunde vor, auf 6.15 Uhr. Ich schaffe es: Drei Tage lang stehe ich pünktlich auf und setze mich zum Body-Scan hin. Dann lasse ich nach. Aber ich registriere Veränderung. Ich fühle mich froher, schon morgens, mit dem Fahrrad auf dem Weg zur Arbeit. Da fahre ich neuerdings einfach nur Rad – ohne zu grübeln, zu planen, zu träumen.

Der Weg des Schweigens, sagt Susanne Kersig, brauche einen Becher Weisheit, einen Eimer Liebe und einen Ozean Geduld. Ich glaube, er lohnt sich.

»Ich nehme mir meine Zeit«

Es gibt ein Leben nach dem Zusammenbruch: Drei Betroffene erzählen, wie sie sich und ihren Alltag verändert haben.

Aufgezeichnet von Nicola Abé

Arne Reese, Chef eines Ingenieurbüros

»Es waren verschiedene Ereignisse, die zu meinem Burnout führten: Meine Partnerin hatte mich verlassen. Ich stand mit zwei kleinen Kindern allein da; mein Lebensentwurf war gescheitert. Gleichzeitig gingen zwei meiner wichtigsten Kunden pleite. Zum ersten Mal in meinem Leben hatte ich Existenzängste und wusste nicht, wie ich die nächste Miete bezahlen sollte. Zuletzt hatte ich mich praktisch über alles aufgeregt, egal ob ein Arbeiter ein Rohr falsch verlegt hatte oder jemand auf der Autobahn vor mir zu langsam fuhr.

Der Wendepunkt kam, als mein Arzt mich krankschrieb. Davor hatte ich mich lange Zeit gedrückt. Als selbständiger Ingenieur bedeutete das für mich einen großen finanziellen Verlust. Aber ich war an einem Punkt in meinem Leben angelangt, wo ich keine Perspektive mehr sah. Ich war nur noch müde. Einmal hatte ich sogar in meinem Auto auf einem Parkplatz übernachtet. Die Müdigkeit hatte mich so plötzlich überfallen, dass ich nicht mehr weiterfahren konnte, obwohl es nur noch zehn Kilometer bis zu meiner Wohnung gewesen wären.

Nun hatte ich es also schriftlich: Ich war krank. Irgendwie war es fast eine Erleichterung. Mein Arzt hatte mich gefragt, worauf ich denn Lust hätte. Das solle ich machen. Also ging ich frisches Gemüse kaufen, stellte mich in die Küche und schnippelte Salat.

In den folgenden Wochen versuchte ich, mir darüber klarzuwerden, was mir in meinem Leben wichtig ist. Ich entwarf ein Modell mit drei Säulen: Familie, Beruf und Sport. Ich machte eine ambulante Gesprächstherapie, die mir geholfen hat, die Trennung von meiner Partnerin zu akzeptieren. Für meine Töchter organisierte ich mit Hilfe meiner Mutter Krippenplätze. Ich hatte erkannt: Nur wenn es mir gutgeht, geht es auch den Kindern gut.

Als ich nach zwei Monaten wieder ins Büro zurückkehrte, kam ich mit festen Vorsätzen, dreimal die Woche wollte ich zum Sport gehen. Seither nehme ich mir diese Zeit, wäge nicht mehr ab, ob es vielleicht doch besser wäre, früher nach Hause zu kommen. In dieser Hinsicht bin ich radikal geworden.

Als Chef bin ich heute entspannter. Wenn ich morgens ins Büro komme und merke, die Stimmung ist nicht gut, alle sitzen lustlos auf ihren Stühlen, dann lade ich meine Mitarbeiter einfach zum Frühstücken ein. Croissant und Orangensaft mit Blick aufs Wasser – das ist wie ein kleiner Urlaub. Das kostet dann vielleicht eineinhalb Stunden Zeit, bringt aber auch viel.

Ich versuche, mich über Kleinigkeiten nicht mehr so aufzuregen. Wenn jemand ein Rohr falsch verlegt hat, bleibe ich freundlich und frage: Wie können wir das verhindern, was können wir verbessern? So erreiche ich mein Ziel viel leichter.

Mit meiner Ex-Partnerin habe ich inzwischen eine Lösung für die Kinderbetreuung gefunden: Ich habe die beiden Mädchen von Montag bis Mittwoch, sie von Mittwoch bis Freitag, an den Wochenenden wechseln wir uns ab.

Manchmal überkommt mich wieder die Müdigkeit. Ich kämpfe dann nicht dagegen an, sondern versuche, mir eine kleine Ruhepause einzurichten, zehn Minuten in meinem Büro zu schlafen.

Es geht mir finanziell wieder gut. Aber ich habe damals gelernt, mit wenig auszukommen. Das war eine gute Erfahrung für mich. Ich weiß, dass ich nicht ständig neue Kleidung brauche oder essen gehen muss. Es sind die kleinen Dinge, die mich glücklich machen. Begegnungen mit Menschen, die ich interessant finde, ein Lächeln, ein Blick im Vorbeigehen.

Mein Burnout ist acht Jahre her. Seitdem geht es mir gut, und ich fühle mich stabil. Aber mir ist auch klar: Es könnte jederzeit wieder passieren. Nur habe ich keine Angst davor. Ich weiß, dass ich da auch wieder rauskommen würde. Eigentlich hat mich die Krankheit stärker gemacht.«

Ramona Behnke, Fachkrankenschwester in der Anästhesie

»Jeden Morgen lächle ich mein Spiegelbild an. Anfangs fiel es mir schwer, aber mittlerweile kommt das Strahlen wieder von innen heraus. Das hat lange gedauert. Meine Rettung war die Reha in Bad Grönenbach im Allgäu. Ich habe dort vieles gelernt, was ich in meinen Alltag übertragen konnte. Das Wichtigste: auf mich selbst zu hören. Kurz innezuhalten und mich selbst zu fragen: Was willst du eigentlich? Was tut dir gut? Ich komme jetzt an erster Stelle bei mir. Früher kamen alle anderen zuerst.

Schon als Kind habe ich viel Verantwortung übernommen, zum Beispiel für meinen kleinen Bruder, den ich oft gehütet habe. Ich hatte das Gefühl, immer zurückstecken zu müssen. Als Jugendliche fing ich an, ehrenamtlich bei den Maltesern zu arbeiten. Später machte ich eine Ausbildung zur Krankenschwester, arbeitete im Schichtdienst. Besonders die Nachtdienste machten mir zu schaffen. Trotzdem fuhr ich in meiner

Freizeit noch als Ehrenamtliche beim Rettungsdienst mit oder gab Erste-Hilfe-Kurse. Ich stürzte mich regelrecht in die Arbeit, über mich selbst wollte ich nicht nachdenken.

Auch in meinen Beziehungen fiel mir die Abgrenzung schwer. Ich habe mich immer völlig für meine Partner aufgeopfert, wollte unbedingt alles richtig machen. Für meinen letzten Freund habe ich sogar die ehrenamtliche Arbeit aufgegeben. Einerseits hatte ich so weniger Stress, andererseits verlor ich meine sozialen Kontakte.

Ich zog mich immer mehr zurück, bekam Rückenbeschwerden und Magenschmerzen. Eines Tages stand ich vor dem Medizinschrank im Krankenhaus, um mir Medikamente für meinen Selbstmord zu besorgen. Da bin ich aufgewacht und habe mir gesagt: so nicht. Ich bin zu meinem Arzt gegangen, der mich sofort krankgeschrieben hat. Schon einen Monat später wollte ich zurück ins Krankenhaus. Ich fühlte mich dazu verpflichtet, möglichst schnell wiederzukommen. Doch meine erste Wiedereingliederung schlug völlig fehl. Nach drei Wochen musste ich abbrechen. Ich war einfach noch nicht so weit.

Ich blieb wieder zu Hause, kam morgens nicht aus dem Bett, spielte den ganzen Tag ›World of Warcraft‹ an meinem Computer und blendete die Realität aus. Zum Glück kam kurze Zeit später der Reha-Bescheid von der Rentenversicherung. Erst in der Reha kam ich wirklich zu mir selbst und konnte neue Kraft schöpfen. In dieser Zeit habe ich auch gelernt, dass ich ganz gut allein klarkomme. Ich habe mich von meinem damaligen Freund getrennt. Heute bin ich Single, und es geht mir besser.

Ich arbeite wieder ehrenamtlich. Aber ich picke mir jetzt die Leckerbissen heraus: Ich arbeite zum Beispiel als Sanitäterin auf Konzerten. Vor kurzem war ich bei den Fantastischen Vier. So habe ich nicht nur Stress, sondern auch ein schönes Erlebnis und kann die Musik genießen. Ansonsten treffe ich meine Freunde von den Maltesern jetzt lieber privat. Wir gehen ins Kino oder essen. Es muss auch mal Vergnügen ohne Pflicht geben.

Auch in meinem Beruf als Krankenschwester habe ich einiges verändert: Früher konnte ich mich nicht durchsetzen und neigte dazu, bei Schwierigkeiten wegzulaufen, etwa die Station zu wechseln.

Nach der Reha versuchte ich eine zweite Wiedereingliederung. Ich fing mit vier Stunden am Tag an, dann sechs, und jetzt arbeite ich wieder Vollzeit im Schichtdienst. Gleich zu Beginn holte ich mir Hilfe vom Betriebsrat. Gespräche mit meinen Chefs führe ich nicht mehr allein. Es ist jetzt immer jemand vom Betriebsrat dabei, der mich unterstützt. Früher hatten die Chefs mir Vorwürfe gemacht, ich sei zu lange krank, ich solle mich nicht so anstellen. Jetzt müssen sie darauf achten, den richtigen Ton zu treffen.

Ich habe beschlossen, zu kämpfen und mich nicht mehr kleinzumachen. Früher habe ich meine Pause oft ausfallen lassen, mir nur kurz etwas in den Mund gestopft, ständig auf Abruf. Heute bin ich radikaler. Wenn ich noch keine Pause hatte, dann sage ich das und nehme sie mir.

Früher habe ich viele Rufdienste angenommen. Dann saß ich in meiner Freizeit zu Hause und musste erreichbar sein. Sobald ein Anruf kam, fuhr ich in die Klinik. Heute überlege ich mir sehr genau, welche Dienste ich annehme. Wenn ich schon etwas anderes vorhabe oder es mir einfach zu viel ist, lehne ich ab.

Ich habe mit meinen Kollegen offen über meine Krankheit gesprochen und war sehr überrascht, wie positiv sie damit umgegangen sind. Früher wollte ich nicht, dass jemand mitbekommt, wie es mir geht. Ich musste immer den Schein wahren, das hat mich viel Kraft gekostet. Jetzt stehe ich zu mir und rede offen über meine Probleme. Das tut gut.«

Roland Grundmann*, Berater in einem großen Unternehmen
»Ich würde mich nicht als geheilt bezeichnen, eher als stabil. So wie ein trockener Alkoholiker. Ich muss höllisch aufpassen.

Ich bin stets ein ehrgeiziger Typ gewesen. In der Schule hatte ich Bestnoten, für meine Doktorarbeit bekam ich einen Preis. Ich fühlte mich nur dann anerkannt, wenn ich Leistung brachte. Entsprechend verhielt ich mich auch im Berufsleben. Ich wollte meine Aufgaben immer perfekt erledigen. So stieg ich schnell weiter auf. Schließlich bekam ich eine Führungsposition, übernahm sehr viel Verantwortung.

In meiner Branche kann man sich keine Fehler leisten. In den schlimmsten Phasen arbeitete ich etwa 80 Stunden in der Woche, 140 Überstunden im Monat. Wenn ich nach Hause kam, konnte ich nicht mehr abschalten. In dieser Zeit litt auch die Beziehung zu meiner Frau, für meine Kinder hatte ich kaum mehr Zeit. Mein Blick verengte sich. Ich war gefangen in einem Tunnel, es gab nur noch die Karriere.

So fühlte ich mich einsamer. Nachts wachte ich auf, schwitzte. Morgens musste ich mich übergeben. Dann trank ich etwas Wasser, schluckte ein paar Stück Traubenzucker und ging in mein erstes Meeting.

Ich fing eine Gesprächstherapie an. Der Arzt wollte mich krankschreiben. Aber ich weigerte mich. Ich musste erst ganz ausbrennen, um zu erkennen, dass es so nicht weiterging mit mir. Im Herbst 2010 war es schließlich so weit, drei Jahre nachdem ich diese Führungsposition übernommen hatte: Ich hatte einen Burnout.

Für ein paar Monate war ich arbeitsunfähig. Ich ging viel spazieren, schrieb Tagebuch und besuchte einen Stress-Präventionskurs. So lernte ich andere Betroffene kennen, was mir sehr geholfen hat. Endlich konnte ich wieder mit jemandem über

---

* Name geändert.

mein Innerstes sprechen, fühlte mich verstanden. Mit einem der Teilnehmer halte ich bis heute den Kontakt.

Zwischenmenschliche Beziehungen sind mir wichtiger geworden, zu Freunden und auch innerhalb der Familie. Als ich krank war und zu Hause bleiben musste, habe ich gemerkt, wie gut es mir tut, Zeit mit meinen Kindern zu verbringen. Heute nehme ich mir diese Zeit. Gemeinsam mit meiner Frau habe ich eine Paartherapie begonnen. Wir wollen nicht mehr nebeneinanderher leben, sondern lernen, uns gegenseitig wirklich zu verstehen. Wir sind noch nicht am Ende dieses Weges, aber ich fühle mich in der Partnerschaft wieder geborgen.

Mir ist jetzt bewusst, dass ich einen Teil meiner Bedürfnisse über lange Zeit ignoriert habe. Ich arbeite in einer reinen Männerbranche. Meine Kollegen sind alle eher technische, vernunftbetonte Menschen. Meine empfindsame Seite kam einfach zu kurz. Früher, zu Schulzeiten und im Studium, hatte ich viele Freunde, mit denen ich lange Gespräche über Literatur, über Philosophie und über Gedichte führen konnte. Das fehlte mir dann sehr, auch wenn ich es nicht bemerkte. Diesen Teil meiner Persönlichkeit lebe ich heute wieder aus, das macht mich glücklich. Meine Freunde wohnen verstreut über die ganze Welt. Aber alle zwei, drei Monate reserviere ich mir ein Wochenende, nur um einen Freund zu besuchen.

Ich arbeite wieder im selben Unternehmen und habe einen schwierigen Schritt gewagt: Ich bin zwei Stufen auf der Karriereleiter zurückgegangen. Jetzt bin ich wieder ein einfacher Angestellter. Das fiel mir nicht leicht, und es bedeutete auch, auf viel Geld zu verzichten. Aber ich bin der Typ, der sich übermäßig engagiert und dazu neigt auszubrennen. Deshalb ist die Position, die ich jetzt habe, die richtige für mich. Mein Chef weiß von meinen Schwierigkeiten, und er setzt mir Grenzen, wenn es zu viel wird.

Denn die Gefahr ist weiter da. Ich bin einer von wenigen Experten auf meinem Gebiet. Da kommen ständig Anfragen für Projekte im Ausland, für Vorträge und Symposien. Ich weiß jetzt, ich kann nicht alles machen. Neinsagen musste ich erst lernen.

Natürlich mache ich auch mal ein paar Überstunden, aber nicht ohne Ende. Ich trage nicht mehr die ganze Verantwortung. Ich kann jetzt zu meinen Vorgesetzten gehen und sagen, das ist zu viel, das schaffe ich nicht in meiner Arbeitszeit. Das ist eigentlich ideal für mich. Was am Ende zählt, ist nicht die Karriere oder das Geld. Wichtig ist, dass es mir gutgeht, dass ich den Augenblick spüre.«

Riechen, sehen, lauschen

Green Care heißt der neue Weg, ausgebrannten Menschen wieder Kraft und Lebensfreude zu geben. Er setzt auf die Heilkraft der Natur – Pferde, Schweine und Lamas sind hier Therapeuten.

Von Michaela Schießl

Vorsichtig lenkt der Chauffeur die schwarze Luxuslimousine vorbei am Bauernhof, umkurvt die Schlaglochpfützen und hält direkt neben dem Misthaufen. Der hintere Verschlag öffnet sich. Ein handgenähter Herrenschuh erscheint. Einen Moment lang verharrt er in der Luft, man hört einen Fluch, dann schmatzt das italienische Leder in den Matsch.

Der Besitzer hebt die Hosenbeine seines Nadelstreifenanzugs ein wenig an und watet durch den Schlamm. Gackernd flüchtet ein Huhn. 30 Meter sind es bis zum Bauwagen. Als der sportliche Mann dort ankommt, weiß er, was zu tun ist: »Katrin, lass uns hier eine Drainage legen und ein bisschen pflastern, dann wird das alles schön glatt und sauber und trocken.«

Katrin Clemen lacht. Ihre Jeans stecken in Gummistiefeln, der Kragen der groben Strickjacke ist mit Fellchen besetzt. »Jedes Mal hat er eine Verbesserungsidee«, sagt sie. Und nie darf er ran. Denn erstens ist der Matsch Teil des Programms, und zweitens soll der Manager lernen, nicht dauernd zu managen, sondern einfach mal da zu sein: ein Mensch im Dreck.

Seit dreieinhalb Jahren betreibt die ehemalige Sozialarbeiterin am Baldeneysee in Essen ihre »Präsenz-Schule«, was ein bisschen in die Irre führt, denn mit einer Schule hat ihr Projekt so gar nichts gemein. Der Arbeitsraum ist eine offene Scheune, es gibt keine Lehrer, neben Clemen bloß die tierischen Co-Trainer, der Shaga-Araber Shatavi und das Fjordpferd Fridjof. Die Nähe zu Tier und Natur soll die Menschen wieder zum Ursprung zurückführen. Leistungsdruck ist hier verboten, und Bewertungen finden nicht statt. Nur das Ziel ist klar: lernen, wieder man selbst zu sein. Und vor allem, sich zu mögen.

Schwer genug. Wer hierher kommt, ist meist überkritisch mit sich selbst. »Viele empfinden ihr Leben trotz Erfolg und hohem Status als völlig misslungen«, sagt Clemen. Sie sind gestresst, vereinsamt, seelisch ausgebrannt. Sie halten sich für depressiv – haben sie nicht allen Grund, traurig zu sein? Clemen empfindet krankhafte Stress- oder Angstzustände fast immer als gesunde Abwehrreaktion des Körpers. »Wir brauchten Millionen von Burnout-Fällen, damit wir uns endlich einmal kritisch mit der Leistungsideologie auseinandersetzen«, findet sie.

Das Symbol dieses Denkens hat sie täglich vor Augen: Gegenüber auf der anderen Seite des Sees liegt hochherrschaftlich die Villa Hügel, das Schloss des Großindustriellen Alfred Krupp. Beim Bau 1873 ließ der Stahl-Tycoon für die Parkanlage ausgewachsene Bäume herankarren, weil er nicht warten wollte, bis sie wachsen.

In Blickweite der Akkord-Philosophie hat Katrin Clemen ihre Gegenwelt erschaffen. Statt sich die Natur untertan zu machen, will sie deren Artenvielfalt, Urgewalt und Langsamkeit nutzen, um die Opfer der Leistungsgesellschaft wieder auf den Boden zu holen, zurück zur Scholle. Der Weg: Reduzierung.

Die erfahrene Sozialarbeiterin, die schon mit Drogensüchtigen, Obdachlosen und gewalttätigen Jugendlichen gearbeitet hat, will ihrer Kundschaft auf der Präsenzfarm nicht von oben herab begegnen, sondern als Partner, Begleiter. Sie berät, tröstet, nimmt in den Arm. »Wir sind keine Hippie-Kommune«, betont sie sicherheitshalber bei der Besichtigung.

Tatsächlich könnte man auf den Gedanken kommen: Das Schild, das den Weg zur Präsenz-Schule weist, ist auf ein ausgedientes, himmelblau gestrichenes Oma-Fahrrad geschraubt, das an einem Pfosten lehnt. In der halboffenen Scheune mit Stallungen ist Stroh aufgestapelt, auf den angrenzenden Paddocks dösen fünf Pferde. Ausgediente Traktorenreifen stehen an der Wand, in einem rostigen Container rottet Altmetall vor sich hin. Ein Bobbycar liegt achtlos auf der Seite, gleich neben dem gelben Bauwagen mit den roten Fensterläden, dessen Dach mit einer Plastikplane abgedichtet worden ist.

Jedes Gespräch, jede Therapiestunde und jedes Training findet draußen statt, bei jeder Witterung. Viele ihrer Kunden haben verlernt, sich zu spüren. Hier können sie es wieder entdecken: Sonnenstrahlen auf der Haut, Eiseskälte, die durch die Kleidung zieht, der Geruch eines Sommergewitters.

Kunden wie der rastlose Geht-nicht-gibt's-nicht-Manager müssen lernen, dass sie sich nicht über die Natur erheben können. Ein Regensturm dauert so lange, wie er eben dauert. Und so lange hockt man eben in der Scheune fest, ohne Ladegerät für den BlackBerry.

In der Präsenz-Schule herrscht die Einfachheit. Hier muss sich die reizüberflutete Kundschaft nicht mit etlichen Möglichkeiten auseinandersetzen. Hier gibt es immer nur eine Wahl: Sitzen? Strohballen. Regen? Unters Dach. Fühlen? Pferd streicheln. Reden? Katrin.

Als Kristin* das erste Mal hierher kam, musste sie die 30 Meter zur Scheune geführt werden. Die 28-jährige Juristin litt unter psychisch bedingtem Schwankschwindel, der sich in einer starken Gehunsicherheit und Fallneigung äußert. Katrin

---

* Namen geändert.

Clemen sah sie an und sagte: »Das ist schlimm. Ich bleib bei dir, so lange, bis du stehst.« Das war vor über einem Jahr.

»Für mich war dieses Versprechen wie eine Erlösung«, sagt Kristin. Etliche Ärzte hatten sie zuvor durch Röhren geschoben, an Messgeräte angeschlossen – und wieder weggeschickt, als die Maschinen kein Ergebnis lieferten. Tatsächlich, so lautet mittlerweile die Diagnose, litt die junge Frau an einem massiven Burnout. Erst hatte sie sich durch ein freudloses Studium gebüffelt und dann sofort in einer Kanzlei angefangen. Sie zog es durch, weil sie immer alles durchzog. Bis sie es auf einen Schlag nicht mehr konnte.

»Ich hab erst gemerkt, was mir fehlte, als ich bei Katrin und den Tieren saß, statt begraben unter Fachbüchern in der sterilen Juristenwelt.« Sie hockte auf einem Heuballen, schaute auf die Pferde und konnte plötzlich wieder frei atmen. Dann hat es angefangen zu schneien. »Es war wunderbar. Es heult sich gut, wenn man draußen ist. Irgendwie kann da das Feuchte schneller weg.«

Dann war da diese Stute, ein nervöses Tier mit fahrigen Bewegungen. Zunächst hatte Kristin Angst vor ihr, doch als sie sich irgendwann zurücklehnte, entspannte sich mit einem Mal auch das Pferd und kaute zufrieden. Als Fluchttiere sind Pferde immer gegenwärtig, reagieren sofort auf ihre Umwelt. Genau das macht sie so wertvoll als Therapiehelfer: Sie spiegeln völlig wertfrei ihr Gegenüber wider.

Kristin war nie eines dieser enthusiastischen Pferdemädchen, sie saß vor der Therapie noch nie auf einem Pferderücken. Doch die Arbeit mit dem Araberschimmel Shatavi wurde für sie zur Offenbarung. »Als ich ihn zum ersten Mal berührte, war es wie nach Hause kommen. Tagelang haftete das Gefühl des Fells an meinen Fingerspitzen.« Später dann lernte sie, ihn zu führen, ihn folgen zu lassen, ihn ohne Strick zu lenken. »Ein

Pferd ist eine Urgewalt. Wenn man nicht vollkommen präsent ist, reagiert es nicht.« Und so lernte sie, ganz da zu sein, sie selbst zu sein, sich wieder zu spüren. »Dann kommt auch der Schwindel nicht«, sagt sie.

Seit einem Jahr ist Kristin schon krankgeschrieben, doch sie ist dankbar für die Krise. »Mein Gleichgewicht war gestört. Hier, in den Gesprächen mit Katrin, in der Natur und durch die Arbeit mit den Tieren hab ich mein Leben wiederbekommen.«

Auch für die 27-jährige Hjördis* war die Arbeit mit den speziell ausgebildeten Pferden ein Teil ihrer Rettung. Seit ihrer Schulzeit erlebte sie sich als Mobbingopfer. Sie durchlitt Essstörungen, wochenlange Klinikaufenthalte, traute sich zuletzt, von Panikattacken gepeinigt, nicht in die Vorlesungen ihres Studiums. Als die Ärzte nicht weiterkamen, bekam sie den Stempel »Borderline«, eine schwer zu behandelnde Persönlichkeitsstörung.

»Ich fühlte mich immer wie ein Falschfahrer«, sagt sie. Daraus entwickelte sie die Strategie, möglichst unsichtbar zu bleiben. Bis sie zu Katrin Clemen kam. Eine intensive Therapie begann, auch mit den Pferden. »Ich hatte überhaupt kein Selbstwertgefühl. Doch das Führtraining mit den Pferden gab mir Selbstvertrauen.« Ihr Liebling wurde ausgerechnet das gewaltige Fjordpferd Fridjof. Ganz einfach hätte er sie rempeln oder umlaufen können, doch er blieb vor ihr stehen. »Als er mich ansah, merkte ich: Ich bin da. Es gibt mich. Ich werde gesehen.«

Katrin Clemens Konzept einer ganzheitlichen Lebenshilfe mit Hilfe von Mensch, Tier und Natur ist in Deutschland noch ziemlich neu. Was es bislang gab, ist Bauernhofpädagogik für Behinderte, schwer erziehbare Kinder und Jugendliche. Mittlerweile ist die Heilkraft der Natur in vielen wissenschaftlichen Studien nachgewiesen. Schon das Riechen, Sehen, Lauschen auf dem Land hat einen positiven Effekt auf das Wohlbefinden.

In Japan etwa hat man den regelmäßigen Waldspaziergang als Psychohygiene entdeckt, und auch in jeder Gartenarbeit liegt eine Portion Zen.

Die Landlust als Gesundbrunnen für Körper und Geist ist in Holland schon lange populär. Hunderte von Bauernhöfen dienen als »Care-Farmen« vor allem für Alte und Behinderte. Meist gibt es Spezialprogramme für die jeweilige Klientel, manchmal arbeiten sie auch einfach nur auf dem Hof mit. Auch in England beschäftigt man sich mit den wohltuenden Effekten, die Landleben und Gartenarbeit auf die körperliche und psychische Gesundheit haben können.

Doch nirgendwo ist bislang ein so geschlossenes Programm entstanden wie in Österreich. Dort hat eine gebürtige Holländerin alles, was in der Gesundheitsförderung in Verbindung mit Naturelementen steht, in einem Gesamtkonzept gebündelt. Sie heißt Nicole Prop und arbeitet für die Landwirtschaftskammer Wien. Und weil die ehemalige Telekommunikationsmanagerin weiß, wie wichtig Marketing ist, hat sie der Sache ein eingängiges Logo verpasst: »Green Care – wo Stadtmenschen aufblühen«.

Vor allem aber gelang es ihr, Landwirte und Kliniken, Politiker und Krankenkassen, soziale Einrichtungen und Hochschulen an einen Tisch zu bringen und sie alle von ihrer Idee zu überzeugen: Nutzt die Natur, um das soziale, körperliche und geistige Wohlergehen der Bürger zu verbessern. Denn sonst, so rechnete sie vor, werde es Österreich teuer zu stehen kommen. Die Zahl der psychischen Erkrankungen steige kontinuierlich an, schon jetzt liegen die Gesundheitsausgaben der Alpenrepublik über dem EU-Durchschnitt, über zehn Prozent des Bruttoinlandsprodukts werden dafür aufgewandt.

Gleichzeitig könnten immer weniger Landwirte von ihren Einnahmen leben, eine Situation, die sich mit dem geforderten kontinuierlichen Abbau der EU-Subventionen noch verschlimmern wird. Den Landwirten ein Zusatzeinkommen zu verschaffen, während man gleichzeitig die Krankenkassen entlastet, das stieß auf Interesse. Für das Projekt »Ökosoziale Green-Care-Zentren in Österreich« erhielt Nicole Prop 2010 den Preis für soziale Geschäftsideen der Erste Bank Stiftung, überreicht vom Friedensnobelpreisträger Muhammad Yunus.

Zu diesem Zeitpunkt war das Konzept längst angelaufen, und allen Beteiligten war klar: Psychosoziale Arbeit auf dem Bauernhof geht nur mit ausgebildetem Fachpersonal und kompetenter Begleitung – ganz besonders, wenn Tiere mit im Spiel sind. Ein Kaninchen, das versehentlich totgestreichelt würde, oder ein übermotivierter Ziegenbock, der einen Patienten auf die Hörner nähme, und schon wäre die gesamte Idee gestorben.

Aus diesem Bedarf nach geschultem Personal soll künftig das neue »Berufsbild Green Care« entstehen. Einen ersten Schritt setzte das Österreichische Kuratorium für Landtechnik und Landentwicklung (ÖKL) und gründete einen Qualifizierungslehrgang für »Tiergestützte Pädagogik / Therapie / soziale Arbeit am Bauernhof«. Nur vom ÖKL zertifizierte Höfe werden in das EU-Förderprogramm aufgenommen. Eineinhalb Jahre dauert die berufsbegleitende Ausbildung, für die nur angemeldete Landwirte zugelassen werden. Wer den Kurs erfolgreich absolviert, kann fortan seine Nutztiere für pädagogische, therapeutische oder soziale Zwecke einsetzen.

Vorausgesetzt, sie sind trainiert. Denn auch die Tiere müssen sich für den neuen Job fit machen, sagt die ÖKL-Ausbilderin und Projektleiterin Silke Scholl. Die eher scheuen Schafe etwa lernen, sich die Wolle knuddeln zu lassen, die Hasen dürfen nicht rumstrampeln, das Huhn wird daran gewöhnt, Körner sanft aus der Hand zu picken. Ziegen sind wegen ihres Ungestüms nur für Fortgeschrittene geeignet. Pferde und Rinder erhalten ein spezielles Gelassenheitstraining, damit sie ihre 500 Kilo Lebendgewicht ruhig halten, selbst wenn neben ihnen ein Rollator umstürzt oder ein Kunde ausflippt. So kann die Kuh bequem zweitverwertet werden: Morgens gibt sie Milch und mittags Lebenshilfe.

Etwa 250 Unterrichtsstunden muss Oskar, das Minischwein, absolvieren, bevor es auf Patienten losgelassen wird. Von Geburt an wurde der grauborstige Kerl an Menschen gewöhnt. Wenn er seine Prüfung macht, wird er auf Befehl durch Tonnen laufen und zusammen mit Menschen Teppiche aufrollen können.

Wie sich ein vorbildliches Therapieschwein benimmt, schaut er von seiner Mutter ab. Beauty ist die erste Schulungssau auf dem Hof von Doris Gilli in Sitzendorf vor den Toren Wiens. Eigentlich Landwirtin, stieg Gilli als Pionierin in das Green-Care-Projekt ein. Sie ließ sich ausbilden und betreibt heute auf ihrem Hof ein Zentrum für Lebensberatung und tiergestützte Therapie und arbeitet dabei mit der psychosozialen Klinik Eggenburg zusammen. Ihr Schwerpunkt liegt auf der Arbeit mit Pferden, doch wer sich vor ihnen fürchtet, darf mit Kaninchen beginnen und sich dann über Schweine zur Quarterhorse-Stute Speedy hocharbeiten.

»Die meisten Patienten reißen sich um die Tier-Therapie«, berichtet Andreas Remmel, Leiter der psychosomatischen Klinik Waldviertel. Sie lieben die nonverbale, ursprüngliche Kommunikation, mögen es, die Sanftschnauze des Haflingers zu spüren, freuen sich an Oskars Steckdosennase.

Es sind Menschen, die am Borderline-Syndrom leiden, an Angstzuständen, an Burnout oder Depression. Durch ihre Krankheit sind sie oft abgeschnitten von ihren Gefühlen und Bedürfnissen. Durch die Tiere lernen sie, Vertrauen aufzubauen und Bindungen einzugehen, aber auch, sich abzugrenzen und innerlich aufzurichten. Die Pferde reagieren nur, wenn die Person vor ihnen fest und selbstbewusst steht, Raum einnimmt. Dann weichen sie und gehen rückwärts. Das Gefühl, ein solch großes Tier zu dirigieren, flößt Selbstvertrauen ein.

Doch nur für zehn Prozent der Patienten in der Klinik gibt es Plätze auf dem Hof. Sechs Wochen lang kommen die Auserwählten an jeweils zwei Tagen auf Gillis Farm – auf Kosten der Krankenkasse. 120 Euro erhält sie pro Lehr-Stunde, die inklusive Vor- und Nachbereitung eigentlich drei sind. Die Sitzungen werden protokolliert, damit die Therapeuten in der Klinik daran anknüpfen können.

Landwirte, die in die Green Care einsteigen, bekommen vom Landwirtschaftsministerium Zuschüsse für die Ausbildung von Mensch und Tier sowie die Umbauten, die für die Hofzertifizierung nötig sind. Schon wird darüber nachgedacht, auf großen Gehöften Apartments für betreutes Wohnen einzurichten.

Ursula Köstl vom Landeskompetenzzentrum für Mensch-Tier-Beziehung in der Nähe von Graz hat bereits erste Anfragen von Sozialorganisationen, die sich für die Ausbaureserve in ihrem Gebäude interessieren. Das riesige Haus ist nur wenige hundert Meter von Köstls Farm entfernt. Hier stehen zertifizierte Therapieschweine, Esel, zahme Hühner, vorwitzige Ziegen, Schafe, Kaninchen, Pferde und zwei sehr kritisch dreinblickende Lamas als Co-Therapeuten den Klienten zur Verfügung.

Die Burnout-Klienten schickt die ausgebildete Fachkraft für tiergestützte Therapie am liebsten zu den Schafen. »Diese Menschen haben meistens ein Pausenproblem, sie können einfach nicht zur Ruhe kommen.« Diese legt sie dann in eine Hängematte mitten in die Schafsherde hinein. »Schafe entschleunigen«, sagt Köstl, »und sie himmeln Menschen an.« Zuerst schaukeln die Menschen noch unruhig hin und her, doch je ruhiger sie werden, desto näher kommen die Tiere. Am Ende verschwindet der Klient in einem riesigen Wollknäuel – die Schafe wurden ausgebildet, sich ausgiebig kraulen zu lassen und dies auch zu genießen.

Seit 20 Jahren betreibt Köstl schon tiergestützte Lebenshilfe, lange im Alleingang. Dass Green Care nun professionalisiert wird, bestätigt sie. Selbst die Wissenschaft will nicht mehr außen vor bleiben. Im Herbst will die Hochschule für Agrar- und Umweltpädagogik in Wien einen Master-Studiengang mit dem Titel »Green Care: Pädagogik und Therapie mit Pflanzen und Tieren« anbieten.

Der Studiengang, der derzeit in der Zulassungsphase steckt, soll berufsbegleitend sein, sechs Semester dauern und circa 9000 Euro kosten. Die Studenten lernen die Grundlagen der Tier- und Gartentherapie, der Pädagogik und der Lebensberatung. In Österreich ist Lebensberatung neben der Medizin, der Psychotherapie und der Psychologie als vierte Säule in der Gesundheitsvorsorge fest verankert. Der wissenschaftliche Abschluss qualifiziert im Bereich Green Care und legt die Basis für die Befähigung zum Lebens- und Sozialberater. »Wir hoffen sehr, dass Praktiker kommen, Pädagogen oder Landwirte, die das Gelernte möglichst auf ihrem eigenen Hof umsetzen können«, sagt Hochschulrektor Thomas Haase.

Auf die Ausbildung am edlen Pferd darf der Student jedoch nicht hoffen. Dafür lernt er, die Achatschnecke pädagogisch gewinnbringend einzusetzen. Die kommt nämlich nur aus ihrem Haus gekrochen, wenn die Hand, die sie hält, ruhig bleibt. Eine lehrreiche Lektion für hibbelige Kinder. Auch die therapeutische Arbeit mit Hund und Katze und den Nutztieren Rind, Schwein und Schaf wird durchgenommen.

Eine besondere Expertise jedoch hat die Hochschule in der Gartentherapie, die sie seit vier Jahren in einer Werkstatt betreibt. Auf dem Hochschulgelände ist ein Therapiegarten angelegt, der zweimal die Woche von Bewohnern des Geriatriezentrums Wienerwald gehegt und gepflegt, gesät und geerntet wird. Die Senioren werden dabei von Sozialpädagogen, Agrarpädagogen, Psychologen und Studenten betreut.

»Die enge Verbindung zur Natur erleichtert es den Menschen, ihre Bedürfnisse wieder zu erkennen«, sagt der Psychotherapeut Fritz Neuhauser. Daher eignet sich Gartentherapie auch für Burnout-Patienten. Sie regt alle Sinne an, trainiert den Körper – und ist bestens geeignet, mal richtig Dampf abzulassen. Wer jemals im Wutanfall ein Beet umgegraben hat, weiß um die erlösende Wirkung von Erdarbeiten. Kostengünstig ist die Therapie allemal.

Neuhauser arbeitet als Arzt im Geriatriezentrum, wo er mit Bewohnern mehrere Gärten angelegt hat. Das Säen und Ernten, das Kochen und Beisammensitzen gibt vielen Alten den Lebenssinn zurück, beobachtet er. Besonders für die Desorientierten, die aus der Klinik nicht mehr herauskommen, ist der Garten eine Zufluchtsstätte.

Weil sich die alten Leute schlecht bücken können, hat Neuhauser ihnen eingewölbte Hochbeete bauen lassen, die man mit Rollatoren und Rollstühlen anfahren kann. Aber allzu bequem soll es auch nicht sein: »Gartentherapie ist auch Krankengymnastik. Die Leute müssen körperlich auch ein bisschen gefordert werden«, sagt Neuhauser. »Sie würden sich wundern, wie flink sich so mancher noch bücken kann, wenn er eine fette Erdbeere grapschen will.«

Vor allem aber hilft das Buddeln und Harken den Menschen, mit sich selbst und auch mit ihrer Umwelt in Kontakt zu treten. Zu sehen, wie eine Pflanze wächst, sich entwickelt und verändert, kann Prozesse der Selbsterfahrung in Gang setzen. Oder ganz einfach glücklich machen.

»Runter von der hohen Drehzahl«

*Es muss nicht gleich Psychotherapie sein,
auch ein Coach kann helfen, Probleme zu lösen.
Manche Berater tun das sogar beim Joggen.
Wo liegen die Grenzen der Profi-Ratgeber?*

Von Angela Gatterburg

Manche Menschen bringen ihr Leben so regelmäßig auf den Prüfstand wie ihr Auto zur Inspektion – und suchen sich dafür einen Coach. Den meisten ist dabei klar, dass die kritische Betrachtung des eigenen Daseins komplizierter ist als die technische Untersuchung eines Wagens – aber auch reizvoller. Aus einer Frage können viele andere entstehen, aus diffusem Unbehagen heraus formen sich neue Ziele und Wünsche und vielleicht die Erkenntnis: Ich werde etwas ändern.

So jedenfalls sieht das Jutta Rossellit, die in Hamburg als Coach arbeitet. Mit einem kundigen Reflexionspartner nachdenken über sich selbst, in einem handfesten beruflichen oder auch in einem philosophisch-existentiellen Sinn, das sei das Ausgangsbedürfnis bei ihren Klienten, erzählt die studierte Geisteswissenschaftlerin.

Manche haben das Gefühl, festzustecken, wie etwa der Manager eines internationalen Konzerns, den sie derzeit betreut. Der Vater zweier Kinder klagt über Schlafprobleme und Rückenschmerzen, grübelt viel über seine berufliche Situation nach, über Fehler und Fallen im eigenen Unternehmen, über Strukturumbau und Machtverteilung.

»RUNTER VON DER HOHEN DREHZAHL«

In den bisherigen Gesprächen offenbarte sich eine tiefe Unzufriedenheit im Job, so Rossellit, aber vor allem etwas, das sich der Manager bislang nicht eingestehen mochte: Eines Tages erzählte er von der Einsamkeit in seiner Ehe und wie unglücklich er darüber sei. »So kann sich hinter einer vermeintlichen Berufskrise eine private Misere verbergen«, sagt die Fachfrau fürs Coaching.

Innehalten, wieder Zutrauen zu den eigenen Gefühlen entwickeln und sicher werden in seinen Wahrnehmungen, im Bewerten, darum gehe es im Coaching. Gerade für viele Männer sei es ein »regelrechtes Glück, Gefühle wiederzuentdecken«, so Rossellit. Manche Coachees, wie die Klienten heißen, kommen über Wochen zu ihr, meistens reichen aber drei bis fünf Sitzungen.

Rossellit erzählt von einem Mann, der Rat suchte, weil er jedes Bewerbungsgespräch vermasselte. Es stellte sich heraus, dass er unbewusst pampig reagierte im Gespräch, weil er sich unter keinen Umständen von anderen Menschen bewerten lassen wollte. Durch Gespräche und Rollenspiele entwickelte er in drei Sitzungen eine positive Haltung zur Bewerbungssituation, nämlich: »Ich biete denen eine tolle Show, es macht mir Spaß, mich mit einem Auftritt zu präsentieren.«

Manche kommen voller Ehrgeiz und Elan, getrieben, aber auch blockiert von widerstreitenden Gedanken, wie im Lauf der Coaching-Stunden deutlich wird. Andere hätten die Erwartung: Repariere mich, optimiere mich! Doch ohne Mitarbeit geht es nicht. Nur so entstehen, wo vorher etwas aussichtslos erschien, neue Wege und selbstbewusste Handlungsfähigkeit. Rossellit sagt, sie biete dafür »eine Art Zufluchtsort, wo Manager, Angestellte oder auch Arbeitslose über sich selbst nachsinnen können«. Sie könne dabei helfen, durch akzeptierende Wertschätzung, intensives Zuhören und manchmal eben mit dem anderen Blick: »Ich sehe da etwas, was Sie vielleicht nicht sehen im Moment.«

Coaching ist inzwischen ein schier unübersehbarer Markt geworden, genutzt von Beschäftigten wie Arbeitgebern, die in ihre Mitarbeiter investieren wollen. Sich gezielt coachen zu lassen ist in, genießt Ansehen. Für alles und jedes kann man mittlerweile einen Coach anheuern, ob es um Einrichtungsfragen, Fitness, Gewichtsabnahme, Kindererziehung, Partnerschaftsprobleme, Hundetraining, Zeitmanagement oder Kommunikationsstrategien geht.

Coaching will nicht lange um Probleme kreisen, sondern gibt sich lösungsorientiert und ist kurzfristig angelegt. Es kann eine Therapie nicht ersetzen, auch wenn durchaus Methoden aus verschiedenen Therapierichtungen zum Einsatz kommen. Der Klient nennt sein Thema und bestimmt, wo es langgeht. Wie unkompliziert und pragmatisch das ablaufen kann, ließ sich unlängst im Bayerischen Fernsehen betrachten, wo einer der bekanntesten Coaches Deutschlands, die Münchnerin Sabine Asgodom, mit Herzenswärme und Humor Leute mit ganz unterschiedlichen Anliegen beriet.

Coaching passt zu einer Zeit, in der lebenslanges Lernen und permanente Optimierung gefordert sind, ob im Job, an Figur, Frisur, Garderobe oder Fähigkeiten aller Art. Der Freiburger Soziologe Ulrich Bröckling spricht vom »unternehmerischen Selbst«, das sich wie ein Markenprodukt präsentieren soll, umstellt von Forderungen und Ansprüchen, begleitet von einem ständigen Gefühl des Ungenügens – streng dich an, streng dich mehr an, na, was schaffst du noch?

Wie seriös und gut ausgebildet ein Coach ist, muss jeder für sich herausfinden. Die zahlreichen Verbände und Ausbildungsinstitute haben keine allgemeingültigen Qualitätsstandards, jeder kann sich heute »Coach« nennen, entsprechend

»RUNTER VON DER HOHEN DREHZAHL«

»How to work better«, Werk des Schweizer Künstlerduos
Fischli & Weiss auf einem Bürogebäude in Zürich-Oerlikon, 1991

viele Scharlatane und Blender tummeln sich in der unübersichtlichen Szene. Die Preise liegen in der Regel bei 100 Euro pro Sitzung aufwärts. Die »Entwicklungshelfer« sind vor allem bei beruflichen Problemen gefragt. Ein brauchbares Selbstmanagement wünschen sich viele Menschen angesichts der rasanten Beschleunigung und Verdichtung des Alltags – die Angst, abgehängt zu werden oder gar zu scheitern, ist gewaltig.

Die Münchner Psychologin Gabi Ingrassia, groß, blond und fröhlich, coacht Menschen sogar beim Walken oder Joggen. »Laufen beruhigt«, sagt sie. In Bewegung könne man klarer denken, auch Unbehagen und Wutgefühle abbauen, ihre Coachees würden so gelassener. »Sport verstoffwechselt psychische Probleme, baut Stresshormone ab und entdramatisiert die Sorgen, über die man dabei spricht.« Die Dinge kämen in Bewegung – buchstäblich.

Ingrassias Büro liegt in der Münchner Innenstadt, von dort läuft sie mit ihren Patienten an die Isar oder in den Englischen Garten. Zu ihr kommen Menschen, die unter Druck stehen. »Oft folgen sie einem unbewussten Mechanismus«, erklärt sie, »sie versprechen sich eine Belohnung, rauchen, trinken, essen viel, all das sind Versuche der Entspannung, wenn auch ungesunde.« Beim ersten Gespräch gilt es zu klären: »Wie tief sitzt jemand drin im Topf? Wird er womöglich schon in heißem Wasser gekocht?« Leider gehöre es zum Erscheinungsbild gestresster Menschen, dass sie sich erst sehr spät um Hilfe kümmerten.

»Ich schaue, wie ausgeprägt ist die Erschöpfung – je nachdem rate ich erst mal zum Krankenstand.« Was vielen nicht gefällt, denn Arbeit zu reduzieren mache Angst. Einige ihrer Klienten fänden es schon unvorstellbar, einmal die Woche zum Sport zu gehen, sie sorgten sich darum, von Kollegen schief angesehen zu werden, weil sie es wagten, sich mehr Zeit für private Belange zu nehmen. »Da heißt es dann, einen Strategie-Blumenstrauß aus Abgrenzung, Neinsagen, Zeitmanagement und Mini-Entspannungen systematisch einüben.«

Burnout sei bereits vor zwölf Jahren ein Thema gewesen, so Ingrassia. Nur stelle sich das heutige Burnout-Bild anders dar, komplexer. Bedrängender sei die Lage am Arbeitsplatz, die Vorgesetzten erwarteten extreme Belastbarkeit, wer überfordert sei, werde schnell belächelt. Die Beraterin sieht in ihrer Praxis täglich, was Dauerstress mit Menschen macht: Sie fühlen sich bedroht, rutschen in Misstrauen, negatives Denken, schnell kommen Streitigkeiten in der Partnerschaft dazu. Kinder oder pflegebedürftige Eltern verschärften mitunter die Situation.

»Manche wollen eine Art therapeutisches Psychopharmakon, um den Druck am Arbeitsplatz noch besser auszuhalten. Ich halte es für besser, einen Plan B zu entwickeln. Selbst wenn es nur ein Plan bleibt, entspannt die Suche nach einem Ausweg sofort, gibt ein gutes Bauchgefühl und verhilft zu einer anderen mentalen Einstellung.« Manchmal geht sie einen ganzen Tag wandern mit ihren Klienten, Blockcoaching nennt sie das. Dazu macht sie Yoga-, Qigong- und Achtsamkeitsübungen. »Nach innen gehen führt zu einem anderen, besseren Selbstbewusstsein.«

Wer sich für ein Coaching anstatt länger andauernder Therapie entscheidet, sollte noch genügend physische und psychische Reserven haben und nicht schon kurz vor dem Zusammenbruch stehen. Er müsse bereit sein umzudenken, sagt sie: »Nur dann gelingt es, etwas Neues, zum Beispiel eine Entspannungsübung, zu erlernen und sie dann konsequent in den Alltag zu integrieren.«

Die Fragen der Coachees ähneln sich: Was fehlt mir? Was macht mich so unzufrieden? Warum fühle ich mich so verzagt und traue mir nichts mehr zu? Das Gefühl dafür, was gut ist und was nicht, das Gespür für die eigenen Möglichkeiten und Fähigkeiten ist abhandengekommen. Der Coach hört zu, fragt, gibt Anregungen, scheut sich mitunter auch nicht, einen Orts- oder Jobwechsel anzuregen.

Lothar Seiwert ist ein gefragter Coach und vielfach ausgezeichneter Vortragsredner, er ist Co-Autor des Weltbestsellers »Simplify your life« und hat noch weitere Bücher verfasst. Sein Hauptthema: Lebens- und Zeitmanagement. »Was für den einen Stress ist, ist für den anderen gemütliche Routine«, sagt er. Arbeit könne ja auch Spaß machen, aber wer mehr arbeitet oder ganz anders, als er eigentlich will, hat Stress. »Fremdbestimmung bedeutet fast immer Stress«, sagt Seiwert.

Mit seinen Botschaften zieht er durch die Lande, er will Impulse geben und Hilfe zur Selbsthilfe. In den Gesprächen mit Leistungsträgern aus der Industrie und den Vorstandsetagen höre er oft Sätze wie: »Eigentlich wusste ich, dass ich kürzertreten muss, aber erst als ich auf der Intensivstation gelandet bin oder meine Frau mir die Rote Karte gezeigt hat, habe ich kapiert, dass ich was ändern muss.«

Was den Menschen heute am meisten fehlt, sei Zeit, Ruhe, Muße, glaubt Seiwert. »Das Arbeits-Erleben hat sich dramatisch verändert, wir sind inzwischen praktisch ›always on‹, der klassische Feierabend geht verloren, weil Chefs ihre Untergebenen mit Mails traktieren.«

Die Folge ist »hurrysickness«, die Hetzkrankheit, die so viele Menschen plagt. Auf seine Frage: »Was wollen Sie erreichen?«, antworteten die meisten seiner Kunden: »Mehr Zeit für mich, zur Ruhe kommen, runter von der hohen Drehzahl.« Leider stünden dem oft hinderliche Überzeugungen entgegen, die als innere Antreiber wirkten und »das Verhalten im Außen steuern«. Im Coaching versucht Seiwert mit Hilfe verschiedener psychologischer Methoden, neue Muster zum Leben zu erwecken. »Coaching zeigt Wege aus der Opferrolle.« Ob das gelingt, sagt er, liege an jedem Einzelnen, an seiner Konsequenz und seiner Selbstdisziplin, die neuen Muster anzuwenden. »Manche haben eine Art Sprachfehler, sie können nicht nein sagen. Es ist wichtig, die Eigenverantwortung zu erkennen.«

Was die Unternehmen und ihre Fürsorge für die Arbeitnehmer angeht, ist er skeptisch. Sicher, da gebe es einzelne, fabelhafte Firmen mit guten Programmen, aber insgesamt, sagt er, »ist der Wettbewerb doch ungeheuer, Personal wird abgebaut, wo es nur geht. Der Arbeitsdruck nimmt zu, das wird eher noch extremer. Kosten- und Erfolgszwänge werden weiter wachsen, bei den Dax-Unternehmen stehen die Aktionäre und fordern: Rendite, Rendite, Rendite.« Deshalb sei Coaching wichtig. »Damit man lernt, selbst für seine Work-Life-Balance zu sorgen.«

Auch der Hamburger Burnout-Experte Matthias Burisch berät sowohl Unternehmen als auch Privatpersonen. Wer zu ihm kommt, erzählt er, steckt meist in einer Falle: Er verfolgt ein Ziel, das unerreichbar ist, das er aber weder umdefinieren noch bescheidener fassen kann. Oder er verharrt in einer subjektiv schwer erträglichen Situation, an deren Veränderung er gescheitert ist. Der Preis für Aufbruch und Neuanfang scheint ihm unbezahlbar hoch.

Das kann eine Forscherin sein, die sich an einem unlösbaren Problem verkämpft, ein Abteilungsleiter, der ein chaotisches Team in den Griff bekommen soll, ein Lehrer, der sich an Strukturen in der Schule aufreibt, die Krankenschwester, die zu dünnhäutig für ihren Job ist, der Journalist, der zehnmal länger an einem Artikel sitzt als nötig, der Chef, dem es an sozialer Kompetenz und Führungskraft fehlt. »Sie alle können über die Jahre in einen Burnout steuern.« Burisch sieht zwei Burnout-Typen: Der aktive Typ ist dynamisch, charismatisch, zielstrebig, er kann schlecht nein zu sich sagen, das ist der »Selbstverbrenner«. Der passive Typ könne schlecht nein zu anderen sagen, verfüge über wenig Entschlossenheit, Selbstsicherheit, Ehrgeiz.

Wie entscheidet der Psychologe, ob Coaching ausreicht oder ob eine Therapie oder sogar ein stationärer Aufenthalt sinnvoller wäre? »Wenn ich das Gefühl habe, ich müsse diesen Menschen täglich betreuen, dann ist Coaching nicht geeignet. Zu stationären Aufenthalten rate ich, wenn den Betroffenen alles über den Kopf wächst, beruflich und privat, dann sollten sie unbedingt raus aus der Situation und täglich mit einem Therapieangebot angesprochen werden.«

Manchmal sieht er jemanden über zwei Jahre lang, in großen Abständen. Wie die gutverdienende Controllerin, die sehr erfolgreich darin war, todgeweihte Unternehmen zu retten. Aber das hatte seinen Preis. Die Controllerin geriet bei jedem neuen Auftrag an ihre psychischen und physischen Grenzen. Doch sie war nicht fähig zu sagen, »für solche Aufgaben stehe ich nicht mehr zur Verfügung«, erzählt Burisch. Er verfasste mit ihr einen solchen Brief an ihren Arbeitgeber und war gespannt, ob sie ihn abschicken würde. Tatsächlich tat sie es schließlich. »Beim Coaching habe ich ihr quasi die Erlaubnis gegeben, solche anstrengenden, ungeliebten Aufgaben einfach abzulehnen.«

Die meisten seiner Klienten haben Probleme damit, dass sie etwas ständig treibt, innere Glaubenssätze, die sie ohne Hilfe nicht aufgeben können. Eine seiner Coachees hat 30 Leute unter sich. Sie leitet ein Architekturbüro, hat sich hohe Leistungsziele gesetzt und ist perfektionistisch. »Was haben Sie vor mit mir?«, fragte sie skeptisch in ihrer ersten Coaching-Stunde. »Ich hole Sie ins Leben zurück«, war Burischs Antwort.

Solche Menschen hätten kaum Verständnis für andere Arbeitsstile, es gebe viel Einsamkeit und wenig Freude in ihrem Leben. Innere Überzeugungen wie »Ich darf keine Schwäche zeigen« seien Gift in ihrer Absolutheit, so Burisch, sie verengten das Denken. »Diesen Verlust an Flexibilität des Denkens kann man gut aufweichen mit Coaching und Verhaltenstherapie.«

Betriebliche Prophylaxe, da ist Burisch überzeugt, werde noch viel zu wenig betrieben. »Die oberen Schichten haben keine Ahnung, was sich außerhalb ihrer Sphäre tut.« Ein, zwei Seminare reichten nicht. »Gesundheitsmanagement ist eine Daueraufgabe, und die Chefs müssen sichtbar dahinterstehen.«

Sicher, wenn in der IT-Branche jemand aus der Kurve fliege, der ein Millionenprojekt betreut, dann sei auch der Kunde weg, »das tut einem Unternehmen weh, das schafft einen gewissen Druck, über Burnout nachzudenken«. Das geschehe aber zu selten. Überstunden, Extra-Anforderungen, Personalabbau, das sei heute die Regel. »Und machen wir uns nichts vor«, sagt Burisch, »natürlich gibt es Chefs, die Leute loswerden wollen, und Betriebsräte, die zu schwach sind, das zu stoppen. Da sind Angestellte oft so am Boden, dass sie in eine Opferrolle rutschen und keine Reserven mehr haben für einen Kampf.«

Deshalb gelte es auch, die Grenzen von Coaching zu sehen: Im Coaching müsse man die eigenen Fallen erkennen, den inneren Antreiber ruhigstellen, da könne man vieles lernen über sich, erklärt er. »Aber wenn etwa in einer Firma Terrormanagement und lebensfeindliche Zustände herrschen, braucht es keinen Psychologen, sondern einen guten Rechtsanwalt.«

Enge in der Brust

Viele Arbeitnehmer träumen von einer Auszeit, aber nur wenige nehmen sie. Was bringt ein Sabbatical?

Von Joachim Mohr

Nicht mehr telefonieren, kein Computer und kein Fernseher mehr, keine stundenlangen Meetings – all das Gewohnte war plötzlich weg. Die ersten Wochen seines Sabbaticals in Australien waren eine harte Probe für Frank Krause. Der erfolgreiche Manager der Luft- und Raumfahrttechnik lebte zurückgezogen auf einer Farm im Kangaroo Valley, ohne Auto, der nächste Ort lag zu Fuß eine halbe Stunde entfernt.

Es ging schon besser, als er für anderthalb Monate einen ehrenamtlichen Job in einem Delphin-Zentrum annahm, Touristen betreute und bei Reparaturen half. Und dann tat, was er schon immer tun wollte: Er besuchte einen Sprachkurs und reiste, frei nach Lust und Laune, mehrere Wochen durchs Land.

Der Aufbruch zu seiner Auszeit war nicht ganz so freiwillig gewesen. Wochen zuvor, an einem Sonntagmorgen, hatte er plötzlich »ein Gefühl von unerträglicher Enge in der Brust«. Sofort dachte er an einen Herzinfarkt. Der Arzt in der Notaufnahme konnte im EKG allerdings nichts akut Gefährliches entdecken. Er warnte den angespannten Manager aber eindringlich, dass der Brustschmerz ein Symptom für Überarbeitung sein könne.

Und tatsächlich zog Krause rund zwei Monate nach dem warnenden Schock die Notbremse: Trotz Top-Gehalts, teurer

Autos und Yachturlaub kündigte er seinen aufreibenden Job – und floh vor seiner Arbeitssucht bis ans andere Ende der Welt nach Down Under: »Ich wollte meine Ruhe haben«, sagt er, »um über mein Leben nachzudenken.«

Mehr als ein Drittel der Arbeitnehmer in Deutschland wünschen sich nach einer Umfrage eine solche Auszeit vom Job. Jedoch nur etwa drei Prozent, so Schätzungen, nehmen tatsächlich auch eine. Für manche ist ein Sabbatical vor allem ein Urlaub in XXL, andere wollen sich intensiv um ihre Kinder kümmern oder eine Doktorarbeit schreiben, wieder andere zu sich selbst finden.

Doch die meisten Aussteiger auf Zeit eint ein Ziel: Sie wollen vor dem Stress und dem Druck der modernen Arbeitswelt abhauen, sich wenigstens für ein paar Monate dem Wahn entziehen, jede Minute und überall erreichbar sein zu müssen, noch schneller und effizienter zu werden und noch mehr leisten zu wollen.

»Ich fühlte mich permanent ausgelaugt«, schreibt der Ingenieur Krause in seinem Buch »Notstopp. Ein Manager mit Burnout steigt aus«. »Ich habe gemerkt, dass ich einfach nicht mehr abschalten konnte.« Arbeit war der einzige Inhalt in seinem Leben. Doch gerade die machte ihm plötzlich keinerlei Freude mehr.

Aber was bringt so ein Ausstieg nur für ein paar Wochen oder Monate? Kann ein Sabbatical verhindern, dass der Job und der Alltag einen zerschleißen? Hat eine Auszeit nur einen kurzfristigen Erholungseffekt, der schnell verpufft, oder kann eine längere freie Zeit dauerhaft zu einem entspannteren Leben führen?

Seriöse Untersuchungen, was Sabbaticals genau bewirken, gibt es nur wenige. Die Sozialwissenschaftlerin und Volkswirtin Barbara Siemers, die ihre Doktorarbeit über die Langzeitpause im Beruf geschrieben hat, unterscheidet fünf Motivationen, warum Menschen sich ausklinken: zur Erholung, um Aufgaben in der Familie zu übernehmen, für die berufliche Weiterbildung, um sich persönlich neu zu orientieren oder um ein konkretes Projekt zu verwirklichen, etwa ein Buch zu schreiben.

Nach Siemers' Erkenntnis kann ein Sabbatical für den Regenerationstyp, der sich seit längerem überfordert fühlt, zwar wie »eine Notbremse« wirken und kurzfristig helfen. Dauerhaft sei es aber entscheidend, »sich Erholung in regelmäßiger und ausreichender Form im Alltag zu organisieren«. Auch die Arbeitsmedizinerin und Vizepräsidentin des Verbands Deutscher Betriebs- und Werksärzte, Anette Wahl-Wachendorf, warnt, »eine dauerhafte Überlastung im Beruf wird durch ein Sabbatical nicht besser«. Zwar könne in kreativen Jobs eine Auszeit zu neuen Ideen führen. »Ein Sabbatical kann für ein Unternehmen aber kein Instrument der Prävention sein.« Drohten Mitarbeiter einer Firma durch zu viel Arbeit krank zu werden, dann »müssen die Arbeitsprozesse und die Anforderungen verändert werden«.

Eine israelisch-amerikanische Studie unter Federführung der Universität Tel Aviv zeigte, dass bei Hochschulangestellten ein Sabbatical den Stress im Job und die Gefahr eines Burnouts zwar erst einmal deutlich senkte. Längerfristig aber, wenn die Mitarbeiter einfach in die frühere Arbeitsumgebung zurückkehrten, stieg der Arbeitsdruck wieder an. Dabei waren rückblickend jene Wissenschaftler besonders zufrieden mit ihrem befristeten Ausstieg, die weitgehend das getan hatten, was sie ganz persönlich wollten, sich möglichst weit von ihrem normalen Job entfernt und ihre Auszeit im Ausland verbracht hatten.

Das Sabbatjahr kennen fromme Juden schon aus der Tora, ihrer heiligen Schrift. Danach sollen jedes siebte Jahr die Äcker ruhen, damit sich die Böden erholen können. So hat das Sabbatical wohl seine Wurzeln in der über 2000 Jahre alten Tora. In die neuzeitliche Arbeitswelt führten amerikanische Hochschulprofessoren den Begriff ein: Sie nahmen ein Semester frei von jeglicher Lehrverpflichtung, um sich in dieser Zeit ausschließlich der Forschung widmen zu können.

Die ersten Sabbaticals in Deutschland gab es 1987 an Berliner Schulen: Die Lehrer konnten eine einjährige Pause vom Dienst nehmen, um sich von ihrer hohen Belastung zu erholen.

Heute bieten fast alle staatlichen Arbeitgeber und viele große Unternehmen solche Auszeiten an, meist zwischen drei Monaten und einem Jahr. Einen gesetzlichen Anspruch darauf gibt es allerdings nicht.

Arbeitsrechtler raten Beschäftigten, auf jeden Fall einen Sabbatical-Vertrag mit ihrer Firma zu schließen, so dass es um Dauer, Bezahlung und die Rückkehr an den Arbeitsplatz keinen Streit gibt. Damit der Arbeitnehmer in der Auszeit nicht ohne Gehalt dasteht und weiter sozialversichert ist, geht dem Sabbatical meist eine Ansparphase voraus: So arbeitet jemand etwa eineinhalb Jahre für nur 75 Prozent seines Einkommens, kann dann aber ein halbes Jahr frei machen bei weiterhin 75 Prozent Gehalt.

Der Luft- und Raumfahrtmanager Krause kehrte aus seinem Sabbatical jedenfalls verändert zurück. Er wechselte zu einer mittelständischen Unternehmensberatung, wo er engagiert arbeitet, aber auf eine gesunde Balance zwischen Beruf und Freizeit achtet: »Ich möchte meine Arbeit gern machen, aber ich möchte sie auch gern wieder loslassen können.« Für alle Menschen, die ein Sabbatical planen oder gerade hinter sich haben, hat er einen wichtigen Rat: »Beugen Sie aktiv vor, damit Sie nach Ihrem Job-Wiedereinstieg nicht von neuem in die Burnout-Spirale geraten.«

Schnauben wie ein Pferd

Die einen schwören auf Yoga, andere versuchen mit Tanzen und Reiten zu entspannen. Zapchen, Zumba und Singen sind lustvolle Methoden der Entstressung.

Von Julia Stanek

REITEN
Ausgleich im Galopp
Schon im Altertum war die gesundheitsfördernde Wirkung des Reitens bekannt. Heute werden Pferde auch in der Psychotherapie eingesetzt, unter anderem bei Essstörung, Depression und ADHS. Reittherapeuten integrieren die Vierbeiner in ihre Arbeit, um eine Beziehung zu Patienten aufzubauen, denen dies schwerfällt, beispielsweise ängstlichen oder gar traumatisierten Menschen.

»Wer Zeit mit Tieren verbringt, ändert sein Verhalten«, sagt die Psychiaterin Angelika Taubert. Sie behandelt in ihrer von der Ärztekammer Westfalen-Lippe zertifizierten Reittherapie auch Burnout-Patienten, die unter psychosomatischen Störungen wie Zittern und Durchfall leiden. Auf dem Rücken eines Pferdes schafften ihre Patienten etwas, das sie verlernt haben: sich zu öffnen und zu entspannen. Auch das Pferd wird zum Therapeuten, etwa wenn sich allein durch den Kontakt beim Striegeln und Schmusen die Grundstimmung des Patienten verbessert; Glückshormone werden ausgeschüttet.

Tiere helfen aber nicht erst dann, wenn die Psyche bereits aus dem Gleichgewicht geraten ist. »Ein Hund oder eine Katze gibt einem Menschen das Gefühl, gebraucht zu werden, das Selbstwertgefühl steigt«, sagt die Ärztin. Im Kampf gegen die Erschöpfung sei zudem Bewegung wichtig – so könne man schon beim Gassigehen etwas für die Seele tun.

MINDFULNESS-BASED STRESS REDUCTION (MBSR):
Achtsamkeit mit Disziplin
Ein bewährter Ausweg aus der Stress-Spirale ist Achtsamkeitstraining. Mindfulness-Based Stress Reduction (MBSR) heißt das Programm, das vor über 30 Jahren von dem US-Amerikaner Jon Kabat-Zinn aus der buddhistischen Achtsamkeitsmeditation entwickelt wurde. Er brachte seinen Probanden bei, in ihre Körper hineinzuhorchen, zu entspannen und die Selbstheilungskräfte zu aktivieren. »Gestresst können wir nicht verhindern, dass wir auf Autopilot schalten«, sagt die Hamburger MBSR-Lehrerin Sabine Fries. »Aber wir können lernen, das Steuer wieder selbst in die Hand zu nehmen.« In einem achtwöchigen Kurs lernen die Teilnehmer, den Augenblick im Ganzen wahrzunehmen, nichts zu bewerten und weder in die Vergangenheit zu blicken noch Zukunftspläne zu schmieden. Neben sanften Yoga-Übungen praktiziert man in wöchentlichen Treffen die Sitzmeditation sowie den sogenannten Body-Scan. Im Sitzen oder Liegen konzentrieren sich die Teilnehmer unter anderem auf den Atem, erspüren ihren Körper von Kopf bis Fuß, jede Empfindung wird gelassen registriert – ein Kribbeln im Bauch oder ein Ziepen im Nacken. »Am Anfang braucht es Disziplin«, sagt Fries. Zu den Hausaufgaben gehöre es, täglich 45 Minuten mit Hilfe einer CD zu üben. Fries hatte vor vier Jahren selbst einen Burnout, den sie unter anderem mit MBSR überwand: »Es gibt kaum ein besseres Mittel als Achtsamkeit, um seine eigenen Selbstheilungskräfte wieder zu aktivieren.«

Die Wirksamkeit ist durch diverse Studien belegt. »Stressgeplagte gehen aus der Achtsamkeitsmeditation gelassener hervor«, sagt die Münchner Ärztin und MBSR-Lehrerin Elke Glander. »Vegetative Beschwerden wie Herzrasen oder Bluthochdruck werden gelindert, das Immunsystem wird gestärkt.«

YOGA
Pause für den Affengeist

Körperliche Erschöpfung folgt in vielen Fällen mentaler Erschöpfung. Diesen Teufelskreis kann man mit Yoga durchbrechen. Die philosophische Lehre aus Indien basiert auf dem Zusammenspiel von Körper, Geist und Seele und will erreichen, dass diese eins werden und unsere Energien frei fließen. »Selbst wer sich total ausgebrannt fühlt, kann durch Yoga lernen, wieder loszulassen«, sagt die Hamburger Yoga-Lehrerin und Psychotherapeutin Marina Pagel. Dafür brauche es Körperübungen (die Asanas), Atembeherrschung (das Pranayama) und Konzentration. Hier liegt das Problem: »Wenn wir gestresst sind«, sagt Pagel, »können wir uns schlecht konzentrieren.« Diesen Zustand beschreiben Yoga-Lehrer als »monkey-mind« (Affengeist). »Wir springen auf jeden Außenreiz an. Unsere Gedanken hüpfen sozusagen von Ast zu Ast, wie eine Affenherde, die durch die Bäume tobt.« Ziel aller Yoga-Stile sei es daher, die Sinne zu zügeln, sie ins Joch (eine Übersetzung für Yoga) zu nehmen. »Das bringt den Geist zur Ruhe.«

Wie das konkret geht, hängt von der Yoga-Art ab. Wem es schwerfällt, einen meditativen Zustand zu erreichen, der kann mit Iyengar-Yoga leichter zum Ziel kommen. Dabei liegt der Schwerpunkt auf der präzisen Ausführung der Asanas, durch die Kraft aufgebaut und die Konzentration gestärkt wird.

»Wenn die Haltung aufrecht ist und der Atem weich, dann fühlt sich auch der Geist frei«, sagt Pagel. Die ausgebildete Hypnotherapeutin nutzt Yoga auch für die Arbeit mit ihren Patienten. Ob Bandscheibenvorfall oder Burnout, Krankheiten könnten Menschen geradezu »ohnmächtig« machen. »Yoga bringt sie zurück ins Handeln, und schon das kann eine heilende Wirkung haben.«

ZAPCHEN
Unerhörtes Wohlgefühl

Wenn man den Stress einfach abschütteln könnte! Wenn Sorgen und Schmerzen durch ein genussvolles Gähnen oder ein tiefes Summen verschwinden würden. Nichts leichter als das, sagt die US-Amerikanerin Julie Henderson, Begründerin der Zapchen-Methode. Das Wort (gesprochen Tsap-dschen) kommt aus dem Tibetischen und bedeutet so viel wie spontan oder ungezogen sein. »Man tut einfach, was einem in den Sinn kommt, und lernt so, die Impulse des Körpers zu beachten«, sagt Cornelia Hammer, Lehrerin am »Zapchen Tsokpa Institut« in Kassel.

Seit 26 Jahren berät die Psychotherapeutin Menschen in schwierigen Lebenslagen: bei familiären Problemen, bei Krankheiten, bei Erschöpfung. In ihren Zapchen-Workshops vereint Hammer Elemente aus westlichen und buddhistischen Gesundheitslehren. »Jeder Übung liegt die Annahme zugrunde, dass unser Körper intelligent ist und Freude leicht erreicht werden kann«, sagt Hammer. »Wenn wir unter Stress leiden und uns schwach fühlen, müssen wir etwas verändern – das geht schon, indem wir einmal tief seufzen oder unsere Arme um uns herum schwingen.« Es sind simpelste Bewegungen wie diese, die den Energiekreislauf in unserem Körper in Schwung bringen sollen. Die Schlichtheit hat zwei Vorteile: Man greift auf vertraute Abläufe zurück, die jeder aus seiner Kindheit kennt; deshalb muss man sie nicht mühevoll lernen. Und: Man kann die Übungen leicht in den Alltag einbauen. Ziel von Zapchen sei es, so Hammer, den Körper besser wahrzunehmen, Achtsamkeit zu entwickeln und sich bewusst zu werden, was man zum eigenen Wohlbefinden beitragen kann.

Ganz ohne Humor gehe es aber nicht, sagt Hammer, »deshalb lernt man, Hemmungen über Bord zu werfen« – zum Beispiel, wenn man die Bürotür hinter sich schließt und einmal schnaubt wie ein Pferd. Wie das geht? Lippen locker, Muskeln entspannen, Mundpartie beleben – und losprusten. Was zunächst albern klingt, basiert durchaus auf wissenschaftlichen Erkenntnissen: Ein feiner Schüttelrhythmus oder gleichmäßiges Wippen kann den Stoffwechsel anregen, ausgiebiges Gähnen fördert nachweislich das Wohlbefinden.

SINGEN
Kanon in der Klinik
Singen wirkt positiv auf die Psyche. Im Körper werden weniger Stresshormone freigesetzt, auch aktiviert Gesang das Immunsystem. Der amerikanische Musiker Warren Hardy lebt in Bayern und begleitet seit langem verschiedene Chöre mit Gesangs-Workshops. Er erlebt, wie Menschen beim gemeinsamen Singen zu emotionaler Ausdruckskraft, zu Entspannung und Freude finden.

Dass gemeinsamer Gesang die Gesundheit fördert, davon ist auch der Göttinger Hirnforscher Gerald Hüther überzeugt: »Es gibt kein besseres und wirksameres Mittel, das psychoemotionale Belastungen auflöst, Lebensmut stärkt und Selbstheilungskräfte reaktiviert, als das Singen.«

Diese Erkenntnis ist in den Gesundheitseinrichtungen angekommen: In Deutschland setzen immer mehr Häuser bei der Behandlung ihrer Patienten auf die Heilkraft der Musik. 2011 wurden neun Kliniken als sogenannte Singende Krankenhäuser zertifiziert.

Die Auszeichnung hat sich ein internationaler Verein einfallen lassen, der erkannte, dass ein im Chor gesungenes Lied einem kranken Menschen guttut. Es nimmt etwa Ängste und verringert Schmerzen, sagt Wolfgang Bossinger, Musiktherapeut und Initiator der Singenden Krankenhäuser. Um keinen Leistungsdruck aufzubauen, stimmt er gern Lieder mit einfachen Melodien an – typische Ohrwürmer, wie auch Kinder sie mögen. »Man singt, wenn man glücklich ist«, sagt Bossinger, »warum soll man nicht glücklich werden, wenn man singt?«

ZUMBA
Tanz ins Glück

Eine Wellenbewegung mit der linken Hand, die Hüfte schwingt nach rechts: Ein neuer Fitnesstrend ist wieder einmal aus den USA nach Deutschland gekommen und heißt Zumba. Dahinter verbirgt sich eine Mischung aus Tanz- und Fitnesstraining, das nicht nur dazu geeignet ist, Kalorien zu verbrennen – es hilft auch, Stress abzubauen. Während lateinamerikanische Musik aus den Boxen schallt, bewegt man sich so geschmeidig, wie es einem als Mitteleuropäer möglich ist. Ob man dabei eine gute Figur macht, ist Nebensache.

Nur drei Regeln seien zu beachten, sagt die Hamburger Zumba-Trainerin Jessica Arriechi Reinhard: »Erstens: Hab Spaß! Zweitens: Hab Spaß! Drittens: Hab Spaß!« Sich gehenlassen, den Rhythmen nachspüren, das sei das einzig Wichtige beim Zumba.

Weil einem die Choreografie volle Konzentration abverlangt, vergisst man die Sorgen des Alltags schnell: Cha-Cha-Cha-Schritte, Mambo-Drehungen und ein Lächeln auf dem Gesicht sind am Anfang nicht leicht zu koordinieren. Doch dann hört der Kopf auf zu denken, Samba-Trommeln oder Cumbia-Bässe übernehmen die Kontrolle über Arme und Beine. »Mit Zumba kann man Spannungen im Körper lösen und Energie abladen«, sagt Arriechi Reinhard. Das hilft, nach einem stressigen Tag abzuschalten.

Dass Bewegung zur Musik gut für die Seele ist, hat die Psychologin Cynthia Quiroga Murcia in einer Studie an der Goethe-Universität in Frankfurt am Main bewiesen. Sie untersuchte die Speichelproben von elf Tango-Paaren vor und nach einem Tanz – und stellte fest, dass die Runde auf dem Parkett den Probanden nicht nur Spaß, sondern auch Entspannung brachte: Die Konzentration des Stresshormons Cortisol war nach dem Tango-Tanz gesunken.

TEIL IV
GESÜNDER IN DIE ZUKUNFT

»Wer wollen wir morgen sein?«

*Für die psychische Gesundheit ihrer Mitarbeiter
zu sorgen haben nur wenige Topmanager gelernt.
Doch inzwischen setzen einige Firmen auf
Prävention – mit Erfolg.*

Von Jochen Brenner

In der Verwaltungszentrale der Stadtsparkasse München im Stadtteil Schwabing gibt es seit einiger Zeit ein »anonymes Büro«. Es liegt im Gesundheitsbereich der Bank, in dem auch die Physiotherapien angeboten werden. Dorthin kann man sich diskret wenden, wenn man Beratung bei psychischen Problemen sucht oder etwa fürchtet, alkoholkrank zu werden. Es sieht so aus, als ginge man zur Massage – so bleiben die Mitarbeiter geschützt. Anonymität ist immer noch wichtig bei psychischen Problemen. »Und nicht jeder kann sich im Gruppengespräch öffnen«, sagt Harald Strötgen, »oft hilft nur der direkte Kontakt.«

Strötgen ist der Vorstandschef der Stadtsparkasse, und er spricht wie ein Banker, der keine Lust mehr auf Floskeln hat: »Die Finanzprodukte der Kreditinstitute von heute sind austauschbar«, sagt er. Und wenn Produkte austauschbar werden, so Strötgens Logik, dann kommt es auf die Menschen an, die die Produkte verkaufen. »Deswegen musste ich meine Leute von meiner Philosophie überzeugen.«

2800 Menschen sind es immerhin, die unter Harald Strötgen in der erfolgreichen Traditionsbank mit einer Bilanzsumme von 15 Milliarden Euro arbeiten. Vor zehn Jahren ist er ganz oben angekommen in der Bank, der Kreditfachmann gilt als harter Verhandler. In seiner Amtszeit hat sich die Finanzwelt vom Kopf auf die Füße gestellt. »Heute vergeht keine Woche, in der sich nicht mindestens eine Bank von Geschäftsbereichen trennt und Arbeitsplätze in Gefahr sind.«

Der Vorstandschef hat beobachtet, wie die modernen Zeiten den Beruf in der Bank verändert haben. Aus viel Arbeit wurde Stress, aus Stress bei so manchem Überforderung, die selbst die stärkste Seele nicht aushält. »Früher ging es immer nur aufwärts. Heute wird der Konkurrenzdruck immer größer«, sagt er.

Auch menschliche Katastrophen hat Strötgen erlebt, sie haben Spuren hinterlassen. Zwei Mitarbeiter haben sich das Leben genommen. »Das sind Ereignisse, die uns aus der Fassung gebracht haben. Sie haben auch die Frage aufgeworfen, ob es reicht, was wir für die psychische Gesundheit unserer Mitarbeiter tun«, sagt Strötgen.

Damals brachte er die 30 obersten Manager der Bank und den gesamten Vorstand mit Experten der Münchner Universitäten und einem Benediktinermönch zusammen. »Ich wollte wissen, wie Weiterbildung im persönlichen Bereich aussehen kann, was wir tun müssen, um den Menschen im Mittelpunkt zu sehen.« Im Studium werde das Thema Selbstorganisation und Vorbildrolle zu wenig behandelt. »Ich kann doch andere nur führen, wenn ich mich selbst führen kann.« Externe Berater wurden nun dauerhaft engagiert. In Seminaren wagte sich Strötgen mit seinen Kollegen an die großen Fragen: Was bestimmt unsere Gesellschaft? Wie wollen wir leben? Wo gefährdet die Leistungsgesellschaft die soziale Gemeinschaft?

Im Mai will sich die Bank mit dem Thema Stressvorbeugung erstmals auch nach außen darstellen: Der 5. Mai wird der Gesundheitstag der Bank. Alle sind eingeladen, die Mitarbeiter,

Pensionäre, Azubis und auch die Familienangehörigen, Vorträge zum Thema Burnout werden gehalten, es gibt Sportangebote, Vorsorgeuntersuchungen, Ernährungstipps, Stressberatung, aber auch Musik und gutes Essen. »Niemand hätte das für nötig gehalten, als ich vor zwölf Jahren in München anfing«, sagt Strötgen, »wir alle haben dazugelernt.«

Wie die Münchner Banker haben auch andere deutsche Topmanager begonnen, die Sprache der Statistik zu verstehen: die Krankmeldungen wegen gestresster Psyche, die Flucht der Erschöpften in die Frührente. Beim Hamburger Konsumgüterkonzern Unilever brachte eine Gesundheitsbefragung der Mitarbeiter 2008 den Wendepunkt. »Unilever verlor 21 Tage pro Mitarbeiter und Jahr, also rund zehn Prozent der Jahresarbeitszeit durch Fehlzeiten und Präsentismus, das heißt Kollegen, die allenfalls körperlich anwesend waren«, sagt der Betriebsarzt Olaf Tscharnezki. »Bei Kosten von 250 Euro pro Tag ergab sich so ein Minus von sieben Millionen Euro im Jahr.« Der Arzt beschäftigt sich seit 15 Jahren mit Arbeitsmedizin. »So transparent wie heute«, sagt er, »ist die Leistung des Einzelnen noch nie gewesen. Wir können Tagesergebnisse messen, das erzeugt natürlich Druck.«

80 Prozent der damals Befragten, die trotz Krankheitsgefühls zur Arbeit erschienen, berichteten von sehr viel Stress, 60 Prozent hatten Schlafstörungen, 40 Prozent litten an einer mehr oder weniger ausgeprägten depressiven Verstimmung. Eine Ursachenforschung ergab, dass der Stress vor allem in »Führungsschwäche« wurzele. »Führungskräfte müssen antreiben und bremsen«, räumt der Betriebsarzt ein, »aber bei den richtigen Kollegen im richtigen Maß, das ist sehr schwer geworden.«

Für die rund 1200 Kollegen am Standort in der Hamburger HafenCity ist Tscharnezki mit seiner Gesundheitsabteilung das Gesicht der Zeitthemen Stress und Burnout. Dabei sei das

»We-Care-Programm« »ganz oben aufgehängt«. Tatsächlich lässt sich der Deutschland-Chef Harry Brouwer mittwochabends gegen sechs mit seinen Geschäftsleitern zum gemeinsamen Spinning blicken. »Der nimmt die Führungskräfte bei dem Thema in die Verantwortung«, sagt Tscharnezki. Seit 2010 durchlaufen die gehobenen Unilever-Manager zusätzlich zum Führungskräfteseminar eine eineinhalbtägige Schulung. Dabei sollen sie einen Führungsstil lernen, »der Stress vermeidet und das emotionale Engagement der Beschäftigten fördert«, sagt der Betriebsarzt, der überzeugt ist: »Wir haben inzwischen eine Entstigmatisierung der psychischen Überlastungen erreicht.«

Der Software-Hersteller SAP in Walldorf bei Heidelberg hat bereits vor fast 15 Jahren mit einem umfänglichen, mehrfach preisgekrönten Gesundheitsmanagement begonnen. »Neue Arbeit« nennt SAP den globalen, internationalen Wettbewerb mit seiner rasant beschleunigten Kommunikation. Im Bereich mit dem Namen »Health & Diversity« (Gesundheit und Vielfalt) geht es, so die Leitlinie der Firma, um Anerkennung und Wertschätzung und vor allem um »psychomentale Gesundheit«.

Seinen Mitarbeitern bietet das Unternehmen Arbeitszeitautonomie, das heißt, jeder kann seinen Arbeitsrhythmus weitgehend selbst bestimmen. Unbezahlte längere Auszeiten sind möglich sowie intensive Coaching-Angebote über einen längeren Zeitraum. Zum Zuwendungspaket des Unternehmens gehört neben externer Kinderbetreuung und psychologischer Beratung ein riesiges Sport- und Entspannungsprogramm, das im eigenen Haus stattfindet: 70 Kurse bieten etwa Autogenes Training, Meditation, Spinning, Aquafitness, Tai Chi, Yoga, Tennis, Tanzen oder Fußball. Drei Kraft- und Fitnessräume sind 24 Stunden geöffnet. Den Mitarbeitern gefällt das offenbar: Rund 80 Prozent sind stolz darauf, für SAP zu arbeiten, der Krankenstand liegt anhaltend bei nur rund 2 Prozent, Personalwechsel sind mit 3,2 Prozent gering.

Auf die Heilkraft der Bewegung setzen auch andere Unternehmen: In der Marzipanfabrik Niederegger in Lübeck unterbrechen die Bandarbeiter regelmäßig ihre monotone Arbeit und machen Gymnastik. In der Adidas-Firmenzentrale in Herzogenaurach können Mitarbeiter auch während der Arbeitszeit Sport treiben.

Die Münchner Sparda-Bank führte ergonomische Übungen am Arbeitsplatz ein, das Nürnberger Jugendamt schuf für seine Beschäftigten unter anderem einen Entspannungsraum, die Daimler AG bietet ihren Mitarbeitern neben einer psychosomatischen Sprechstunde ein breites Betriebssportangebot. Die Unternehmen wurden deshalb vom Bundesgesundheitsministerium als »Beispiele guter Praxis« vorgestellt.

Trotz der Milliarden, die der Ausfall allein der psychisch kranken Mitarbeiter die Wirtschaft insgesamt kostet, scheuen sich aber viele Unternehmen noch, in Stress- und Burnout-Bekämpfung zu investieren. Werner Kissling war einer der Ersten unter den Gesundheitsexperten, die den Skeptikern in den Firmen eine Gegenrechnung präsentierten. Der Psychiater leitet das Centrum für Disease Management (CFDM) an der Technischen Universität München. 30 Mitarbeiter gehen dort der Frage nach, was psychische Gesundheit am Arbeitsplatz bedeutet, wie man sie erhält oder wiederherstellt.

»Der Return on Invest für Maßnahmen des betrieblichen Gesundheitsmanagements liegt zwischen 1 zu 4 und 1 zu 10«, kalkuliert Kissling. »Solche Zahlen sind sehr hilfreich, um Unternehmen zu überzeugen, dass es sich lohnt, etwas für die Gesundheit der Mitarbeiter zu tun.« Der Return on Invest misst die Rendite einer unternehmerischen Tätigkeit.

Die Zahlen sind der Versuch, das hochnervöse Thema »Psyche« in betriebswirtschaftlichen Kennziffern auszudrücken, um Managern die Sinnhaftigkeit einer gesunden Belegschaft zu demonstrieren. »Zahlen sind noch zu oft die einzige Sprache, die sie verstehen«, meint Kissling. Seine Botschaft: Gebt ein wenig Geld aus für die Gesundheit eurer Kollegen, und ihr bekommt auf längere Sicht mehr als die Einlage zurück. Zu den fast 200 Unternehmen, die das Zentrum der TU in den vergangenen dreieinhalb Jahren beraten und geschult hat, gehören der Energieversorger E.on oder der Tabakkonzern Philip Morris und auch die Stadtsparkasse München.

Unternehmer, berichtet Kissling, lehnten ein betriebliches Gesundheitsmanagement für psychische Störungen manchmal mit der Begründung ab, die meisten psychischen Störungen seien ja nicht durch die Arbeitsbedingungen, sondern durch andere private Ursachen ausgelöst worden. Deshalb sähen sich die Unternehmen hier nicht in der Pflicht. Der Psychiater erspart ihnen dann nicht den Hinweis, »dass die Schuldfrage hier nicht sinnvoll ist und dass es für ein Unternehmen durchaus auch ökonomisch lohnend sein kann, seinen Mitarbeitern bei der Lösung von privat verursachten Gesundheitsproblemen zu helfen«. Schließlich diene das der Arbeitsfähigkeit des Mitarbeiters.

Die wichtigste Erkenntnis aus seiner Beratungspraxis: »Die Unternehmensspitze muss bei diesem Thema die Führung übernehmen, sonst funktioniert das nicht«, sagt Kissling. »Nur wenn die Leitungsebene eines Unternehmens erkannt hat, dass die psychische Gesundheit der Mitarbeiter ein entscheidender Faktor für Produktivität und Kosten ist, dann werden auch wirksame Maßnahmen ergriffen.« Manchmal verbessere sich dann mittelfristig die gesamte Unternehmenskultur.

Mit seinem Team vom CFDM bietet Kissling ein eineinhalbtägiges Training für Führungskräfte, Personaler und Betriebsräte an. Die Teilnehmer lernen dabei, psychische Belastungen und Störungen bei ihren Mitarbeitern rechtzeitig zu erkennen und sie dazu zu motivieren, Hilfe bei der Lösung ihres Problems anzunehmen. Auch präventive Maßnahmen spielen eine wichtige Rolle. »Die Gesunderhaltung Ihrer Mitarbeiter ist eine wichtige Managementaufgabe, und was Sie dafür tun können, lernen Sie hier«, sagt Kissling dann zu den Männern und Frauen, die vor ihm sitzen. Den Skeptischen und Überheblichen präsentiert der Psychiater gern eine schwer verdauliche Zahl: Jeden Dritten erwischt in seinem Berufsleben eine psychische Störung. »Das überrascht dann doch den einen oder anderen.«

In Rollenspielen üben die Führungskräfte, wie sie einen Mitarbeiter auf eine mögliche psychische Belastung ansprechen können. Dabei stehe die Fürsorge für die Gesundheit des Mitarbeiters im Vordergrund: »Mir ist aufgefallen, dass Sie sich in den letzten Wochen sehr verändert haben, Sie ziehen sich vom Team zurück und wirken niedergeschlagen. Möchten Sie darüber reden? Ich mache mir Sorgen um Sie.« Rund die Hälfte der so Angesprochenen gehe auf ein Gesprächsangebot ein. Häufig finde man gemeinsam eine Lösung.

Wenn ein Mitarbeiter aber über längere Zeit nichts unternimmt, um sein Problem anzugehen, dann könne der Vorgesetzte in weiteren Gesprächen auch den Motivationsdruck erhöhen, sagt er. Das könnte dann so klingen: »Wir werden nicht mehr zwölf Monate abwarten, bis Sie etwas unternehmen, um gesund zu werden.« Durch klare Ansagen erreiche man oft doch, »dass professionelle Hilfe angenommen wird«, meint der Psycho-Trainer. Das sei letztlich ja auch im Interesse des erkrankten Mitarbeiters.

Das Modell hat nur einen Haken: Wer auf der Burnout-Spirale schon weit hinabgerutscht ist, hat längst seinen unverstellten Blick dafür verloren, was »Gesundheit« für ihn mal bedeutet hat. Die Weltgesundheitsorganisation beschreibt Gesundheit als »Zustand vollkommenen körperlichen, geistigen und sozialen Wohlbefindens«. Und die britische Behörde für Gesundheitserziehung befindet, dass »psychische Gesundheit es uns ermöglicht, das Leben zu genießen und Schmerzen, Enttäuschung und Unglück auszuhalten. Sie ist eine positive Lebenskraft und das zugrunde liegende Bewusstsein für die Würde und den Wert von uns und anderen«.

Die Definitionen klingen gut; mit der Arbeitswelt, wie sie Carola Kleinschmidt analysiert, haben sie wenig zu tun. Die Hamburger Biologin und Wissenschaftsautorin, die mit dem Psychiater Hans-Peter Unger ein Fachbuch zur seelischen Erschöpfung in der Arbeitswelt geschrieben hat, gibt Seminare zur Work-Life-Balance. Ein Gedanke treibt sie bis heute um: »Warum sind sich so viele Menschen heutzutage selbst so wenig wert?« So gesehen sei es kein Wunder, dass die Zahl der Erschöpften derart stark ansteige.

Was aber ist schiefgegangen auf dem Weg des Ackerbauern zum Wissensarbeiter im Büro? Die Arbeit habe sich verdichtet, meint Kleinschmidt, die Depression und Burnout für den »Arbeitsunfall der Moderne« hält. Der Druck, »etwas aus seinem Leben zu machen«, sei gestiegen. »Jeder ist seines eigenen Glückes Schmied, das überfordert so manchen«, sagt sie. Und dann der »Alptraum Technik«: Früher sei dem Angestellten die Arbeit im Wortsinn »über den Kopf gewachsen«, als Aktenberg. Heute laufe das E-Mail-Postfach mit Aufträgen voll, und das sei schwieriger abzuarbeiten: »Das sieht keiner, und das Gefühl fürs rechte Maß geht verloren.«

In ihren Gesprächen mit gestressten Arbeitnehmern überrascht Kleinschmidt stets, wie ausgeliefert sich manche fühlen. »Viele haben vergessen, dass sie die Arbeitsprozesse aktiv steuern können, dass sie etwas an ihrer Situation ändern können – und dass verdammt viel auf dem Spiel steht.«

Mit ihren Klienten spielt Kleinschmidt dann »80. Geburtstag«, es ist ein Szenario, das harmlos beginnt, aber die Leute oft nicht mehr loslässt. Die ganze Familie hat sich um den Jubilar versammelt, nicht weniger als eine Lebensbilanz steht an und Antworten auf die großen Fragen: Wie war ich – als Freund, Vater, Ehemann? Für welche Werte habe ich gelebt? »Dann merken die meisten, dass die Arbeit am Ende eines Lebens nicht unter den ersten drei, vier Prioritäten auftaucht. Und dass ein Meeting mehr oder weniger nicht über das Lebensglück entscheidet.«

Nur: Wie sieht eine befriedigende Prioritätenliste aus, und wie lässt sie sich in der Hektik des Alltags aufrechterhalten? »Wir haben nie gelernt, Arbeit professionell zu strukturieren, an der Uni nicht, in der Schule nicht«, sagt Kleinschmidt. Vorgeblicher Fortschritt habe den arbeitenden Menschen überholt, »unsere Fähigkeit zur Anpassung ist enorm, aber sie braucht Zeit, wir hinken hinterher«.

Stimmt das? Eine kurze Unterbrechung in einem konzentrierten Arbeitsablauf kostet uns zehn Minuten, sagen die Hirnforscher, aber das Abfrageintervall von E-Mails ist in den meisten Firmen auf »minütlich« voreingestellt. Natürlich könnte man das selbst verändern – aber viele trauen sich das nicht, wenn es »von oben« nicht gewünscht ist. Letztlich, sagt Kleinschmidt, hängt der Stresspegel stark von den Führungskräften ab: »Sie können Regeln bestimmen, den Ton festlegen, können Respekt zeigen, indem sie entscheiden, etwa einfach den Feierabend nicht zu stören.«

Es ist erst wenige Wochen her, dass zwei deutsche Konzerne genau das beschlossen haben: Bei Volkswagen trat eine Betriebsvereinbarung in Kraft, nach der die E-Mail-Funktion von Firmen-BlackBerrys nach Feierabend abgeschaltet wird. Der Waschmittel- und Konsumgüterhersteller Henkel gab bekannt, man habe zwischen Weihnachten und Neujahr ein E-Mail-Verbot erlassen. »Schickt nur im Notfall eine Mail«, lautete die Ansage. »Das gilt für alle Mitarbeiter«, bekräftigte Henkel-Vorstandschef Kasper Rorsted. In Konzernen werde ohnehin zu viel gemailt. Am Wochenende genehmige er selbst sich nach einem letzten Blick auf seinen BlackBerry samstags früh eine Pause: »Dann lege ich ihn für den Rest des Wochenendes weg, kümmere mich um die Kinder und lese keine Mails.«

Solche Beispiele illustrieren, dass das Problembewusstsein durchaus in den obersten Etagen angekommen ist. So mancher Topmanager inszeniert sich nun selbst als Vorbild gesunder kommunikativer Enthaltsamkeit. Sie wissen: Wer in Zeiten des Fachkräftemangels attraktiv sein will, braucht auch ein gesundes Image.

Den Vorstoß der beiden Dax-Konzerne bejubelten viele Medien, als hätten die Unternehmen die Weltformel gegen den Stress entdeckt. Der Hamburger Burnout-Forscher Matthias Burisch bleibt denn auch skeptisch. Das Thema Stress sei zwar »in den Unternehmen angekommen«, sagt der Autor eines Standardwerks zum Syndrom der »inneren Erschöpfung«, doch ganz oben in den Führungsetagen mangele es noch an Problembewusstsein. »Ich lese seit langen Jahren den Satz ›Unsere Mitarbeiter sind unser wertvollstes Kapital‹«, sagt der Psychologe. »Das ist nett gemeint, aber ziemlich oft noch Zukunftsmusik.« Gleichzeitig sei die Bereitschaft zur Selbstausbeutung der Mitarbeiter enorm gestiegen.

»Die Unternehmen heute fordern von ihren Mitarbeitern ein, was sie nur einfordern können«, sagt Oliver Bartels. »Es ist unsere Aufgabe, das richtige Maß dafür zu finden.« Der Jurist war mal Personalchef bei der Buchhandelskette Thalia. Jetzt coacht er die stressanfälligen Mitarbeiter deutscher Unternehmen, auch Dax-Konzerne gehören zu seinen Klienten. »Die psychische Gesundheit der Mitarbeiter«, das ist Bartels' Fazit, »liegt heutzutage mehr denn je in der Verantwortung des Unternehmers.« Immer mehr Firmen seien bereit, glaubt er, sich dieser Aufgabe zu stellen.

Der Berater warnt jedoch vor Ungeduld auf der Entscheider-Ebene. »Bis sich Veränderungen in Unternehmen etabliert haben, können Jahre vergehen. Die Manager, die sich für das Thema der psychischen Gesundheit starkmachen, dürfen keinen schnellen Beifall für ihre Entscheidung erwarten«, sagt er. Bartels hat dafür ein Bild, das er jungen und älteren Führungskräften anbietet. »Wir alle müssen einen Berg besteigen, gesund oben ankommen und unverletzt den Abstieg schaffen.« Ein Projekt sei aber nur dann erfolgreich geschafft, »wenn bei diesem Abenteuer keiner zurückbleibt«.

»Es gibt keine Patentrezepte«, sagt seine Kollegin Kerstin Wundsam, die in München Verhaltenstherapeutin war, bevor sie sich darauf spezialisierte, Arbeitnehmer vor dem Burnout zu bewahren. In den Zeiten der Wirtschaftskrise können sich Coachs wie Bartels und sie über mangelnde Nachfrage nicht beschweren. Mit ihrem Geschäftsmodell des professionellen Fragenstellens bedienen sie einen Markt, der nach Hilfe und Orientierung gleichermaßen sucht. »Was wir anbieten, ist keine Vergangenheitsbewältigung«, so Wundsam, »wir machen uns auf die Suche, wer wir morgen sein wollen.«

Bei Anruf Rat

Stresstelefone sollen Mitarbeitern bei ihren Nöten und Sorgen helfen – sogar den privaten.

Von Eva-Maria Schnurr

Der erste Todesfall war vielleicht nur ein Unfall, kein geplanter Suizid. Aber dann tötete sich erneut ein Mitarbeiter aus derselben Abteilung der Intensivmedizin am Universitätsklinikum Mannheim. Ging es doch um mehr als tragische Einzelfälle? Die Klinikleitung war alarmiert.

Zwar trieben in beiden Fällen wohl private Probleme die Mitarbeiter in die Verzweiflung. »Aber die extrem verantwortungsvolle Arbeit auf einer Intensivstation macht den Umgang mit persönlichen Sorgen nicht leichter«, sagt Torsten Hintz, Personalleiter der Klinik. Damals begann man, über eine Anlaufstelle für Pflegekräfte und Ärzte unter Stress nachzudenken. Hintz entschied sich für eine externe Mitarbeiterberatung, ein »Employee Assistance Program« (EAP) – mit Psychologen, Ärzten und speziell ausgebildeten Sozialpädagogen, die rund um die Uhr anonym am Telefon oder auch im persönlichen Gespräch beraten.

In den USA haben längst alle großen Unternehmen ein EAP. Doch hierzulande setzt sich erst langsam durch, dass auch psychologische Unterstützung ins firmeneigene Gesundheitsprogramm gehört. Immerhin: Große Geldhäuser wie die Deutsche Bank oder die Sparkasse KölnBonn nutzen einen solchen Service bereits ebenso wie der westfälische Anlagenbauer ThyssenKrupp Polysius AG oder der Versicherer HUK-Coburg.

Der Gedanke dahinter ist einleuchtend: Sorgengequälte Mitarbeiter oder solche, die chronisch überfordert sind, vielleicht auch, weil der Chef Unmögliches von ihnen verlangt, machen ihren Job lange nicht so gut, wie sie könnten.

»Ein gesundes Unternehmen, das nachhaltige Gewinne erzielen will, braucht gesunde Strukturen und ein gesundes Miteinander«, sagt Natalie Lotzmann, Leiterin des Global Health Management, des internen Gesundheitsdienstes beim Softwaredienstleister SAP aus Walldorf bei Heidelberg: »Dazu gehört auch das psychische Wohlbefinden.« Bereits seit zehn Jahren können die 16 000 SAP-Mitarbeiter in Deutschland deshalb neben einer psychologischen Ambulanz in der Firma auch eine telefonische Beratung nutzen. Sogar für private Sorgen. Denn die lasse man morgens ja nicht zu Hause, sagt Lotzmann: »Wenn Sie Eheprobleme haben, sinkt auch Ihre berufliche Leistungsfähigkeit.«

»Präsentismus« nennen Experten das, wenn Angestellte zwar brav zur Arbeit gehen, aber dort die ganz Zeit an etwas anderes denken. Wie finde ich ein Pflegeheim für die betagte Mutter? Ist der Gang zum Scheidungsanwalt unvermeidbar? Auch dabei soll die Telefonberatung helfen.

Etwa ein Drittel bis die Hälfte der Anfragen seien beruflich, der Rest privat oder gemischt, heißt es in Walldorf wie in Mannheim. Die Angestellten des Klinikums etwa besprechen Konflikte mit Führungskräften, die tiefe Frustration, wenn ein Patient trotz allen Einsatzes gestorben ist, aber auch Streitfragen der Kindererziehung oder Probleme mit Alkohol. Schwierige Gespräche mit Kollegen lassen sich mit den Telefonberatern proben. Die hören zu, geben Tipps und unterstützen bei der Suche nach Lösungen, ersetzen allerdings keine Therapie. Wenn nötig, können sie aber Psychotherapeuten empfehlen.

Und der Service ist noch nicht einmal teuer: Etwa so viel wie zwei Milchkaffee kostet die Dienstleistung pro Mitarbeiter pro Monat. Studien aus den USA – mit einem allerdings anderen, schlechteren öffentlichen Gesundheitssystem – deuten darauf hin, dass sich die Investition lohnt.

Sicher hängt die Wirkung des EAP auch davon ab, wie es eingebunden ist. Denn obwohl die Anrufe grundsätzlich anonym bleiben, bekommen die Unternehmen Feedback von den EAP-Anbietern und können so eingreifen, wenn sich bestimmte Klagen häufen. Das sollten sie dann aber auch tun. »Die Haltung dahinter ist das Entscheidende. Eine Firma darf die Probleme nicht wegdelegieren und hoffen, dass der Dienstleister schon Lösungen findet«, sagt SAP-Gesundheitschefin Lotzmann. Nur wenn die neue Kultur gelebt werde und die Mitarbeiter sehen könnten, dass man sich auch mit psychischen Beschwerden nicht verstecken muss, mache das Angebot Sinn und werde akzeptiert. Dennoch kann mit der besonderen Form der Telefonseelsorge offenbar nicht jeder etwas anfangen – oder braucht sie überhaupt. Nur fünf bis sieben Prozent einer Belegschaft lassen sich pro Jahr beraten, sagen die Statistiken der EAP-Anbieter.

Die Angestellten der Mannheimer Intensivstation aber reagierten auf den neuen Service wie Verdurstende in der Wüste: Im ersten Jahr sei der Dienst zu 250 Prozent genutzt worden, so Personalgeschäftsführer Hintz – statistisch gesehen wählte jeder Mitarbeiter zweieinhalb Mal die Servicenummer. Und der Krankenstand ist um immerhin einen Prozentpunkt niedriger als in Intensivstationen des Klinikums ohne Kummertelefon. Nur eine Gruppe meldet sich auch rund drei Jahre nach Einführung des Angebots so gut wie nie bei den EAP-Beratern: die Ärzte.

»Wir brauchen Inspiratoren«

*Der Neurobiologe Gerald Hüther über
das Geheimnis gehirngerechter Führung*

Das Gespräch führte Felix Zeltner.

SPIEGEL: Professor Hüther, Sie haben einmal gesagt, Otto Rehhagel, der die griechische Fußballnationalmannschaft 2004 zum Europameistertitel führte, sei der ideale Chef. Warum das?
HÜTHER: Das war er schon bei Werder Bremen, und er ist auch nicht der Einzige. Ralf Rangnick bei Hoffenheim war auch so einer, und jetzt ist es der, der bei Mainz war und jetzt bei Dortmund ist...
SPIEGEL: ...Jürgen Klopp.
HÜTHER: Genau. Das sind Führungskräfte, die können andere anstecken. Das sind Inspiratoren, deren eigene Begeisterung überspringt. Die brauchen wir. Die können ein Team zusammenbauen, und zwar nicht, indem sie wie der Herr Magath täglich soundso viele Trainingseinheiten absolvieren lassen, sondern indem sie ihre Mitarbeiter, ihre Spieler, genau dort einsetzen, wo deren eigentliche Stärken liegen.
SPIEGEL: Sie nennen diese Art der Führung »gehirngerecht«. Was heißt das?
HÜTHER: Die neuen Erkenntnisse der Hirnforschung zeigen, dass in jedem Menschen viel mehr steckt als das, was er in seinem engen Erfahrungsraum, in den er hineinwächst, entwickelt und leistet. Das heißt, jeder Mitarbeiter hat viel mehr drauf als das, was er tut. Aber damit er seine Potentiale

entfaltet und in die betrieblichen Prozesse einbringt, müssen die emotionalen Zentren in seinem Hirn anspringen. Dann werden die Botenstoffe freigesetzt, die eine Veränderung im Denken, Fühlen und Handeln bewirken. Und das geht nur mit Begeisterung.

SPIEGEL: Meistens wird aber eher versucht, durch Druck die maximale Leistung herauszuholen.

HÜTHER: Damit erzeugen Sie nur negativen Stress, und der ermöglicht keine Potentialentfaltung, sondern macht höchstens krank.

SPIEGEL: Wie kann ein Chef das vermeiden?

HÜTHER: Indem er ein Betriebsklima schafft, das die Mitarbeiter stärkt, in dem sie sich wohlfühlen. Dazu gehören drei Voraussetzungen. Die erste ist bessere Kommunikation. Die Mitarbeiter müssen verstehen, was abläuft, was genau ihre Aufgabe ist. Die zweite, häufig die schwierigste, ist Gestaltbarkeit. Er muss den Mitarbeitern echte Freiräume für eigenes Gestalten schaffen, nicht nur scheinbare. Und die dritte ist Sinnhaftigkeit. Die Mitarbeiter müssen wissen, wofür sie

> **Gerald Hüther,**
> geboren 1951 im thüringischen Emleben, ist Professor für Neurobiologie und Leiter der Zentralstelle für neurobiologische Präventionsforschung der Universitäten Göttingen und Mannheim/Heidelberg. Er ist einer der bekanntesten deutschen Hirnforscher, Autor zahlreicher Fachbücher und berät Unternehmen (http://www.kulturwandel.org). Zuletzt erschien von ihm »Was wir sind und was wir sein könnten: Ein neurobiologischer Mutmacher« (S. Fischer Verlag, Frankfurt am Main 2011).

eigentlich arbeiten und weshalb. Geld verdienen allein reicht nicht.

SPIEGEL: Kann ich auch etwas verändern, wenn ich nur einfacher Angestellter bin?

HÜTHER: Auch der Nachtwächter und die Toilettenfrau haben einen Bereich, in dem sie Gestaltungsmacht haben und auf andere Menschen Einfluss nehmen. Die Toilettenfrau kann Führungskraft sein, kann bestimmen, und zwar so nett und so liebevoll, dass keiner der Männer, die bei ihr aufs Klo gehen, noch Lust hat, danebenzupinkeln. Das wäre Führungsqualität.

SPIEGEL: Mit Ihrer »Kulturwandel«-Initiative unterstützen Sie Unternehmen dabei, eine gehirngerechte Führungskultur zu entwickeln. Wie funktioniert das?

HÜTHER: Ich werde häufig gerufen, wenn in Firmen die Kreativität abhandengekommen ist, kürzlich etwa zu einem großen Druckmaschinenhersteller. Ich habe dort vor 150 Führungskräften einen Vortrag gehalten. Der Personalchef fragte anschließend, wer diese andere Art von Führung ausprobieren wolle. 15 von 150 haben sich gemeldet, und mit denen haben wir ein Jahr lang gearbeitet. Danach waren die ganz anders unterwegs.

SPIEGEL: Nämlich wie?

HÜTHER: Zum Beispiel ein Abteilungsleiter, der seinen Zulieferern immer sehr genaue Vorschriften gemacht hatte. Jetzt hat er ihnen nur mitgeteilt, was das Maschinenteil können soll, und dazu gesagt: »Wie du das machst, ist mir egal. Such eine Lösung!« Plötzlich sei der Zulieferer aufgewacht, habe sich mit Ingenieuren getroffen und intensiv überlegt. Am Ende wurde die ganze Druckmaschine umkonstruiert, weil der Zulieferer so viele tolle Ideen hatte, um das Problem auf völlig neue Art zu lösen.

SPIEGEL: Das Geheimnis ist also nicht mehr, sondern weniger Führung?

HÜTHER: Natürlich. Weniger lenken und steuern, fördern und fordern, wie das momentan propagiert wird, sondern die Mitarbeiter einladen, sich selbst einzubringen. Das Problem in diesen modernen Betrieben ist doch – und das haben viele immer noch nicht verstanden –, dass sich das, was im vorigen Jahrhundert von Mitarbeitern erwartet wurde, dramatisch verändert hat. Die sollten funktionieren, zum rechten Zeitpunkt den richtigen Knopf drücken oder den Hebel umlegen. Aber alle diese blödsinnigen Aufgaben sind inzwischen automatisiert. Brave Pflichterfüller, wie sie heute noch in unseren Schulen erzogen werden, braucht keiner mehr. Was modernen Unternehmen fehlt, sind Mitarbeiter, die mitgestalten. Die Lust aufs Arbeiten haben, mitdenken und freundlich sind.
SPIEGEL: In wie vielen Unternehmen in Deutschland gibt es Anzeichen für diese neue Führungskultur?
HÜTHER: In den großen Unternehmen sehe ich noch keine Trendwende. Es gibt ein paar kleinere, aber die muss man schon suchen. Mittelständische Unternehmen, die von Inhabern geführt werden, haben es generell leichter. Entscheidet sich der Inhaber, es anders zu machen, kann er die neue Kultur in kürzester Zeit aufbauen. Bei den ganz großen Unternehmen haben selbst die sogenannten Führungspersonen nicht viel Entscheidungsbefugnis. Die haben noch Aufsichtsräte, Shareholder oder sonst wen über sich.
SPIEGEL: Verfolgen Sie vielleicht etwas, das gar nicht realistisch ist?
HÜTHER: Nein. Es ist die einzige Möglichkeit, um eine Wirtschaft aufzubauen, die nicht aus lauter Automaten besteht, sondern das in den Mittelpunkt stellt, was hier in unseren Breitengraden und speziell in Deutschland die einzige Ressource ist, die wir haben: Kreativität, Erfindertum, Gestaltungskraft, Tüftelei.

Gewitter der Seele

Helle Köpfe werden besonders häufig von Schwermut geplagt; Sensible und Einfallsreiche stöhnen über Sinnkrisen. Ist Melancholie vielleicht sogar das Geheimnis ihrer Geistesblitze?

Von Johannes Saltzwedel

Haben Sie heute schon mit dem Gedanken gespielt, sich umzubringen? Oder vor ein paar Tagen? Wenn ja, keine Panik. Es ist durchaus möglich, dass solche Anwandlungen nichts Krankhaftes sind, das man mit Lichtduschen, Glückspillen oder dem Zwangskonsum von Comedy-Shows kurieren sollte, sondern ein Teil Ihrer Persönlichkeit – und ein hochinteressanter dazu. Vielleicht deutet die miese Stimmung am Ende darauf hin, dass Sie besonders feinfühlig, tatkräftig und weltklug sind.

Das zumindest haben Ärzte mehr als 2000 Jahre lang wie einen Lehrsatz weitergegeben. »Alle hervorragenden Männer, ob Philosophen, Staatsmänner, Dichter oder Künstler«, seien »offenbar Melancholiker gewesen«, manche so heftig, dass sie unter Sinnleere wie unter »krankhaften Anfällen litten«, registrierte man schon im Zirkel des Wissenschaftspatriarchen Aristoteles um 250 vor Christus. Seither galt Schwermut als exklusiver Charakterzug, bisweilen gar als chic.

Erklären konnte das Forscherteam aus Athen den eigentümlichen Zusammenhang nur durch die Wirkung einer Körperflüssigkeit, der schwarzen Galle (»mélaina cholé«). Werde sie überhitzt, erzeuge das eine Art Rausch mit ekstatischen Hochgefühlen, aber auch erheblicher Absturzgefahr. Bei einigen Menschen jedoch sei Gallenhitze quasi eingebaut und als Temperament vom Organismus abgefedert. Solche Melancholiker hätten dann gute Chancen, geniale Leistungen zu vollbringen.

Bloß eine bizarre Idee aus der Antike? Immerhin waren die Hellenen berüchtigte Grämlinge: »Keiner unter der Sonne ist glücklich«, verkündete der Staatsdenker Solon; als Gipfel klassischer Poesie galt der Showdown fataler Ausweglosigkeit in der Tragödie. Geradezu im Chor erklärten griechische Sänger, angesichts der elenden Plackerei des Lebens sei es für den Menschen ohnehin das Beste, »nie geboren zu sein« oder jung zu sterben. Für so einen Weltschmerzverein lag es ja nahe, Tristesse mit Genialität zu koppeln – schon im eigenen Interesse.

Doch auch weniger pessimistische Köpfe und Epochen hat der Gedanke fasziniert. Vom griechisch-römischen Universal-Doktor Galen bis weit in die Neuzeit prägte Melancholie das Image des Intellektuellen. Sie sei »die Krankheit des Ausnahmemenschen«, behauptet neuerdings der Soziologe Alain Ehrenberg (»Das erschöpfte Selbst«). Heute, im demokratischen Einerlei, werde man dummerweise bloß noch depressiv, »ohne die heroischen Momente«.

Ein Blick zurück scheint die These zu bestätigen: Im geistig regen England des William Shakespeare hieß Melancholie nach der überaus gebildeten Herrscherin die »Elisabethanische Krankheit«, aber auch nervöse Kulturgrößen der französischen Romantik sahen in ihr das »Übel des Jahrhunderts«. Raffiniert spielten Künstler spätestens seit der Renaissance mit Lebensekel, Liebesqual und dem Horror der Vergänglichkeit.

Es war, als beweise das Symptom unentwegt die alte Lehre: Maler und Poeten, Denker und Herrscher galten als besonders tiefsinnig, sobald ihnen Bekanntschaft mit dem Grauen des Daseins anzumerken war; für sie selbst hieß das in der Regel, den eigenen Unmut schöpferisch zu überwinden. Melancholie, das lähmende Empfinden, alle Mühe sei ja doch umsonst, brachte so tatsächlich immer wieder große Leistungen und Einfälle in Gang.

Der paradoxe Moment zwischen tatenlosem Verzagen und Hellsicht ist ikonenhaft eingefangen in Albrecht Dürers Rätsel-Stich »Melencolia I« von 1514, einem Blatt, von dem auch die

»Melencolia I« von Albrecht Dürer (Kupferstich, 1514)

belesensten Experten noch nicht einmal sicher wissen, was »I« bedeutet: die römische Eins? Eine Abkürzung? Da sitzt eine geflügelte Figur brütend vor der Schreinerwerkstatt. Säge, Hobel und Messinstrumente liegen unbenutzt herum, eine Leiter führt ins Nirgendwo, von der Wand grüßt neben der halb abgelaufenen Sanduhr ominös ein Magisches Quadrat; hinten im Zwielicht stehen über windstiller Meeresfläche Regenbogen und Komet.

Passiv vor lauter Praxis-Wissen ist diese düstere Gestalt, über alle Illusionen hinaus – doch zugleich, so ahnt man, beflügelt zu Einsichten, wie keine alltägliche Bosselei sie hervorbrächte. Abstand, Innehalten, kalter Blick bis zur Verzweiflung: Ausgerechnet das scheint den Geist auf Wesentliches zu bringen. Kein Wunder, dass mancher sich gezielt in solche Stimmung versetzte.

Die artistischen Sonette des Frühhumanisten Francesco Petrarca (1304 bis 1374) beispielsweise machen es regelrecht zum Programm, dass die unerfüllte Liebe zur angebeteten Laura in immer neuen Klagen zur Sprachmelodie wird. Auch Michelangelo Buonarroti (1475 bis 1564), für seine Zeitgenossen ein mürrischer Dickkopf, darf als Artist der üblen Laune gelten; die Welt erfuhr es reichlich aus seinen Großtaten als Maler, Bildhauer, Architekt und Dichter.

»Es ist besser, wir brauchen unsern Verstand, gegenwärtige Unfälle zu ertragen, als kommende zu erforschen«: In lapidaren, äußerlich trostlosen Aphorismen wie diesem vereinte auch der gebildete Aristokrat François de La Rochefoucauld (1613 bis 1680) Überzeugung mit Kalkül. Einer seiner literarischen Erben in der Moderne, der rumänisch-französische Denker Emile Cioran (1911 bis 1995), hat den Gestus existentieller Verzweiflung dann zur Keimzelle seines Schaffens gemacht, unter Titeln wie »Lehre vom Zerfall«, »Die verfehlte Schöpfung« oder »Vom Nachteil, geboren zu sein«.

So finden sich jede Menge Geisteshelden, die offenbar nur aus dem Dennoch arbeiten konnten, Virtuosen der Schwermut und erbarmungslose Selbstüberlister, die ihrer Melancholie das Äußerste abrangen. Ist nicht Ludwig Wittgenstein, einer der schärfsten Denker des 20. Jahrhunderts, ungezählte Male dem Selbstmord nahe gewesen? Leben sei eine missliche Sache, darum wolle er es lieber damit hinbringen, dass er drüber nachdenke, soll der junge Arthur Schopenhauer erklärt haben. Auch als seine Philosophie des Pessimismus endlich ein paar sensible Zeitgenossen begeistert hatte, riet der kantige Moralist weiter zur Lebensverachtung.

Hätte man all diese Leute zur Psychotherapie geschickt, die Welt wäre um eine Menge großer Kunst und viele aufrüttelnde Ideen ärmer. Bei konsequenter Bekämpfung der Melancholie lägen ja ganze Areale der Kultur brach: Was wäre Philosophie ohne das Entsetzen vor der Endlichkeit des Lebens? Wozu Theologie, wenn nicht als Arbeit an menschlichen Sinnzweifeln? Und ginge es nicht um die schmerzhafte Schönheit verwandelnder Einsicht, weshalb dann überhaupt alle Anstrengungen von Malerei, Dichtung und Musik?

Trotzdem blieben medizinisch geschulte Fachleute über Jahrhunderte dabei, dass Melancholiker geheilt werden könnten und sollten. Die gewaltigste Bestandsaufnahme zum Thema, Robert Burtons »Anatomy of Melancholy«, erstmals erschienen 1621, listete alle nur denkbaren Ursachen auf, vom Teufel und bösen Gestirnen bis hin zu Schlafstörungen oder versalzenem Essen. Nicht minder bunt fielen die Therapievorschläge aus: Obstnahrung, Schachspiel, aber auch Gebete sollten die seelischen Unwetter vertreiben. Liebesmelancholiker wie Petrarca wurden in einem Sonderteil betreut.

Eigentlich schreibe er, um die eigene Trübsal zu verscheuchen, gestand Burton. Dennoch weiß heute niemand mehr sicher, ob der Oxforder Stubengelehrte mit seinem Wust von Erlesenem nur einen Rekord aufstellen wollte, ja nicht einmal, ob das rundum erschöpfende Handbuch wirklich so bitterernst gemeint war. Sicher ist, dass schon britische Aufklärer und Romantiker in dem Zitaten-Fundus begeistert herumstöberten – ganz ohne Heilungsverlangen. Ihre befreite Lektüre zeigt, dass die eigenartige Zwitterstellung des Monstre-Traktats eine simple Ursache hatte: die christliche Religion.

Während antike Denker dem Unmut interessante Seiten abgewinnen konnten, sahen kirchliche Tugendwächter ihn seit der späteren römischen Kaiserzeit fast einhellig negativ. Fortan galt Melancholie über medizinische Symptome hinaus als Laster. Schlimmer noch: Sie war nun nahezu identisch mit der sogenannten Trägheit des Herzens, der »Acedia«, einer Todsünde. Über diese »Mönchskrankheit« gab es keine Diskussion mehr. Wer sich der »Freude am göttlichen Gute« entziehe, ja auch nur an der »Ruhe des Geistes in Gott« zweifle, begehe in religiöser Hinsicht strafwürdigen Frevel, dekretierte um 1270 der große Kirchenlehrer Thomas von Aquin.

Natürlich ließen sich Weltschmerz, Bitternis und Sinnzweifel nicht einfach verbieten; reihenweise erzählen die Heiligenlegenden von genau solchen Anfechtungen. Aber am Ende werden sie in den frommen Geschichten stets überwunden – forderte doch die christliche Doktrin, der Mensch müsse sich willig, ja fröhlich seinem gottgewollten Schicksal fügen. Es war eine Entsorgung nach dem Motto »Nicht sein kann, was nicht sein darf«, eine Entmündigung. Zumindest kirchenamtlich blieb im Seelenhaushalt des Menschen kein Raum mehr für intellektuelle Schatten und Schwebezustände, vorproduktive Düsternis oder tragische Konflikte. Das Beste, was Opfern solcher Anfälle passieren konnte, war rasche Läuterung an Körper und vor allem Geist.

Der Vorwurf, Melancholie sei Unordnung im Kopf und somit letztlich finsteres Heidentum, irritierte bis weit über Burton hinaus die Gemüter. Pietisten des 18. Jahrhunderts sezierten in Tagebüchern ihre mentale Befindlichkeit, um Skrupel schnellstens abtöten zu können; noch der junge Goethe lernte diese Methode sanfter Eigen-Gehirnwäsche kennen. Ideales Training für jemanden, der dann 1774 einen der größten Klassiker der Melancholie-Dichtung schrieb: Sein Werther erleidet – dem Autor durchaus ähnlich – heftigste Liebesqualen und entsprechende Depressionen; der untröstliche Romanheld bringt sich am Ende wirklich um.

Jahrzehntelang diskutierten Europas Leser den Fall. Für viele blieb Werthers Selbstmord eine gottlose Tat, aber der christliche Bann war gebrochen. Hatte ja schon 1764 ein Königsberger Dozent namens Kant geschrieben, der Melancholiker sei kein Sauertopf, sondern besitze »vorzüglich ein Gefühl für das Erhabene«. Mehr noch: Schwermut mache feinfühlig, respektvoll, eigenständig, edelmütig und freiheitsliebend. So erlangte die Anlage zur Verdüsterung wieder ihren einstigen Ruf als Kennzeichen des sensiblen Intellektuellen, der »schönen«, an der Welt leidenden Seele.

Ganze Scharen von Zauderern und Grüblern, faustischen Weltflüchtlingen und ruhelosen Suizid-Kandidaten haben seither die Bühne von Kunst, Literatur, Oper und Malerei bevölkert. War Seelenqual vielleicht geradezu identisch mit echter Welteinsicht? »Das Dunkelste und darum Tiefste« im Menschen bleibe die Sehnsucht; die aber sei »in ihrer tiefsten Erscheinung Schwermuth«, erklärte 1809 der Philosoph Friedrich Schelling; kein Wunder, denn »auch das Tiefste der Natur ist Schwermuth« – allem Leben wohne »eine unzerstörliche Melancholie« inne.

Darin offenbarte sich die Kehrseite der geschäftigen Bürger- und Industriewelt, die übers Geldverdienen hinaus kaum noch von Höherem aufzurütteln schien. Wenigstens auf dem Papier triumphierte das auch und gerade in seiner Trübsal freie Individuum: Kaum eine große Romanfigur des 19. Jahrhunderts, die nicht irgendwann von metaphysischer Migräne heimgesucht würde; kaum ein bedeutendes Bild, das nicht irgendwo den Stachel des Ungenügens, das Stigma frostiger Ernüchterung aufwiese. Waren Fortschritt, Wachstum und äußeres Wohlergehen am Ende nur um den Preis einer alles durchziehenden Trauer möglich?

Hammerdenker Friedrich Nietzsche (1844 bis 1900), der von euphorischem Taumel bis zu den »öden Eisbär-Zonen« tiefer Depression jede Stimmung kannte, hat den Gedanken von sich abzuhalten versucht, so gut es ging. Aber mehr als eine Mittellage grimmig-stolzer Schicksalsergebenheit wollte dem Erz-Melancholiker nicht gelingen.

Ausgerechnet er, der im Weltlauf den »Willen zur Macht« zu entschlüsseln meinte, urteilte kurz vor seinem geistigen Ende, »die höchste Kunst im Jasagen zum Leben« sei »die Tragödie«. So eilig Fortschrittsideologen aller Couleur derlei Worte beiseitewischten, so emsig sie den sensiblen Rollenspieler Nietzsche auf coole Entschlossenheit und brutale Parolen festlegen wollten: Grundiert ist sein Weltbild von tiefer Skepsis an der Wohnlichkeit des Daseins. Das ging weit hinaus über private Gefühle. Tiere, so Nietzsche, sähen den Menschen vermutlich als »ein Wesen ihresgleichen, das in höchst gefährlicher Weise den gesunden Tierverstand verloren hat«.

Heutige Biologen und Hirnforscher reden zwar weniger schmissig, aber ihre Resultate weisen in dieselbe Richtung. Ausgerüstet mit viel zu viel Denkmasse für seine paar echten Lebensfunktionen, kann der Mensch gar nicht anders, als sich im geistigen Wirrwarr von Prägungen, Neigungen und Deutungen fortwährend zu verheddern. Klar, dass die seltenen

Momente, in denen dieser »Irrläufer der Evolution« (so der Neurowissenschaftler Ernst Pöppel) über eingefahrene Verhaltensmuster hinauskommt und seine Lage begreift, nahezu durchweg ernüchternd wirken.

Hier scheint der Ursprung echter Melancholie zu liegen – und wer von ihr erfasst wurde, wer einmal seine Illusionen verloren hat, kann das kaum mehr rückgängig machen, nicht einmal durch rigorose Denkverbote und Glaubensformeln. Auch Alain Ehrenbergs depressiver Demokrat wäre gegen sie nicht immun. Wer in den Abgrund menschlicher Unzulänglichkeit geblickt hat, bleibt im Bannkreis der Verstörung. Nietzsche hat die unterschiedlichsten Wege erprobt, damit fertig zu werden, zwischen Resignation, Betäubung, Aufbegehren und höherer, grimmig-heiterer Gelassenheit.

Schließlich war ihm klar (wie schon etlichen klugen Köpfen vorher), dass man in der Melancholie letztlich gerade jene Un-Natürlichkeit erfährt, die den Menschen erst zum Menschen macht. Je bewusster das geschieht, umso besser. Schwermütige Einsicht in die Begrenztheit aller irdischen Möglichkeiten: Was käme echter Weisheit näher?

So betrachtet dürfen alle, die regelmäßig graue Stunden durchleiden und quietschfidelen Zeitgenossen erst einmal misstrauisch entgegentreten, ihren Zustand getrost als ein Kennzeichen intellektueller Reife buchen. Melancholie? Na sicher, wir sind doch Menschen – und man gönnt sich ja sonst nichts.

Vom Glück der kleinen Dinge

Wie Prominente ihre Balance halten

Aufgezeichnet von
Christina Berr, Jochen Pioch
und Wolfgang Höbel.

RELAXEN BEIM EGOSHOOTING
Leander Haußmann

»Wenn ich den Stress nicht mehr aushalte, verdrücke ich mich aus meiner Wohnung runter ins Büro. Das heißt, vielleicht habe ich vorher in der Wohnung versucht, mich mit einem guten Buch in die Leseecke zu setzen, um ruhig zu werden, zum Beispiel mit Marcel Prousts ›Suche nach der verlorenen Zeit‹, mit dem ich immer wieder neu anfange. Aber nach fünf Minuten springe ich regelmäßig auf und stürme die Treppe runter, etwa unter dem Vorwand, ich müsse dringend meine E-Mails checken. Im Büro ziehe ich dann die Leinwand herunter, und dann geht's los mit ›Call of Duty – Modern Warfare‹.

Leander Haußmann,
Jahrgang 1959, ist einer der produktivsten deutschen Regisseure. Durch die Kino-Komödie »Sonnenallee« wurde er 1999 berühmt, es folgten die Kinofilme »Herr Lehmann«, »NVA« und zuletzt »Hotel Lux«. Wenn Haußmann mal nicht fürs Kino, für Theater oder Fernsehen inszeniert, arbeitet er auch als Schauspieler (»Männerpension«, »Soloalbum«).

Das ist für viele Leute ein böses Egoshooter-Computerspiel. Auch ich warte eigentlich immer noch darauf, dass aus mir wegen meiner Begeisterung dafür ein Amokläufer wird, aber das passiert nicht. Im Gegenteil, mir hilft ›Call of Duty‹, mit meinem Stress fertig zu werden. Gerade weil dieses Kampfspiel extrem stressig ist.

Ich meine, ich kann in meinem Leben überhaupt nicht wirklich entspannen. Am Strand auf Fuerteventura im Familienurlaub herumliegen, wie ich es vor kurzem getan habe, das ist der schlimmste Stress für mich. Ich entspanne mich nur auf diese Art, beim Kriegspielen. Man kämpft in ›Call of Duty‹ gegen sehr böse Russen unter der Führung eines Mannes namens Makarov. Der russische Terrorist erobert die Welt. Und diese Welt, in der man sich bewegt, ist fast völlig zerstört. Ich finde es extrem interessant, wie das heutige Berlin aussieht, wenn es kaputtgeschossen ist. Im Spiel selber werden praktisch keine Gefangenen gemacht. Na ja, gelegentlich werden doch Geiseln befreit, das ist dann das Höchste für mich!

Obwohl: Das wirklich Größte ist, wenn der Film, den ich unter großem Stress gedreht habe, von Leuten, die mir wichtig sind, gemocht wird. Als Michael Ballhaus mich nach der Premiere von ›Hotel Lux‹ umarmt hat und ›ein Meisterwerk‹ zu mir sagte, da fiel plötzlich aller Stress von mir ab. Da war ich für einen Augenblick wirklich die Ruhe selbst.«

»NUR KURZ GEWEINT«
Amelie Fried

»Man muss lernen, nein zu sagen. Nicht jede Anfrage, jedes Angebot wahrnehmen. Genau das ist jedoch für Freiberufler wie mich eine besonders große Versuchung. Mich freut es ja auch, wenn ich gefragt werde, davon lebe ich schließlich.

Aber wenn ich spüre, etwas stresst mich mehr, als es mir Freude macht, bin ich rigoros. Dann beende ich selbst langjährige Tätigkeiten wie die Moderation von ›3 nach 9‹. Ich quäle mich nicht mit Dingen rum, die mich nicht mehr erfüllen, und habe genügend Fähigkeiten, etwas anderes zu machen. Eine Schlüsselsituation war, als ich vor 18 Jahren das Angebot für eine eigene Sendung bei SPIEGEL TV bekam. Mein Sohn war zwei Jahre alt, ich wünschte mir ein zweites Kind und hätte die Familienplanung komplett der Karriere unterordnen müssen. Das war es mir nicht wert. Ich habe kurz geweint, als ich meinem Mann von dem Angebot erzählte. Aber ich wusste schon, ich sage ab.

Es gab häufig schwierige Momente im Spagat zwischen Beruf und Familie, wenn etwa eines der Kinder Fieber hatte, mich mit glasigen Augen ansah und ich zu einer Fernsehsendung musste. Mein Mann und ich hatten auch regelrechte Kämpfe um die Arbeitszeit, weil er ebenfalls Freiberufler ist und ich zeitweise viel unterwegs war. Heute setze ich bewusst Pausen in den Terminplan. Wenn ich eine anstrengende Moderation am Montag habe, nehme ich am Dienstag keine an. Manchmal fliege ich für 24 Stunden nach Hause. Ich finde es angenehmer, die Nacht im eigenen Bett zu verbringen. Zu Hause kann ich den Arbeitsrhythmus besser bestimmen. Wichtig ist, mich zu

Amelie Fried,
Jahrgang 1958, studierte Theaterwissenschaften und Kunstgeschichte, bevor sie die Hochschule für Fernsehen und Film München absolvierte. Die erfolgreiche Romanautorin und bekannte TV-Moderatorin lebt mit ihrer Familie in der Nähe von München.

disziplinieren und Zeiten festzulegen, in denen ich mich von nichts ablenken lasse, sofern nicht das Haus brennt. Wobei mir da gerade Facebook gefährlich werden kann.

Am Anfang war ich da ganz schön suchtgefährdet. Ich habe alles gelesen und stundenlang irgendwelches Zeugs gepostet. Mittlerweile betrachte ich Surfen auf Facebook wie Zigarettenpausen zu Zeiten, als ich noch geraucht habe. Ich gehe rein, schaue mich um, mache zwei, drei scherzhafte Bemerkungen und gehe wieder. Klar kommen über das Portal viele zusätzliche, zum Teil sehr nervige Anfragen. Etwa, ob ich schnell mal meine zehn Lieblingsbücher kommentieren könnte. Dann reagiere ich entsprechend – nämlich gar nicht oder nur sehr knapp. Es ist schon eine Zumutung in der digitalen Welt, stets erreichbar sein zu müssen. Aber ich kann heute durchaus E-Mails oder Facebook-Nachrichten tagelang unbeantwortet lassen.«

APFELBÄUME UND TALISMANE
Gabriele Strehle

»Es gibt zwei Sorten von Stress – positiven und negativen. Positiver Stress ist die kreative Arbeit. Negativer Stress besteht aus Zeitdruck, Hektik, Koordinationsproblemen. Grundsätzlich versuche ich mir klarzumachen: Ich muss keinen Stress haben. Wenn ich das Gefühl habe, das Beste gegeben zu haben, kann ja eigentlich nichts schiefgehen. Daran versuche ich mich stets zu erinnern. Und so gelingt es mir, gerade bei enormen Anspannungen, etwa vor Modenschauen, unglaublich ruhig zu werden.

Dem negativen Stress setze ich etwas entgegen. Wenn ich zu Hause bin, koche ich sehr gern. Gerade so simple Dinge wie Zwiebeln schälen und Petersilie hacken sind entspannend. Dazu kommt die Freude an kleinen Köstlichkeiten. Ich kann mich zum Beispiel unglaublich für Bauernbrot mit Butter und Schnittlauch begeistern.

Vor der Firma habe ich Apfelbäume gepflanzt, die Äpfel ernte und verarbeite ich. Ich habe mich für die Sorte Boskop entschieden, sie eignet sich am besten für Mus oder Apfelstrudel. Überhaupt, das Genießen – Italiener beherrschen die Kunst, einfache Dinge auszukosten und sich dabei durch nichts aus der Ruhe bringen zu lassen. Wir produzieren ja die Accessoires und unsere Männerlinie in Italien. Sehr oft bin ich bei dortigen Stoffwebern oder in unserem Showroom in Mailand. Egal, wie hektisch es ist, wir trinken erst einmal einen Kaffee. Dort habe ich auch gelernt, mir selbst etwas zu gönnen. Ich sitze etwa allein in einem Kaffeehaus oder in einer Kneipe und freue mich – an der besten Leberpastete von Paris, am besten Hamburger New Yorks oder am besten Topfenstrudel Wiens. Ich beobachte das Treiben um mich herum und werde innerlich still. Oft kommen mir in diesen Momenten die besten Ideen. Manchmal ist mir auch die Natur Inspiration und Ablenkung zugleich. Ich radle gern, am liebsten an einem Bach entlang, ohne jeden sportlichen Ehrgeiz. Genauso liebe ich es, auf einem See zu rudern oder einfach nur aufs Wasser zu

Gabriele Strehle
ist Chefdesignerin der Strenesse AG. Ausgebildet an der Deutschen Meisterschule für Mode in München, kam sie 1973 zum Nördlinger Modehaus. Unter ihrer kreativen Verantwortung entwickelte sich Strenesse zu einer Designermarke im internationalen Premium-Segment. 1985 heiratete sie den Inhaber Gerd Strehle, die beiden haben eine Tochter.

schauen. Habe ich für all diese Schönheiten des Lebens gerade keine Zeit, beruhigen mich kleine Dinge. So habe ich stets einen Vorrat an Talismanen dabei, etwa ein Taschentuch, das mir meine Tochter bestickt hat, als sie noch klein war, oder ein rotes Herz, das sie mir als Kind genäht hat. Solche Dinge wechsle ich von einer Tasche in die andere und habe sie so immer dabei. Sie vermitteln mir Ruhe und Geborgenheit.«

GESCHENK DES GLAUBENS
Anne-Sophie Mutter

»Ich komme in der Welt der Musik zur Ruhe, auch wenn sie aufregend zugleich ist und eine immerwährende Herausforderung für mich darstellt. Die Welt als Klang ist stets aufs Neue zutiefst berührend. Ich kann auch Musik auf dem Sofa als Zuhörerin genießen. Es gibt herrliche Werke, in denen ich Ruhe finde, wie etwa die ›Alpensinfonie‹ von Richard Strauss. Sie zu hören ersetzt nicht unbedingt eine Bergbesteigung, hilft aber, sich gedanklich in ein Landschaftsbild zu versenken.

Überhaupt ist Natur eine wunderbare Quelle der Besinnung. Ich bin oft in Südfrankreich und habe auch den Garten von Claude Monet in Giverny mehrmals besucht. Mich fasziniert diese Geduld Monets, jahrelang zu pflanzen und auf das Gedeihen zu warten. Monets Seerosen bescheren dem Betrachter kontemplative Momente. In der französischen Musik finde ich Parallelen zu Monet – etwa in der Duftigkeit der Farbgebung, die ich bei Claude Debussy höre und bei Monet sehe. Überhaupt genieße ich bildende Kunst und klappere auf Tournee schon mal einen Nachmittag lang verschiedene Museen ab.

Meine Lehrerin Aida Stucki hat gepredigt, zur Entspannung einen Tag in der Woche keine Musik zu machen. Das bedeutet, die ausgetrampelten Pfade, die keine Inspiration mehr bringen und uns letztlich auslaugen, bewusst zu verlassen. Nun kann ich nicht jeden siebten Tag ruhen, aber ich kann wenigstens ein paar Stunden Abstand gewinnen, innehalten, die Richtung wechseln.

Das gelingt auch im Gebet. Es ist schön, wenn man glauben kann – ein Geschenk. Ich weiß nicht, warum es mir geschenkt wurde, aber ich glaube und finde darin Zuversicht und Hoffnung. Wenngleich ich vieles nicht verstehe und mancher Verlust ungerecht und schrecklich erscheint, gibt es stets ein Morgen und die Möglichkeit, sich positiv darin einzubringen. Der Tod meines ersten Mannes hat meinen Glauben erschüttert und zugleich gefestigt. Auch die Fähigkeit, Kinder zur Welt zu bringen, erweckt den Glauben neu – wenn man die Erinnerung an den Moment nach der Geburt zulässt und erkennt, welches ungeheure Glück darin liegt, Kinder großzuziehen. Gerade dafür braucht man wiederum Ruhe.

Bisweilen versuche ich auch Sabbaticals einzuplanen, die ich dann allerdings meist doch nicht oder nur bedingt einhalte. Der Gewinn liegt für mich vor allem in der Vorfreude, allein der Gedanke an eine Arbeitspause schafft Ruhe. In dieser Zeit kann ich mir eine Insel schaffen, auf der ich lese, Wissen anhäufe und das Nichtstun genieße.

Anne-Sophie Mutter,
Jahrgang 1963, gehört zu den größten Geigenvirtuosen unserer Zeit. Sie war erst 13 Jahre alt, als der Dirigent Herbert von Karajan sie als Solistin zu den Salzburger Festspielen holte und sie als »Wunder« bezeichnete. Mutter wurde mit zahlreichen Preisen ausgezeichnet. Mit ihrer Stiftung engagiert sie sich weltweit für Nachwuchsmusiker. Sie hat zwei Kinder und lebt in München.

Höchstbelastung habe ich – wie wohl alle berufstätigen Mütter – nicht unbedingt in beruflichen Situationen. Es sind eher die Momente, in denen alles gleichzeitig gemacht werden soll: Post erledigen, Wäsche aufhängen, bei der Stiftung vorbeischauen und im Übrigen bitte auch noch das Abendessen vorbereiten. Das überfordert mich zuweilen.

Was ich dann tue? Ich versuche eben doch alles gleichzeitig zu schaffen und hoffe auf das nächste Sabbatical. Ich muss unbedingt wieder eines planen! 2015 – bis dahin ist der Terminkalender voll.«

»ICH BIN MEIN EIGENER PSYCHIATER«
Dieter Hildebrandt

»Wenn ich in München bin, muss ich täglich dreimal mit meinen beiden Hunden raus. Toure ich durch die Lande, macht das meine Frau, und deswegen muss ich das einigermaßen ausgleichen. Beim Spazierengehen kann ich sehr gut nachdenken. Den Hunden muss ich ja nicht Rede und Antwort stehen. Ich schaue ihnen nachdenklich hinterher, und dabei fällt mir ein, was ich zu diesem und jenem eigentlich denken wollte. Dann komme ich etwas besser gestimmt wieder nach Hause, als ich weggegangen bin. Ich überdenke auch Probleme, die mich ein ganzes Leben lang beschäftigen. Zum Beispiel: Warum bin ich nicht schöner geworden? Oder: Warum muss ich eigentlich immer lachen? Meist lache ich, weil ich erkenne, dass Probleme bei genauer Betrachtung gar nicht so groß sind, wie ich sie gemacht habe. Diese Erkenntnis erheitert mich, und das wiederum erzeugt eine gewisse Ruhe.

Auf Tournee nehme ich die Hunde nicht mit. Denn dann müssten sie in irgendwelchen Garderoben die Zeit überdauern. Der Zustand der Garderoben ist jedoch meist nicht geeignet für Hunde, nicht einmal für Menschen. Also gehe ich allein durch die Stadt, beschimpfe die dortige Architektur, suche Kirchen auf, die es nicht verdient haben, und gehe in Filme, die man nicht sehen muss. Nach meinem Auftritt sitze ich meist in einer lustigen Runde mit Veranstaltern, Freunden der Veranstalter oder eigenen Freunden. Aber ich könnte den Abend auch gut allein verbringen. Ich bin dann gar nicht erschöpft. Nach einem zweistündigen Programm und einem Publikum, das mitgeht, bin ich so frisch wie vorher.

Das Anstrengende ist die Vorbereitung des Programms, das häufige Aktualisieren und vor allem, dass man zu den Veranstaltungen hinfahren muss. Und dann die Terminplanung! Ich habe bestimmt 160 Auftritte im Jahr. Dass alle Termine zusammenpassen, macht mir größte Sorgen. Mein Alptraum, seit ich diesen Beruf ausübe, ist der: Ich bin zu Hause, sehe fern. Da klingelt das Telefon, und jemand sagt: ›Herr Hildebrandt, wo bleiben Sie?‹ Ist mir leider auch schon passiert. Der Saal in Selb war ausverkauft, sechs Cellisten warteten auf der Bühne, und ich saß gemütlich auf der Couch – bis der Anruf kam.

Bei Auftritten werde ich meine seelischen Bedrängnisse los. Das spart mir viel Zeit, Geld und Nerven. Es bewahrt

Dieter Hildebrandt,
Jahrgang 1927, ist einer der erfolgreichsten politischen Kabarettisten Deutschlands. Der Mitbegründer der Münchner Lach- und Schießgesellschaft wurde mit Fernsehsendungen wie »Notizen aus der Provinz« und »Scheibenwischer« bundesweit bekannt. Der gebürtige Niederschlesier lebt mit seiner Frau in München, er hat zwei Töchter.

mich auch vor einem sogenannten Burnout. Mittlerweile ist ja alles Burnout. Es wird eine Industrie daraus gemacht. Wenn eine Klinik mit 100 Personen belegt ist, sind davon vielleicht 15 Alkoholiker, 15 haben Depressionen, und der Rest ist Burnout. Ich meine, wer wirklich einen Burnout hat, den kann ich nur bedauern, das muss furchtbar sein. Das bedeutet, dass man leer und ausgelaugt ist und nicht mehr denken kann. Vielleicht hätte ich auch Angst davor, wenn ich nicht so einen Beruf hätte; ich bin quasi mein eigener Psychiater.«

KREATIV IN EINSAMKEIT
Jan Brandt

»Klassischen Stress kenne ich erst, seit ich mit meinem ersten Roman auf Lesereise bin. Jeden Tag eine andere Stadt, ein anderes Publikum, Termine über Termine: Darauf war ich nicht vorbereitet. Es bleibt mir keine Zeit mehr zum Nachdenken. Bevor ich mich an mein nächstes Buch mache, muss ich mich von dieser Form der Gedankenraserei und Besinnungslosigkeit wieder frei machen.

Ich habe jahrelang ohne Auftrag, Abgabefristen oder äußeren Druck gearbeitet. Der innere Druck war dafür umso stärker; keiner meiner Freunde glaubte noch, dass ich es schaffen würde,

Jan Brandt,
Jahrgang 1974, hat es mit seinem Debütroman »Gegen die Welt« auf die Shortlist für den Deutschen Buchpreis geschafft. Während er an dem 928 Seiten starken Werk schrieb, hielt er sich mit Gelegenheitsjobs über Wasser. Er lebt in Berlin.

aber ich wollte diesen Roman unbedingt fertigstellen, und zwar genau so, wie ich es mir vorgestellt hatte: monumental.

Am schlimmsten war das Kapitel über einen Lokführer, der immer wieder schuldlos schuldig wird, indem er Menschen überfährt, die sich vor ihn auf die Schienen stellen. Ich schrieb und schrieb, ohne wirklich weiterzukommen, und irgendwann wurde mir schwindelig; ich konnte nur noch undeutlich sprechen und habe andauernd Buchstaben durcheinandergebracht. Ein Neurologe untersuchte mich, in seinem Bericht stand: ›verstärkte Belastungen beim Versuch, ein erstes Buch als Verfasser zu einem bestimmten Termin abzuschließen‹. Zehn Tage später hab ich das Kapitel beendet, als ob ein Knoten geplatzt wäre. Dann fand ich einen Verlag, und auf einmal hatte ich eine offizielle Frist, an die ich mich halten musste. Um den Roman abzuschließen, habe ich ein Haus an der Ostsee gemietet, ohne Internet, ohne Telefon. Und das war die Lösung. Ich kann nur arbeiten, wenn ich Ruhe und Routine habe. Einsamkeit und nicht erreichbar sein – das ist für mich die größte Entspannung.«

EIN ZELT IN DEN BERGEN
Stefanie Hertel

»Richtig abschalten kann ich am besten, wenn ich allein in der Natur unterwegs bin oder zusammen mit meiner Tochter. Was ich dabei besonders gern mache: wild auf dem Berg zelten. Das ist urig und bringt einen zurück zu den wahren Prioritäten im Leben, nämlich Essen und Schlafen.

Die Natur gibt mir Erdung. Mein Vater war Bauer, und wenn ich nicht Sängerin geworden wäre, hätte ich auch gut die Frau eines Landwirts werden können. Wenn ich auf Tournee bin, muss ich zwischendurch einfach raus, dann drehe ich meine Joggingrunden. Mit jedem Schritt, den ich laufe, spüre ich die

Erde – und damit auch meine eigenen Wurzeln. Ich sehe ja sonst täglich nur Hallen, Hotelzimmer und Autobahnen. Und die Auftritte sind zwar wunderschön, aber unbewusst auch kräftezehrend, anstrengend.

Früher gab es Zeiten, da war ich monatelang auf Tournee, habe keinen Sport gemacht und bin kaum in der Natur gewesen. Dann merkte ich: Ich muss die Notbremse ziehen. Bis heute arbeite ich gern viel und intensiv, ich kümmere mich sogar um viele stressige Büroarbeiten, Steuersachen, Terminplanung, die Fanpost. Aber ich muss mir stets einen Ausgleich schaffen. Das gelingt mir mit Laufen, Rad- oder Skifahren. Und ich sammle auch gern Pilze und Beeren, alles, was der Wald hergibt, vor allem Heidelbeeren und Walderdbeeren. Das habe ich früher schon mit meiner Großmutter bei uns zu Hause im Vogtland gemacht, von ihr habe ich viel gelernt. Bei mir kann man bedenkenlos jedes Pilzgericht essen.

Wie wichtig Auszeiten sind, habe ich über die Jahre gelernt, und sicher ist es von Vorteil, dass ich von frühester Kindheit an in meine Karriere hineingewachsen bin. Ich habe nämlich das Gefühl: Je älter ich werde, desto weniger kann ich mit Stress umgehen oder ihn verkraften. Gleichzeitig lerne ich dabei mehr und mehr, mich abzugrenzen. Heute schalte ich das Handy auch mal konsequent aus und bin dann für niemanden erreichbar. Manche finden das unerhört.«

Stefanie Hertel,
Jahrgang 1979, begann ihre Gesangskarriere bereits im Kindesalter und gehört heute zu den erfolgreichsten Volksmusiksängerinnen Deutschlands. Sie lebt mit ihrer Tochter auf dem Land in der Nähe des Chiemsees.

Test
Bin ich Burnout-gefährdet?

Bitte beantworten Sie alle Fragen und kreuzen Sie Ihre Antworten spontan ohne langes Überlegen an.

1. Haben Sie das Gefühl, dass Ihnen alles zu viel wird?

Nein	0
Eher nein	2
Eher ja	4
Ja	6

2. Sind Sie gereizter als früher?

Nein	0
Eher nein	1
Eher ja	2
Ja	3

3. Haben Sie Freude an Ihrer Arbeit?

Nein	3
Eher nein	2
Eher ja	1
Ja	0

4. Sind Sie ständig niedergeschlagen?

Nein	0
Eher nein	1
Eher	2
Ja	3

5. Fühlen Sie sich zu erschöpft für Freizeitaktivitäten?

Nein	0
Eher nein	1
Eher ja	2
Ja	3

6. Häufen sich in den letzten Monaten körperliche Symptome?

Nein	0
Eher nein	2
Eher ja	4
Ja	6

7. Ziehen Sie sich zunehmend von Ihrem Freundeskreis zurück?

Nein	0
Eher nein	1
Eher ja	2
Ja	3

8. Greifen Sie häufiger als früher zu Alkohol?

Nein	0
Eher nein	2
Eher ja	4
Ja	6

9. Haben Sie Hoffnung, dass Sie etwas ändern können?

Nein	3
Eher nein	2
Eher ja	1
Ja	0

10. Haben Sie neue Pläne?

Nein	3
Eher nein	2
Eher ja	1
Ja	0

11. Schlafen Sie gut?

Nein	6
Eher nein	
Eher ja	2
Ja	0

12. Haben Sie Zeit für den Partner?

Nein	3
Eher nein	2
Eher ja	1
Ja	0

13. Stellen Sie dafür oder zu anderen wichtigen Gelegenheiten das Handy aus?

Nein	6
Eher nein	4
Eher ja	2
Ja	0

14. Fühlen Sie sich innerlich leer?

Nein	0
Eher nein	1
Eher ja	2
Ja	3

15. Treten Ängste auf, die Sie früher nicht kannten?

Nein	0
Eher nein	1
Eher ja	2
Ja	3

16. Kommt Ihnen alles sinnlos vor?

Nein	0
Eher nein	1
Eher ja	2
Ja	3

17. Fühlen Sie sich ständig unter Spannung?

Nein	0
Eher nein	1
Eher ja	2
Ja	3

18. Spüren Sie Rückhalt beim Partner bzw. bei Freunden?

Nein	6
Eher nein	4
Eher ja	2
Ja	0

19. Haben Sie das Gefühl, Pausen sind für Sie verschwendete Zeit?

Nein	0
Eher nein	1
Eher ja	2
Ja	3

20. Nehmen Sie Schlaf- oder Beruhigungsmittel?

Nein	0
Eher nein	1
Eher ja	2
Ja	3

Auswertung:

Zählen Sie bitte die einzelnen Zahlen in den von Ihnen angekreuzten Feldern zusammen und schauen Sie nach, in welchen Bereich Ihre Additionssumme fällt. Lesen Sie dort nach. Das Ergebnis sollten Sie dann gegebenenfalls mit einer kompetenten Person, zum Beispiel Ihrem Hausarzt, besprechen.

0 – 15 Punkte:
Sie meistern Ihre Herausforderungen mit wirksamen Strategien und pflegen Ihr Leben und Ihr Umfeld. Gratulation!

16 – 34 Punkte:
Sie sollten auf sich achten, um einem Burnout vorzubeugen; Sie haben hierfür gute Möglichkeiten, nutzen Sie sie!

35 – 49 Punkte:
Sie sind Burnout-gefährdet. Beachten Sie, dass Burnout eine schleichende Symptomatik hat und Sie jetzt noch gut reagieren können. Hierzu sollten Sie sich fachkundig beraten lassen.

50 – 78 Punkte:
Sie sind stark Burnout-gefährdet bzw. dabei »auszubrennen«; je früher und mutiger Sie sich das eingestehen, umso rascher erhalten Sie wirkungsvolle Hilfe und die notwendige Behandlung.

Quelle: Dr. Manfred Nelting: *Burn out – Wenn die Maske zerbricht*, Mosaik bei Goldmann, 2010.

Buchhinweise

Rotraud A. Perner: *Der erschöpfte Mensch.*
Residenz Verlag, Wien 2012.
Die Psychotherapeutin betreibt ein Institut für Stressprophylaxe und sieht Burnout als »gesunde« Reaktion auf ungesunde Arbeitssituationen. In ihrem Buch analysiert sie die Wirtschaftswelt und stellt Wege zur Selbststärkung und Regeneration vor.

Horst Kraemer: *Soforthilfe bei Stress und Burnout.*
Kösel Verlag, München 2010.
Anschaulich und einfühlsam präsentiert der Zürcher Coach unterschiedliche Fallbeispiele, beschreibt Methoden der schnellen Entstressung durch Emotionsmanagement und empfiehlt handfeste Strategien als Rückfall-Schutzprogramm.

Jan Thorsten Eßwein: *Achtsamkeitstraining.*
Gräfe und Unzer Verlag, München 2010.
Dieses gut strukturierte Buch des Achtsamkeitslehrers Eßwein bietet »Stressbewältigung durch Achtsamkeit« zum Lernen für zu Hause. Vor allem die angeleiteten Meditationen und Körperreisen auf der beiliegenden CD verhelfen bei regelmäßigem Üben zu mehr Gelassenheit und Freundlichkeit im Umgang mit sich selbst und anderen.

Monika Gruhl: *Das Geheimnis starker Menschen.*
Mit Resilienz aus der Überforderungsfalle.
Kreuz Verlag, Freiburg 2011.
Gezielt an »starke Menschen« richtet sich die Pädagogin, an solche, die viel leisten, Verantwortung übernehmen, für andere

da sind – und sich dadurch überfordern. Ihnen will die Autorin zeigen, wie sie innere Stärke und seelische Widerstandskraft, also Resilienz, entwickeln und dem häufig selbstgemachten Druck entkommen.

Dietmar Hansch: *Erfolgreich gegen Depression und Angst.*
Springer-Verlag, Heidelberg 2011.
»Besserung ist möglich«, verspricht der Leitende Arzt der Klinik Wollmarshöhe. Schritt für Schritt leitet er den Leser aus der Krise, erklärt, wie Depression, Angst und Energiemangel entstehen, wie man mit Stress umgehen kann und innere Freiheit wiedergewinnt. Unesoterisch, undogmatisch und voller praktischer Anregungen.

Susanne Kersig: *Entspannt und klar.*
Freiraum finden bei Stress und Belastung.
Arkana Verlag, München 2009.
Die erfahrene Meditationslehrerin empfiehlt »frische Luft« für die Seele – einen wohltuenden Abstand zwischen sich und dem eigenen Erleben. Kersig nutzt dazu Eugene Gendlins »Focusing«-Methode. Praktisch geht das so: Übungs-CD rein, locker hinlegen und auf innere Entdeckungsreise gehen.

Lothar Seiwert: *Ausgetickt.*
Lieber selbstbestimmt als fremdgesteuert.
Abschied vom Zeitmanagement.
Ariston Verlag, München 2011.
Der Bestsellerautor widerruft souverän einige seiner früheren Thesen und präsentiert sich in seinem neuesten Werk als »weiser Ratgeber«, der seinen Lesern Mut machen will – zu mehr Abgrenzung und Rückzug und zu energischer Abkehr von krankmachender Fremdbestimmung.

BUCHHINWEISE

Till Bastian: *Seelenleben.*
Eine Bedienungsanleitung für unsere Psyche.
Kösel Verlag, München 2010.
Nachsichtig und fürsorglich mit sich selbst umgehen, damit die Seele nicht verkümmert – dazu fordert der Arzt und Psychotherapeut Till Bastian auf. Es geht ihm um Selbstberuhigung, Weisheit und das Wiederfinden von Humor. Sein schönes Lesebuch folgt der Aufforderung »Erkenne dich selbst!« und ist voller Verweise auf Poesie, Philosophie und Literatur.

Web-Adressen

www.kompetenznetz-depression.de
Infonetz für Betroffene von Depression, Listen mit Hilfsangeboten, Krisendiensten, Kliniken. Online-Beratungsdienst von Fachleuten, Buchtipps.

www.bapk.de
Rat für Familien, Tipps zum Umgang mit psychisch Kranken, Broschüren, Bücher, Selbsthilfenetz, Beratungshotline zu psychischen Erkrankungen im Beruf.

www.pargema.de
Lesestoff zu Arbeitspsychologie, Gesundheitsmanagement und zu Stressprävention in Unternehmen.

www.deprexis.de
Serviceseiten, die viele Infos zu Burnout und Depression bündeln, von Wissenschaftlern und Psychotherapeuten erstellt. Außerdem: erstes deutsches Online-Selbsthilfeprogramm mit Methoden der Verhaltenstherapie.

www.mindmatters-schule.de
Unterrichtsmaterialien für Lehrer und Pädagogen: MindMatters ist ein Anti-Stress-Programm für Kinder und Jugendliche, das in Australien entwickelt wurde. Themen sind zum Beispiel Freundschaftskonflikte, Streit mit den Eltern, Prüfungsstress.

Autorenverzeichnis

Nicola Abé ist Redakteurin im Ressort Multimedia des SPIEGEL.

Christina Berr ist Redakteurin bei sueddeutsche.de

Jörg Blech ist Redakteur im Wissenschaftsressort des SPIEGEL.

Jochen Brenner ist Redakteur bei SPIEGEL ONLINE.

Cinthia Briseño ist stellvertretende Leiterin des Wissenschaftsressorts bei SPIEGEL ONLINE.

Annette Bruhns ist Redakteurin bei SPIEGEL WISSEN und SPIEGEL GESCHICHTE.

Markus Deggerich ist Redakteur im Deutschlandressort des SPIEGEL in Berlin.

Markus Dettmer ist Redakteur im Deutschlandressort des SPIEGEL in Berlin.

Angela Gatterburg ist Redakteurin bei SPIEGEL WISSEN und SPIEGEL GESCHICHTE.

Cathrin Gilbert ist Redakteurin im Sportressort des SPIEGEL.

Annette Großbongardt ist stellvertretende Leiterin der Reihen SPIEGEL WISSEN und SPIEGEL GESCHICHTE.

Maik Großekathöfer ist Redakteur im Sportressort des SPIEGEL.

Barbara Hardinghaus ist Redakteurin im Gesellschaftsressort des SPIEGEL.

Wolfgang Höbel ist Autor im Kulturressort des SPIEGEL.

AUTORENVERZEICHNIS

Heike Le Ker ist Wissenschaftsredakteurin bei SPIEGEL ONLINE.

Joachim Mohr ist Redakteur bei SPIEGEL WISSEN und SPIEGEL GESCHICHTE.

Bettina Musall ist Redakteurin bei SPIEGEL WISSEN und SPIEGEL GESCHICHTE.

Rick Noack ist freier Journalist in Berlin.

Jochen Pioch ist freier Journalist in Berlin.

Dr. Johannes Saltzwedel ist Redakteur bei SPIEGEL WISSEN und SPIEGEL GESCHICHTE.

Michaela Schieß ist Autorin im Wirtschaftsressort des SPIEGEL.

Elke Schmitter ist Redakteurin im Kulturressort des SPIEGEL.

Dr. Eva-Maria Schnurr ist Mitarbeiterin in der Redaktion von SPIEGEL WISSEN und SPIEGEL GESCHICHTE.

Julia Stanek ist Redakteurin bei SPIEGEL ONLINE.

Christoph Schwennicke war SPIEGEL-Autor und ist Chefredakteur von »Cicero«.

Janko Tietz ist Redakteur im Wirtschaftsressort des SPIEGEL.

Felix Zeltner ist Journalist in New York.

Dank

Möglich wurde dieser Band nur, weil viele kluge und sorgsame Kollegen die Autoren unterstützt haben. In der SPIEGEL-Dokumentation prüften kompetente Köpfe, angeführt von Peter Wahle, alle Texte auf ihre Richtigkeit; beteiligt waren Jörg-Hinrich Ahrens, Ulrich Booms, Klaus Falkenberg, Silke Geister, Stephanie Hoffmann, Renate Kemper-Gussek, Ulrich Klötzer, Anna Kovac, Sonja Maaß, Dr. Andreas Meyhoff, Tobias Mulot, Malte Nohrn, Dr. Regina Schlüter-Ahrens, Dr. Kristina Schuricht und Anika Zeller. Schnell und findig besorgten die Bibliothekare Johanna Bartikowski und Heiko Paulsen eine Menge Fachliteratur. Die Infografiken gestaltete Julia Saur, Thomas Hammer bereitete sie für dieses Buch auf. Anke Wellnitz und Torsten Feldstein besorgten die Bildauswahl, Britta Krüger kümmerte sich um die Bildrechte. In der Schlussredaktion gaben Lutz Diedrichs, Dr. Karen Ortiz und Tapio Sirkka den Texten ihre endgültige Form. Angelika Kummer und Petra Schwenke behielten im Sekretariat den organisierenden Überblick. Antje Wallasch beim SPIEGEL und Karen Guddas bei der DVA betreuten das gesamte Buchprojekt; für die Herstellung war Brigitte Müller verantwortlich. Ihnen allen gilt unser herzlicher Dank für die hervorragende Zusammenarbeit.

Angela Gatterburg, Annette Großbongardt

Sach- und Personenregister

Achtsamkeit /-smeditation / -straining 32, 37f., 42, 173, 180–185, 213, 223f., 226
Adli, Mazda 61
affektive Störungen 276–278
Aggressivität 29, 33, 42, 106, 134, 153
Albrecht, Ernst 89
Alkohol /-missbrauch / Alkoholismus 20, 25, 33, 48, 53, 98, 100, 129, 140, 148f., 168, 231, 243
Altmaier, Peter 149f.
ambulante Behandlung / ambulante Therapie 31f., 172f., 177f., 197
Angehörige 157–163
Angst /-störung 30, 33, 37, 44, 49, 51–53, 63, 65, 67, 84, 87, 99, 114, 124, 130–135, 159, 167–171, 176f., 180, 186, 189, 191, 198, 204, 211, 222, 227, 267
Anpassungsschwierigkeit /-störung 24
Anti-Stress-Programm 128, 222–228
Antidepressiva 18, 26, 47f., 68f., 112f., 176
Apathie 29, 54
Aquin, Thomas von 254
Arbeit /-swelt 36f., 40f., 50, 73–86, 89, 169, 219, 221, 238

Arbeitsdruck /-überlastung / -verdichtung 38, 41, 49, 61, 76, 97, 215, 220
Arbeitsplatz 32, 34, 38f., 42, 50, 55, 64, 74–79, 83, 89, 91, 97, 179, 213, 221, 232, 235
Aristoteles 153, 249
Arriechi Reinhard, Jessica 227f.
Arteriosklerose 33, 63
Asgodom, Sabine 210
Asmussen, Christine 128
Atemmeditation /-therapie 97, 167, 173, 176

Barske, Udo 50
Bartels, Oliver 240f.
Beck, Kurt 148
Beck, Ulrich 84
Beck, Volker 146
Behnke, Ramona 191–193
Berger, Mathias 49, 61f., 64
Bergmann, Frank 44
Bewegung /-stherapie 35, 52, 65, 68, 97, 172, 176, 211, 223, 225, 227f., 235
Biermann, Andreas 137, 146
bipolare Störungen 277
Bluthochdruck 63, 191
Body-Scan 181, 188, 223
Bossinger, Wolfgang 227
Brandt, Jan 267f.

SACH- UND PERSONENREGISTER

Brisch, Karl Heinz 124, 130–135
Bröckling, Ulrich 210
Brouwer, Harry 234
Burisch, Matthias 50f., 215–217, 240
Burton, Robert 253–255

Cioran, Emile 252
Clemen, Katrin 197f., 200f.
Coach / Coaching 51, 56, 58, 85, 104, 140, 183, 208–217, 234, 241

Deisler, Sebastian 47, 137
Depression / depressive Erkrankungen 26, 29–39, 42–51, 60–69, 75, 85, 94, 124, 133f., 136–139, 146, 150–153, 157f., 162, 167, 170–172, 176f., 198, 204, 222, 233, 238, 250, 255–257, 268
Diagnose / -katalog 33–35, 38, 43–48, 60, 62, 65, 88, 94, 124, 136, 138, 151, 200
Dogs, Peter 167f., 171, 174
Dürer, Albrecht 251f.

Ebling, Michael 115f.
Ehrenberg, Alain 85, 250, 257
Einstein, Albert 187
Engholm, Björn 79
Enke, Robert 137, 141, 146
Entspannung / -smethoden / -straining 23, 27f., 50, 129, 172, 181, 211, 213, 226, 228, 234f., 265, 269

Eppler, Erhard 147
Erschöpfung / -sspirale / -szustand 18, 26, 29–34, 37, 39, 43–51, 60, 64, 79, 87–90, 108, 111, 113, 138, 146, 169, 171, 173, 211, 223–225, 238, 240

Finzen, Asmus 61
Fried, Amelie 259–261
Fries, Sabine 223
Frische, Gerhard 120, 125f.
Fußball / Fußballer 37, 43, 47, 136–144, 146, 234, 245, 258f.

Galen 250
Gedächtnisprobleme 29, 67
Gehirn 35, 40, 53, 63–69, 132f., 245, 247
Geiger, Jakobus 119
Gesprächstherapie 182, 190, 194
Gesundheitsmanagement 31, 41, 217, 234–236
Gilli, Doris 211f.
Glander, Elke 191
Goethe, Johann Wolfgang von 255
Göring-Eckardt, Katrin 148
Green Care 197–207
Grob, Stefan 116
Grobe, Thomas 113
grübeln / Grübelneigung 19, 22, 29, 39, 109, 168, 182, 188, 208
Gruppengespräch / -therapie 32, 97, 136, 143, 172, 174, 231

SACH- UND PERSONENREGISTER

Haase, Thomas 213
Hammer, Cornelia 225f.
Han, Byung-Chul 37
Hardy, Warren 226
Haußmann, Leander 258f.
Hegerl, Ulrich 34, 64, 66
Helfersyndrom 96f.
Henderson, Julie 225
Hertel, Stefanie 268f.
Herz / -infarkt / -rasen 33, 61, 63, 105, 107, 157f., 162, 218, 226
Heuser, Isabella 36, 38, 62, 66
Hildebrandt, Dieter 265–267
Hillert, Andreas 96
Hintz, Torsten 242, 244
Holst, Kirsten 128
Horx, Matthias 84f.
Hüther, Gerald 226, 245–248

Immunsystem 63, 224, 226
Ingrassia, Gabi 211, 213

Jauch, Günther 149
Jurack, Cornelia 116f.

Kabat-Zinn, Jon 181f., 184, 187, 223
Kant, Immanuel 255
Kersig, Susanne 180–188
Kinder / Kindheit 30, 87–90, 96, 116, 120–135, 157f., 161–163, 170, 175, 201, 206, 213, 225f.
Kissling, Werner 66, 235–237
Kleinschmidt, Carola 29, 238f.

Klinik / -aufenthalt 23–28, 31f., 39, 42, 47–50, 61f., 64, 67, 69, 94–101, 117, 136–144, 153, 157, 160f., 167f., 171–179, 201–207, 226f., 242–244, 268
Klopp, Jürgen 245
Konzentrationsprobleme / -störungen 29, 39, 63, 65, 142, 169
Köstl, Ursula 205f.
Kotzian, Ditte 118
Kränkbarkeit / Kränkungen 29, 39, 49, 152–156
Krause, Frank 217f., 221
Krupp, Alfred 205

La Rochefoucauld, François de 252
Lahm, Philipp 258f.
Langs, Gernot 171, 175f., 179
Lauterbach, Karl 150f.
Leistungsdruck / -gesellschaft 73f., 76, 127, 137, 146, 169, 198, 227, 232
Leyen, Ursula von der 30, 75, 87–92
Linden, Michael 49, 152–156
Linsenmeier, Meinrad 171, 176
Lohse, Martin 48
Lotzmann, Natalie 243f.

Magath, Felix 245
Maier, Wolfgang 47, 49
Mälzer, Tim 47
Maslach, Christina 34

SACH- UND PERSONENREGISTER

Mäulen, Bernhard 97f., 101
Medikamente 26f., 44, 48, 65, 68f., 159–163, 176
Meditation 65, 118, 173, 176, 181–188
Melancholie / Melancholiker 56, 249–257
Merkel, Angela 30, 149
Michelangelo Buonarroti 252
Miller, Markus 136–138, 141–144
Motivationsverlust 29, 104, 106
Mühlenfeld, Hans Michael 47
Müller-Oerlinghausen, Bruno 48
Müntefering, Franz 147, 151
Musiktherapie 167, 174, 226f.
Mutlosigkeit 29, 123
Mutter, Anne-Sophie 263–265

Nelting, Manfred 171, 175, 179
Nerven / -zellen 60, 65–68, 133
Neuhauser, Fritz 214
Nietzsche, Friedrich 256f.
Nissen, Christoph 67
Normann, Claus 67

Oppermann, Thomas 145

Pagel, Marina 225f.
Panik /-attacken 112, 131, 171
Petrarca, Francesco 252f.
Platzeck, Matthias 90, 148
Plesner, Markus 121, 124, 126, 128
Politiker 145–151
Pöppel, Ernst 257

posttraumatische Belastungsstörung 154
Prävention 35, 90, 118, 120, 131, 220, 231
Prop, Nicole 202f.
psychische Belastungen 87, 91, 99, 237
Psychosomatik 24, 26, 45, 94, 131f., 152, 168, 171f., 189, 204, 235
psychosozial 33, 79, 203f.
Psychotherapie 37, 44, 47, 51, 62, 68f., 124, 134, 136, 167, 170f., 176f., 189, 206, 208, 253

Quiroga Murcia, Cynthia 195

Rangnick, Ralf 146, 245
Reese, Arne 189–191
Rehabilitation 44f., 91, 137, 140, 152, 162, 177, 191f., 193
Rehagel, Otto 245
Reiten 110, 222f.
Reizbarkeit 29, 42
Remmel, Andreas 204
Rorsted, Kasper 240
Rosa, Hartmut 85
Rösler, Philipp 150
Rossellit, Jutta 208f.
Rückert, Hans-Werner 113–115, 117f.
Ruhwandl, Dagmar 114, 118

Sabbatical 218–221, 264f.
Sayes Gomez, Javier 60, 67, 69

Schelling, Friedrich 255
Schießl, Andreas 100
Schlaf / -losigkeit / -störungen 19, 24, 29, 36, 39, 45, 48, 63–65, 103, 112, 123, 136, 169, 208, 233, 253
Schmerzen 29, 39, 44f., 63, 93, 105, 123, 132, 162, 167–170, 182, 185, 192, 208, 218, 225, 227, 238
Schmerzsyndrom 33, 49
Schmidbauer, Wolfgang 96, 98
Schmidt, Gunther 175
Schneider, Frank 137–140
Schneider, Hilmar 86
Schockenhoff, Andreas 148f.
Scholl, Silke 203
Schopenhauer, Arthur 253
Schramm, Elisabeth 69
Schuldgefühle 29, 65, 155
Schule / Schüler 114f., 120–129, 194, 197–199, 215, 221, 239, 248
Schulmeister, Rolf 115
Schulte-Markwort, Michael 124
Schumann, Wilfried 112, 114, 119
Schwermut 61, 67, 249, 253, 255
Schwindel 105, 169, 206, 208, 268
Schwitalla, Jörg 77f., 81
Seiwert, Lothar 214f.
Selbstkohärenz 30f., 42
Selbstmord 26, 29, 37–39, 44, 47, 65, 98, 100, 137, 146, 150f., 192, 242, 253, 255
Selbstwertgefühl 52, 65, 208, 223

Shakespeare, William 250
Siebecke, Dagmar 170, 172
Sieben-Phasen-Modell 19f., 23, 27
Siemers, Barbara 219f.
Singen 222, 226f.
Slomka, Mirko 142
Snake-Programm 120f., 124f., 129
Solon 250
Sontag, Susan 56
Sport 35–37, 40, 100, 118, 120, 129, 185, 190, 211, 233–235
stationäre Behandlung / stationäre Therapie 39, 44f., 137f., 142, 160, 172f., 178, 216
Stimmungsschwankungen 29
Strasser-Kriegisch, Margret 85
Strehle, Gabriele 261–263
Stress / -symptome 19–22, 27, 30–45, 49f., 52–60, 63–66, 74f., 79, 98, 112–121, 124–129, 132–134, 139, 150, 168f., 184, 186, 192, 198, 211–214, 219f., 223–228, 232–234, 238–242, 246, 258–263, 268–271
Stressbewältigung / -prävention 32, 50, 97, 100, 121, 194, 232f., 235
Stressfaktoren / Stressoren 21, 33, 35, 78, 120, 128, 134
Stresshormone 63, 66f., 211, 226, 228
Stresstelefon 242–244
Strötgen, Harald 231 – 233
Struck, Peter 148
Stucki, Aida 263
Studenten 112–119

SACH- UND PERSONENREGISTER

Suizid *siehe* Selbstmord
Symptome 35f., 42–45, 65, 87, 90f., 132, 142, 144, 146, 254

Tabu / Tabuthema 88, 90, 93, 101, 114, 137, 145
Taubert, Angelika 189f.
Thust, Heinz-Joachim 73f.
Tiere / tiergestützte Therapie 189f., 197–207
Tinnitus 44, 49, 103, 170, 176
Trauma 38, 132f., 188f., *siehe auch* posttraumatische Belastungsstörung
Triebel, Claas 81
Tscharnezki, Olaf 233f.

Überforderung / Überlastung 49f., 54, 64, 102, 120f., 151, 169, 220, 232, 234
Unger, Hans-Peter 29–42, 238
Unruhe 29, 53, 60, 186
Ursachen 24, 32f., 47, 121, 151, 175, 233, 236, 253f.

Verbitterung / -sstörung 152–156
Verhaltenstherapie / -training 50, 154, 167, 175f., 217
Versagensangst 51, 124
Vogel, Hans-Jochen 147

Wahl-Wachendorf, Anette 220
Watzlawick, Paul 186
Wiedereingliederung 42, 91, 192f.
Winterdepression 68
Wittchen, Hans-Ulrich 48
Wittgenstein, Ludwig 253
Work-Life-Balance 215, 238
Wundsam, Kerstin 241

Yoga 108, 118, 181, 185, 203, 222–225, 234
Yunus, Muhammad 203

Zanetti, Daniel 20
Zapchen 222, 225f.
Zeitmanagement 100, 118, 210, 213f.
Zumba 227f.